股票与基金的投资要义

蓝　鲸◎著

中国铁道出版社有限公司
CHINA RAILWAY PUBLISHING HOUSE CO., LTD.

图书在版编目（CIP）数据

股票与基金的投资要义/蓝鲸著. —北京：中国铁道出版社有限公司，2023.5

ISBN 978-7-113-30003-6

Ⅰ. ①股…　Ⅱ. ①蓝…　Ⅲ. ①投资-基本知识　Ⅳ. ①F830.59

中国国家版本馆CIP数据核字(2023)第035168号

书　　名：股票与基金的投资要义
GUPIAO YU JIJIN DE TOUZI YAOYI

作　　者：蓝　鲸

责任编辑：张亚慧　张　明　**编辑部电话：**（010）51873035　**电子邮箱：**lampard@vip.163.com
封面设计：宿　萌
责任校对：安海燕
责任印制：赵星辰

出版发行：中国铁道出版社有限公司（100054, 北京市西城区右安门西街 8 号）
印　　刷：河北宝昌佳彩印刷有限公司
版　　次：2023 年 5 月第 1 版　2023 年 5 月第 1 次印刷
开　　本：710 mm×1 000 mm　1/16　印张：15.25　字数：223 千
书　　号：ISBN　978-7-113-30003-6
定　　价：79.00 元

前　言

投资者进入股市最初的目的都是赚钱，但是能够赚钱的人寥寥无几，所以投资行为也被形象地称为“炒股”。在最早踏入股市时，我也和大家一样，怀着一个“发财”的梦，并且天真地认为凭借自己的不懈努力就可以得到眷顾。可是大部人的投资结果总是惊人的相似，都难以逃脱“二八定律”。

在一个有限的资源里面，每个人为了获利开始所谓的“内卷”，这种竞争似乎从股市诞生的第一天就开始了，结果导致市场越来越聪明，行业壁垒会越来越高。在这样的环境下，散户想要单枪匹马地找到行业的一些“漏洞”来完成逆袭越来越难。因为散户往往都是没有“历史”传递的，一切都要从零开始，所以你总能看到数不清的“新手”上阵。

在这样的环境下使用传统的方式学习肯定要落后于人，在学习实践了很多的“技术”仍然没有效果后，我开始怀疑，甚至最后放弃传统的那些“方法”，这是一个痛苦的过程，有一段时间我几乎对股市产生了厌恶之感。后来，为了考试便和图书馆结了缘，在学习之余阅读金融类书籍成了我唯一的消遣。我在那段时间重新阅读了一遍投资大师的书籍，阅读量是自己平生之最。忽然有一天，我意识到利弗莫尔、威科夫、威廉·欧奈尔等投资大师的书籍传递的思想竟然惊人的一致。

尽管他们每个人的投资特点不一样，但是这些人几乎都提到了一个领域：成长股和中长线价值投资。也就在那一刻，巴菲特、彼得·林奇等著名投资人的思想一下子在我的脑海里产生了共鸣，我简直无法表达那时的兴奋，但是我确信自己突然间明白了一些什么，似乎投资就是这么一回事儿，一直不曾改变，只不过我们需要站在局外人的角度才能看得清楚，理性一定要大于情感，否则就算一个人知道得再多也会在股市里迷失。

赠人玫瑰，手有余香！我愿意把自己的经验总结出来分享给大家，也让我自己的心智和投资体系能更上一层楼。

为了更好地帮助投资者构建属于自己的认知体系，找到持续获利的交易系统，我将本书分为两篇，分别是股票篇和基金篇，立足于从根本上解决大众对股市长期的认知偏差和错误理解，揭露证券市场上的一些问题，进而解决一些长期存在于股民身上的低级错误，站在一个市场规则制定者的角度看股市，从复杂的市场中走出来，跟随机构投资者的步伐和眼光，找到每个人的股市投资之道。

假如你在阅读本书的过程中获得了有益的启发，那么我写作这本书的意义就实现了。

2022年对股市构成了巨大的挑战，但是也会迎来新的机遇，希望此书能够成为价值投资的一个见证。

蓝　鲸

2023年2月

目 录

股 票 篇

基金篇

股票篇

本篇主要从投资理念到可量化投资系统进行讲解。由于机构投资者及量化私募的影响，市场规则一直在更新，并且变得越来越“聪明”。但是，这么多年来，A股的中小投资者似乎一直没有太大的变化：追涨杀跌、抄底、打听各路小道消息、盲目跟风、盲目听信网络自媒体、被套了就“躺平”……

A股由于自身的原因变幻莫测，牛短熊长导致大量投资者在很短的牛市里赚到的利润以非常快的速度在突发的熊市里亏出去。对于这一点，我在本篇中会给大家一个比较明确的分析和解答：为什么大部分散户会亏钱？投资者到底有哪些“致命”的问题？对于A股存在哪些错误的解读？我们应该怎样正确地认识市场并且从中持续获利？

第1章

股票投资理念

有一则论文曾经在网络上大为流行，该论文全面地说明了散户的交易行为特点。这篇论文利用上海证券交易所2016—2019年间关于交易和持股的综合专有账户数据，将数千万的散户投资者作为研究对象，研究其交易行为和收益表现。其结果如下：

该数据统计表明，2016年1月至2019年6月，散户投资者平均录得负收益，机构投资者和公司账户则为正收益。其中，账户市值10万元以下的散户亏损最多，平均亏20.53%；账户市值1000万元以上的散户亏损最少，平均亏1.62%。并且该数据表明择时收益基本上都是负的，基本上可以确定，在短期投资行为上，机构投资者和散户一样都不占优势。投资者的收益更多来自选股，也就是通过选择企业来获得的。

我希望读者能够早早地知道这个事实。因为一开始就承认这个事实，你就会以更真诚的态度来尊敬市场——机构投资者（散户的对手）普遍做得比较好，从而更加谨慎地看待你当下的每一笔投资。我遇到的大部分股民都觉得自己会比其他人特殊，认为自己有什么特殊的天赋或聪明才智，可以获知一个其他人还没发现的秘密或市场漏洞，又或者认为通过自己有限的学习就可以成功。但现实非常残酷，它会在不断波动的市场里面一点点把不适合市场的选手无情地淘汰出局。有的人最开始觉得炒股赚钱会很轻松，加之特殊因素公司运营不顺利而辞掉了工作选择全职炒股，等到他在股市里无法实现持续收入时，可能就会被迫选择所谓的短线炒股，天天被市场牵着鼻子走：热点、题材、资金、主力等词汇经常挂在嘴边。甚至有人因为炒股而影响了自己的本职工作，比如教师、医生、公务员等。也许他们在股市里投入的时间和执着原可以让他们成为一位更加受人尊敬的高级讲师或者一名出色的医生，可悲的是，他们中的大多数不仅投入了时间，还亏了钱。

我们可以把炒股当作一种“创业”，但是你需要付出时间成本和金钱成本，并且这个所谓的“创业”可能对于大部分人而言就是付出半辈子努力也终究一事无成。因为股市看起来门槛很低，几百元就可入市，可实际上股市的门槛特别高。假如一开始大家能够把炒股当作一门十分严肃的生意去看待，起码在内心深处会特别尊敬市场，而不是拿自己和赌徒相提并论，用自己的钱和岁月来开玩笑。

1.1 为什么大部分股民都在亏钱

造成大部分投资者亏钱这一现状也是有原因的，你只有明白了为什么，才可以知道怎么做。我认为造成这一现状有多种因素，其中一些因素我们无法左右，但是对于另一些因素，我们可以通过提高认知及改变投资行为来改变。

1.1.1 复杂难懂的金融

在股市里存活下去并非易事，身边的案例可谓不胜枚举。可是，无论怎么贬低或者崇拜它，这个看不见、摸不着的“虚拟”市场总抵挡不住投资者的热情。

A股特有的涨跌停限制、T+1交易机制等，在以后的金融改革里都有可能发生一些改变，而任何一个改变都可能会导致投资者出现一些“不适”。面对存量大、能力薄弱的个人投资者，这种改制一旦调整不到位，成果都有可能付之一炬。

目前，证券市场还很年轻，很多地方都在不断地完善之中。作为个人投资者，唯一能做的只有提高自己的认知和实战水平，才能够适应这个风云变幻的市场。

可是，现在很多的投资者，无论是投资认知还是知识体系都是很薄弱的，这就相当于还没有经过系统的训练就直接进入“战场”，很多人都容易低估了市场的风险或者高估了自己的能力，把炒股当成一件非常简单的事情，甚至大多数人没有经过专业训练就开始投资。

由于自身工作的特殊性，我接触了很多个人投资者和机构投资者，加上我自己的经历和身边无数的案例，以及粉丝的反馈，都在给我传递一个非常明确的信号：无论是在股市里还是在期货市场上，真正能够持续赚钱的人永远都是少数。这个结论经常在各大专业财经网站上公布，并且在每个投资者进入股市的时候都会被告知“入市有风险，投资需谨慎”。可是，就算有如此明确的提示，仍然无法阻挡越来越多的新手进入股市，并且自以为是地想要赚钱。

财经自媒体为了吸引流量，将一些投资思想和策略悉数公布出来，这种现象在相对封闭的金融界是好事儿，起码不用让一些知识储备不足的投资者支付太多的“学费”。在过去自媒体并不发达的时期，学习股票知识除了书籍、各大论坛外，似乎只有通过优酷等传媒途径获取一些知识；而现在不一样了，这个体量巨大的散户群不用再支付这么多毫无意义的“学费”，网络的发达也让投资者有了更多的选择。

但是，正如网络上的某某短线策略和所谓的速成班一样，这些信息的夸大经常对一部分投资者造成一种错觉，甚至都会觉得投资是一件非常简单的事情，你只需要研究某些指标、某些所谓的交易系统，或者抓住所谓的好企业，然后努力坚持，就能获得最终的胜利。尤其是个人投资者在顺着一个风口的题材股炒作以后，都会误认为自己是“股神”，自己的财富可以复制。等到这些风口结束，所谓的“茅指数”“大白马”纷纷跳水以后，市场又回到了常态，而很多投资者就成了所谓的“牺牲品”。等到那些股民在股市里经历了两三轮牛熊转换以后或许才能够明白最开始那句话——入市有风险，投资需谨慎。

1.1.2 证券市场还不够成熟

证券市场在成立之初是为了融资，通过在交易所公开上市来解决企业融资难的问题，同时也给普通大众一个公开投资股权的机会。投资者购买股票本身是为了购买有价值的企业，成为股东跟随公司一起成长，获得长期的分红。可是，股票本身在二级市场上流通变现非常容易，并且受到各种消息和预期影响让市场存在定价分歧，随着投资者增多，其投机的成分也会不断增加，造成价格脱离价值本身。所以，投资既有价值的一面，也有投机博弈的一面。

一些所谓的“讲师”常常会把涉及股票波动的某一个因素单独拿出来放大它的价值，从而误导投资者，所以投资者可能学的知识越多越糊涂。我的一位在金融投资顾问公司里工作的朋友说，他从业这么多年，接触过非常多的投资者，很少见过赚钱的，反而看到很多所谓的“讲师”赚到了大把的钱。令人啼笑皆非的是，唯一大赚的是一位生病住院的投资者，由于忘记了自己购买股票的事，等到他出院打开账户时，发现曾经购买的股票价格涨了两倍多。假如他期间一直盯着股票账户，或者听讲师的话进行操作，或许他早就在一个涨停板的时候将股票卖出了。

A股的很多股票无论是退市还是上市手续都比较烦琐，造成很多业绩差的企业退市难，而一些新型的优质企业也很难上市，比如京东等一大批企业由于不能持续盈利而无法在A股上市，最终导致很多企业在海外上市。与此同时，A股的退市机制不够完善也造成很多垃圾股存在，这些股票往往价格不高，长期处于底部区域。这些股票在EA程序化开始兴起的时候往往成为收割小散户的主力军。当然，一些企业为了上市融资还可以收购濒临退市的企业，以借壳上市。

假如股市每年以高标准、零容忍的态度推行退市机制，那么一年下来会淘汰很多垃圾股，剩下的优质企业自然也会带动指数长期稳定发展。其实，股市犹如“战场”，只有残酷的淘汰机制才可以让市场永远保持新鲜血液。企业越是难以退市，那些业绩不好的低价垃圾股也就越容易成为庄家的工具，散户看到如此，就会做出追捧热点、短线、快进快出、抄底等行为，营造出一个逐利投机的市场环境。与此同时，造成投资者亏损还有一个原因，那就是参与了太多不适合自己的品种，购买了太多不合适的服务。其实这也体现出股民的认知匮乏，尤其是在金融衍生品和投资顾问服务推陈出新的情况下，比如期货、现货，以及过去流行的外汇、邮币卡、期权投资等。

1.1.3　网络和外界误导

在投资这条路上有各种理论和方法误导着投资者。在这个环境里，你想获得一些真知灼见并且以此赚钱真的不容易。炒股暴富的传奇故事，以及幸存者效应带来的所谓“发家”故事让很多投资者只看到表面，大部分投资者自身素质不够，很多人连最基础的基本面知识都不知道，大多数知识都是东拼西凑的，理论根本不成体系，而由于人性弱点导致的追涨杀跌行为经常让投资者遭受市场正常波动范围以外的亏损。

我们看到在互联网上出现了各种股民培训机构，教你如何投资基金，教你如何买卖股票，或者给你某些特殊的指标，好像学好了这些指标就可以在股市里赚钱。为了达到某些营销目的，他们不惜用各种方式来淡化投资风险。假如炒股有这么容易，岂不是每个人都是“股神”？比如特别流行的波浪理论，它的创始人艾略特本身就不是证券投资者，包括他的传承者本身在股市里也只扮演着一个预测的角色，在美国股市的大牛市里也因为过于坚信自己的理论看空股市而错过了一次次股市的崛起。

诸如此类的理论总是充满着形形色色的幸存者效应。但是，假如我们知道发明这些理论的人本身就没有成功，我们会作何感想？在这里我无意评判理论的缺点，或者诋毁某人，而是告诉大家一定要学会辩证地看待市场，不要被网络上铺天盖地的“大师”忽悠，因为投资是一种修行，绝非速成。

网络里还有很多人本身并不赚钱，而是依靠所谓的分享个股的方式来收费的，其中也包括一些不正规的所谓投资顾问机构。比如，在收盘的时候告诉你某某股票明天会涨停或者发生什么牛股行情，然后在第二天直接高开涨停让投资者无从下手，以此来博取投资者的信任。但是，一旦投资者购买了所谓的“服务”，实际情况却完全不一样。这些人就相当于寄生于证券市场，因自身资金或者能力储备不够而无法持续盈利，却希望通过所谓的“牛市”来获得附加收益，这样的人不在少数。尤其是在投资者知识匮乏的时候，很容易相信网络上所谓的“带盘老师”。比如某某接听电话会被告知他是某某证券公司的，其实券商是不会对外界打电话的，投资者不得不防。

另外，所谓的EA，大家听起来十分高端，很多数据在测试时跑得很好，一遇到实盘成绩就差强人意。包括半程序化交易也是一样的，他们会给你一个看起来跑得很好的数据模型。而现实是他们准备了几套模型，展示跑得很好的模型，一旦市场风格发生改变，这种模型就会出现差劲的表现。这就是为什么一些基金公司喜欢在牛市里发行大量基金，因为那时大众由于自身的赚钱效应扩散，会产生巨大的购买需求。

所以，投资者在购买基金的时候需要警惕，对网络里表现最火热的基金一定要仔细甄别基金经理往年的业绩、管理水平，而不要被幸存者效应或者互联网的宣传冲昏了头脑。2020年基金大热，2022年因全球经济形势影响，股价低迷，基金大跌。

1.1.4 个人投资者素质缺乏

处在上述的投资环境中，你再聪明也可能因为那些误人的理论及幸存者效应浪费太多的光阴。比如有些人会把一个伪科学说得头头是道，再用大量的案例让你误以为这就是投资秘籍，可是当你用了以后就会发现这仅仅是个别现象。大道至简，越简单越好用。就好像武术一样，真正的武术不需要太多的花架子，也不是用来表演的，它们都源于非常枯燥的日常积累，有些东西朴实无华，甚至一点儿欣赏价值也没有，但恰恰是这类东西练多了才会提高人的精气神，以及真正的格斗技击能力。

投资者把投资和企业挂钩，和产业挂钩，这是一件好事。虽然现在的投资教育越来越发达，过去很难学到的东西大家都能了解一些，但是一旦遇到铺天盖地的涨停板、题材股，往往就会丢失最开始的投资理念，很多人仍然说一套做一套。

我发现大部分投资者最开始接触股票依据的都是技术，而不是基本面。大部分投资者之所以进入股市，是因为周围的人告诉他炒股能赚钱。而如何赚钱呢？最开始就是通过购买一只拉升起来的股票，以做差价或者波段的方式来赚钱，这样他们就开始走向研究所谓的技术、黑马股、牛股、题材股之路。在大部分人眼里，似乎这就是炒股。

技术分析的各种方法纷繁复杂，虽然学起来觉得不难，可是落到实践中就会遭受现实的各种无情打击，于是再想办法来完善理论，再进入学习各种理论这种无限循环中。等到投资者回过神来，才发现自己早已走过了几轮牛熊，自己账户里可能还有一些股票在坐过山车，徘徊在等待解套的路上。

很多投资者对基本面和【F10】这些基本的资料几乎不看，很多人甚至连最基础的技术分析都学得不扎实，理论知识都是东拼西凑的。比如很多人连公司的退市机制、分红机制、基础的竞价规则都不懂，甚至没有经过系统训练就单纯依靠所谓的“执着”做投资，他们在全副武装的机构投资者面前肯定会不堪一击。

A股历年来都是牛短熊长，在为期不长的牛市里给很多投资者扩散赚钱效应，紧接着风格切换，大批股票被套，比如这一轮看起来不错的2020年小牛市，导致大量投资者在诸如长春高新这类股票里被高位套牢。而在股价下跌的路上，投资者习惯性地使用所谓的市盈率估值进行抄底。这种“过激价值投资”是最害人的，因为投资者经常会把一轮逻辑面出现问题的股票价格下跌看作确定无疑的机会，而这个机会又让他们觉得这是一次重大的投资机会，从而犯下严重的错误，而投机者也许就不会犯这种严重的错误。

据统计，在京东方A这只股票上，自2020年以来股东人数达到150万户，并且有很大一部分是在股价下跌途中购买的。也许某个喊抄底的投资者在一轮大洗盘中销声匿迹了，可是大众投资者往往成为“牺牲品”。因为投资者无论是对公司的基本面还是对技术分析和市场都是一知半解的，所以他们面对股市总是充满恐惧，而他们又经常被各种“群”里面的信息吸引，被一些非法的小平台、不合法的私募等欺骗，最终遭受双重损失。

其实，从股票二级市场波动大的周期去分析都在反映公司的基本面，但是很多投资者进入市场久了以后就会本末倒置。到底是K线决定企业，还是企业决定K线，我希望大家能够明白它们之间的辩证关系。

1.1.5 缺乏长期机制的机构投资者

目前，在股市中机构投资者的体量越来越大，尤其是在2020年以后数量猛增。在证券市场里面机构投资者扮演着更加专业的角色，甚至在某些时候他们可以是市场规则的制定者。包括私募、大户、大股东、公募、社保、证金、QFII等，他们以专业化的技术、强大的基本面研究能力、成熟的风险管理系统在市场里面存在着，这些都是散户所无法比拟的。要想在证券市场里形成一个良性的、积极的投资环境，这些机构投资者的投资风格都应该起到积极的作用。

但是，基于国内证券市场牛短熊长的风格，加上投资者对基金的偏见，导致基金经理不得不谋求一些短促的投资风格，以便更好地吸引投资者。幸好有些投资者了解了基金长期回报的价值，但是这种体量和认知还远远不够，仍有不少股民认为买基金就是变相地把钱交给别人管理，每年还要提交管理费，让一些基金机构白白地赚钱。而由于大盘环境不好，加上公募基金的持仓限制，也没有所谓的对冲工具，导致这些基金的业绩无法抵御下跌，所以他们往往认为自己买卖也要比傻瓜式买基金明智得多。但是据统计，无论从哪个角度来衡量，一些主流的基金，哪怕是指数型基金的投资回报率都要比散户的长期投资回报率高得多。

只有大家对基金投资回报时间的“容忍度”增加，以及未来证券市场注册机制、退市机制的全面实施，营造一个健康可持续的投资环境，才能让机构投资者不断壮大，让个人投资者越发信赖，也让更多的优质企业更好地成长。

1.1.6 投资者的情绪陷阱

很多人会通过各种理论来证明股市是有规律的，并宣称一个有认知能力的人可以在意识到这种规律后通过理性判断来获取收益，但是事实果真如此吗？大量的实践告诉我们，真实的情况往往比这种情况要复杂得多。其实这也容易为一些所谓的“炒股软件”提供可乘之机，在他们的销售话语里面，假如你没有赚钱，是因为你没有完全按照软件的提示来进行操作。设想一下全部股民都按照这个软件炒股执行这种买卖点策略，你觉得大部分人会赚钱吗？答案当然是否定的，因为机构投资者肯定会利用这种“有效”的东西来反向交易，以达到自己的目的。其实所谓的买卖点信号是可以用资金“做”出来的，而这恰恰是市场博弈的一面。退一万步讲，就算出现奇迹，有这种理想状态下的软件可以让你赚钱，投资者按照这种软件交易就一定会赚钱吗？那也未必。事实上大部分投资者往往难以完全执行，只有少数投资者能够坚持到底。为什么？因为人会有杂念，也会有情绪。

每个人都会有天生的心理特征，伴随着的往往是重复性的非理性行为。这些行为与生理学上的条件反射一样，从远古时期就刻在了人的DNA里，而恰恰是由于人类的非理性行为才引起了市场的分歧，从而导致市场的波动。从另一个角度来分析，我们反其道而行，就会发现很多机会源自这些根深蒂固的人类特征。比如利用反向跟单交易的经纪商，就是利用投机者普遍亏损的现象来赚钱的。而市场上之所以不断重复出现一些历史现象，主要是因为人性始终不变。

在投资过程中，你是否会有以下情绪？

贪婪：我希望自己买入某只股票后第二天股价就能直接被拉升。假如股价上涨，哪怕你买入的只有100股，你也会因此莫名的兴奋，好像此时此刻你就是亿万富翁一样。同一只股票，假如你没有买它，也许你不会如此非理性地渴求它第二天就直接涨起来；而一旦这只股票的价格明天不涨，你就会觉得这只股票应该是哪里出了问题，从而内心焦躁不安。

恐惧：有时你计划买入比较重的仓位，就算你知道这只股票的价格过一段时间就会被拉升，可是你还是忍不住在股价下跌到某个你无法接受的位置时立马卖掉，甚至后悔参与了这样的股票。

贪心：通过自己的判断买到了一只潜在黑马股，或者自认为买在了一个历史大底部并幻想着那些可能到来的财富，于是你就会“谜”之自信地认为这只股票可以让你彻底改变多年颓废的炒股生涯，一定要赚到大钱才对得起自己的研究。

绝望：最近又学习了一套新的战法，于是急于尝试，结果总是亏钱，你就会觉得自己不适合做投资。也有一部分人为了缓解压力自己欺骗自己，把账户删掉死扛到底，结果越拿越亏。

其实投资者亏损除了外部原因和认知原因，更主要的原因还是人性。虽然这种人性在生活中能够帮助我们更好地生存，可是到了证券市场上反而成为赚钱的最大阻碍。在市场中，很多损失就源于这些根深蒂固的特征。情绪和非理性思考甚至可以制造出一种重复性的犯错行为，而这些行为就是人性的弱点导致的。

厌恶损失：对避免亏损有一种强烈的偏好，在投资者眼里不赔钱远比赚钱更重要。

人对避免亏损有一种特殊的偏好，在生存哲学里面就有“三十六计，走为上策”。对于投资者而言，一旦自己的股票被套，获利只是第二位的，渴求回本然后退出市场才是当务之急。因为被套就意味着自己的账户亏损，亏损就像刀割一般会导致更大的痛苦。对大多数人来说，没有抓住机会与犯错导致亏损并不是一回事儿。但是，从理性的角度来衡量，二者其实是一回事儿。心理学研究表明，交易损失的心理影响可能比获利的心理影响大得多。对交易行为来说，厌恶损失的心理影响一个人使用一个固定交易系统的能力，因为使用这类系统的人对损失的感受要强于对潜在盈利的感受。一个人可能因为遵守自己的交易系统而赔钱，也可能因为错过了一个机会或忽视了系统的法则而错过同样多的利润，但前者带给人的痛苦要远大于后者带给人的痛苦。这样一来，损失1万元的痛苦感丝毫不亚于错失一个2万元获利机会的痛苦感。很显然，这种认知是不对等的，所以投资者一般很难在一个系统上坚持，尤其是在错了几次以后，比如在熊市行情，他们只可能记住亏损给自己带来的痛苦，所以当机会来临的时候他们往往会犹豫再三，迟迟不肯动手。

成本效应：更重视已经花掉的钱，而不是未来可能要花的钱。

计较成本效应是指投资者非常在乎已经投资的钱，而不是特别在乎以后可能要花的钱而带来的潜在回报，继而难以执行自己的交易系统。比如，一个投资者原本打算买入某只股票，预期收益是1万元，止损是5000元。假如这只股票的价格没有上涨反而下跌，此时究竟是按最初的决定，在损失5000元的时候退出，还是继续持有这只股票？我们现在回想肯定会坚持原先的计划，因为客观地执行计划一定会让我们在接下来的某几次盈利之中赚回来。可事实是割肉退出对大部分股民而言都是痛苦的事，对他们而言，浮动亏损不算亏损，只有自己把股票卖出了才是真正的亏损。他们相信，只要坚定持有，就有机会等待市场反弹。同时他们也会不断地告诉自己：我现在止损，随时可能卖在市场最低点，市场可能很快就要反弹了。成本效应很快会让投资变了味儿：他们考虑的不是市场下一步会怎么变化，而是怎么想办法避免那5000元的损失变为现实。所以，投资者继续持有这只股票不仅仅是因为他迫使自己相信市场会反弹，更主要的是因为他不想接受损失。

有的投资者为了挽救自己的所谓损失，可能还会变本加厉地采用大幅补仓的策略。这种策略在震荡市场里可能有效，但是遇到了大的市场波动，可能原本把股票退市也只会亏几万元的事情，结果因为自己疯狂补仓，亏损达到几十万元。在期货市场里这类行为往往导致投资者频繁爆仓，假如他最开始执行了某些系统规则，那么可能下一次机会来临所带来的回报就会弥补损失，并且让账户出现盈利。可是，当遇到亏损的时候投资者很少这样思考，因为他们在乎的只是此时此刻如何缓解难受，长此以往就得不偿失了。

处置效应：早早兑现利润，却让损失持续下去。

处置效应是指投资者偏向于卖掉价格正在上涨的股票，却保留价格正在下跌的股票。这类行为经常是中小散户的硬伤，也是个人投资者难以跑赢基金的主要原因。造成这类现象的主要原因是投资者习惯了震荡市或者熊市思维，总是按照生活中的一些习惯来决策。有一句谚语：落袋为安。假如投资者认真研究过一些成功投资者的经历就会知道，大部分人的财富增值主要来自持有一个大的利润，而不是来自频繁地卖掉牛股。类似地，早早兑现利润的倾向也源于人们不愿意丢掉下一次购买牛股的机会，因为在很多股民眼里，频繁买卖几只股票赚钱带来的快感要比长期持有一只股票赚钱带来的快感强烈得多，就算前者最终的收益远不如后者最终的收益。这种现象经常出现在牛市行情里面，因为牛市慢慢地淡化了投资者的风险意识，他们总觉得被套了会很快解套，并且投资的机会非常多，热点轮番炒作。对怀有这种倾向的股民来说，想要弥补大的损失是很难的，因为能够赚大钱的机会早早就被终结了，潜力也就永远失去了。牛市何时来临谁也不知道，在这之前的日子里大家都会觉得股价会在底部一直震荡，择机卖出永远没错，可是你却永远赚不到大钱。因为当牛市来临时，很多股票的价格都在进行强势的飙升，对于习惯逢低买入、回调买入的人而言，股价时常会涨到连自己都害怕，而此时投资者就想抓住机会追高，一旦追高面临如此高估值的股票又会坐立难安，于是再好的牛市、再好的牛股，投资者都只可能吃到里面的一小块肉；而一旦风险来临，投资者往往一点不落地吃到里面的风险，幻想着牛市还会继续。对于这一点，老股民应该深有体会。

短视行为：只会根据一个决策的短期结果来判断它的好坏，而不去考虑决策本身。

短视行为是指一个人倾向于根据一个决策的短期结果而不是本身的长期效果来判断这个决策的好坏。说到风险和不确定性，有很多问题是没有标准答案的。出于这个原因，一个人有时会做出一个自认为有理、看起来也正确的决策，但由于没有预见到也不可能预见到的因素，这个决策并没有带来理想中的结果。个人投资者由于经验不足，个人能够实践的范围十分有限，他们往往非常重视某一次尝试的失败，而不知道这个策略带来的长期回报。所以他们经常徘徊于各种所谓的“炒股战法”，被各种幸存者效应吸引，从而经常摇摆不定。在投资中，即使是正确的方法也可能亏损，甚至有可能连续一段时间亏损。这些损失会导致交易者怀疑自己，怀疑自己的决策，于是对自己一直使用的方法表示怀疑。比如，大部分人都知道茅台好，我相信老股民都知道茅台也有25元一股的时候，那时候就算有些人买了，也知道企业很好，可是随着时间的流逝，大家都会忍不住在某个高点将其卖掉。

股市本身就是一个波动的市场，几乎可以说在任何时间都有上涨下跌的可能性，所以任何观点都可能是对的，也可能是错的，甚至一些观点在某一段时间里可能是对的，过了一段时间就是错的。而投资者却经常在这个谁也说不清、道不明的股市里面徘徊，甚至掉入一种怀疑的旋涡里面。我身边也有一些这样的人，股市一旦不好就开始各种抨击，可是他们依旧每天跟风炒作热点，听取所谓股评家的观点，亏钱了就继续抨击，这种人以老股民居多。

近期偏好：更重视近期的数据或经验，忽视早期的数据或经验。

近期偏好是指一个人更重视近期的数据或经验，昨天的一笔交易比上个星期或上一年的交易重要。其实这也是短视行为，近两个月的赔钱经历可能跟过去六个月的赚钱经历同样重要，甚至更加重要。所以他们就不由自主地开始人为迎合近期的市场行情，比如修改参数、学习近期流行的理论等。于是，近期的一连串不成功的交易会导致交易者怀疑他们的方法和决策程序，结果偏好和短视行为在一起经常会把投资者搞得云里雾里，就算有一个正确的投资理念和一个成熟的交易系统，投资者也很容易中途怀疑自己而被市场普遍存在的言论干扰，比如在牛市顶部总会有众多的人喊牛市，从而导致大部分投资者在高位被套，比如2022年的恒瑞医药和长春高新等，这也许就是历史经常重复的主要原因。因为投资者经常对历史健忘，对近期记忆犹新。对于大部分人而言，股价明日的涨跌要比明年的涨跌重要得多，同样，今天股价涨停也许能让他开心一整天，虽然他这一个月已经亏了很多钱。

锚定效应：当人们需要对某个事件做定量估测时，会将某些特定数值作为起始值，起始值像锚一样制约着估测值。在做决策的时候，会不自觉地给予最初获得的信息过多的重视。

人们在做出一个涉及不确定性的决策时过于依赖那些容易获得的信息，且偏重于受第一次信息左右，首次印象、最初信息、初始数据常常会为随后的思考和判断设置某种框架。他们可能会盯着近期的一个价位，根据当前价格与这个参考价格的关系来做出决策。这就是大部分股民不愿意卖出股票的原因：他们只顾盯着近期的高点，然后拿当前的价格与这些高点相比较。如果这么比较，那么当前价格总是显得太低了。我见过不少投资者买卖股票的依据仅仅是他身边的朋友买了某只股票被套了很久，而那位朋友还在坚持，他认为自己捡到了便宜而草率地买入，可是从不考虑购买的那只股票所对应的上市企业的质地。还有的投资者由于自己的股票被套了多年，就会高度在意这只股票的行情，越是这种刻意地关注越容易中机构设置的“技术”圈套，因为一只股票的价格涨跌总会反反复复，这种反复的临近回本却又落空的情绪很容易折磨一个人，让他提前卖掉手里的股票。

其实从交易的角度来分析，一只股票横盘三年，三年前的价格和现在临近突破的价格虽然一样，可是背后产生的效果却不一样。但是很多人非常在意这些价格，认为当初在高点被套，如今刚解套，再以更高的价格买入这种行为是让人无法接受的，甚至是很愚蠢的。大家可以这样设想：一个人在2018年以20多元每股的价格买入五粮液这只股票，赚了20个点后卖掉，再以100元每股的价格买入，他会怎么看自己？我相信很多人都会觉得自己吃亏了，不是吗？

羊群效应：盲目相信一件事，只因为大众都相信它。

在经济学里经常用“羊群效应”来描述经济个体的从众跟风心理。羊群是一种很散乱的组织，平时在一起也是盲目地左冲右撞，一旦有领头羊动起来，其他的羊也会不假思索地一拥而上，全然不顾前面可能有狼或者不远处有更好的草。人们往往会因为其他人（尤其是股评家）相信某件事就随波逐流地相信这件事，价格之所以会在市场明显处于高估泡沫时期仍然疯涨不止，部分就是由这种潮流效应造成的。比如2020年的“基金热”浪潮，让数不清的“金融小白”误认为购买基金就是稳赚不赔的，在任何点位都可以买入。这股浪潮导致大量的投资者纷纷购买各种各样的基金，可是在2020年机构抱团结束以后，大部分基金都面临30%以上的回撤，很多人都低估了自己的耐力，也低估了市场的风险。甚至在网络上有数不清的抄底某某股票的声音，由于投资者静态地认为行业龙头白马股下跌就是机会的来临，结果被套在了历史高位附近。牛市和熊市的终结基本上就是羊群效应的极端表现。物以类聚，人以群分，身处这种思想浪潮之中，一般人很难抵御这种羊群效应所带来的危害，除非他真的有一些真知灼见。

善于利用人性的弱点，这方面最出名的就是彼得·林奇。彼得·林奇在参加鸡尾酒会时发现这样一种现象：当客人对牙医而不是对他感兴趣时，往往是股市低迷或者刚启动阶段；当人们爱和他稍微聊聊股票时，股市处于刚上涨15%的阶段；当包括牙医在内的所有人都围着他时，股市处于上涨30%的阶段；而当人们都开始向他推荐股票时，正是股市已达到峰巅进入下跌的准确信号。

迷恋小概率法则：从太少的信息中得出没有依据的结论。

这方面最为人熟知的是买彩票，很多人买彩票的初衷是赌自己会走运，虽然这是极少发生的事件，但人们却十分热衷，这是人类心理上一个非常奇特的现象，即人类具有强调小概率事件的倾向。

被小概率法则迷惑的人相信，小概率事件的发生就可以近似地反映市场状况。比如一位股民使用了某个指标，结果未来三天都赚钱了。可能当时市场环境好，刚好处于牛市，大多数股票的价格都会上涨，但是他就会不自觉地认为这个方法能够让他在股市里长期稳定盈利，还可能会幻想一下今后如何炒股，怎么改变自己的命运。一些新股民在投资过程中都会不定期地产生这种想法。

同样，如果一位公募基金经理连续三年的表现都强于指数的表现，他就很容易被人膜拜。遗憾的是，几年的表现并不能代表长期的表现。尤其是在股市出现一些极端行情的时候，基金经理的选股模式凑巧符合当下的行情。迷恋小概率法则会导致人们过早地建立信心，或者过早地失去信心。再加上近期偏好和结果偏好的影响，交易者往往会在一个好用的投资系统即将发挥作用的时候将它抛弃。

认知偏差对投资者有不可估量的影响，因为如果一个投资者可以不受这些偏差的影响，那么每种偏差都意味着赚钱的机会。当我们开始洞悉这些人情绪的时候就会看到，避免这些认知偏差能带给你巨大的优势。因为除了市场本身的风险，还有很大一部分风险是由人自身的情绪制造的。

造成大部分投资者亏损的既有客观因素，也有主观因素。我相信大家在进行综合分析以后就会知道，投资并不是一件简单的事情，也并不是简单地看看K线就能实现持续盈利。作为普通投资者，虽然我们没有机构投资者那样专业的调研团队，也没有高超的操盘能力，但是我们可以依靠自己的优势来实现特有的价值。我们要结合市场的特点形成自己的投资风格，确定自己的独立判断，并在投资中获利。

1.2　市场不同的派别

目前在A股市场上有三类比较流行的投资派别，都有大量的跟随者进行学习，并且试图利用这些模式来赚钱。一是技术分析派，二是价值投资基本面分析派，三是量化交易派，每个领域都有相应的投资大师作为典型代表。我比较提倡的是使用技术分析、基本面分析及大众情绪综合分析的策略进行选股和买卖。

1.2.1　技术分析派

技术分析有三大定理，又被称为三大假设，这三大假设构成了技术分析的全部内容。技术分析的基础是在一个有效的市场里，市场行为会包容消化一切信息。这句话是广大技术分析者投资信心的来源。他们坚信源于基本面的各项信息带来的影响最终都会通过交易反映在价格上。不过，这种认识也容易带给投资者极端的误导，从而陷入投机里面。

市场运行方式以趋势方式演变。趋势是技术分析的核心概念，体现在价格会朝阻力最小的方向运动，也就是朝着已经形成的趋势继续行进。在一个极端的牛市里这种效应体现得淋漓尽致，可是等到大环境改变以后这种效应有时也会让投资者遭受不断的挫败。趋势的形成需要一个强大的背景作为支撑，一旦失去了支撑，这个趋势也许很快就会销声匿迹，就好比历年出现的所谓题材妖股的没落。

历史总会重演，技术分析和人类心理学、行为学关系密切。通过分析价格过去走出的图形来判断现在——相同情况下的价格走势是有可行性的。这种历史不断重演的思想大多基于人性的规律演变，但是很多人经常会有一种误解，认为某只股票的某个短期行为甚至近期行为会重复发生。这就容易让人过度猜测某只价格下跌的股票即将重复某段历史行情，这种纯猜测的逻辑在很大程度上完全是一种个人揣测。事实证明，一些股票的行为是很难具备较高重复性的。历史重复发生在指数上面的概率要大于重复发生在个股上面的概率，主要是因为指数能更好地反映人性及大众的情绪。某只具体的个股可能会因为庄家或者某种题材风格的影响而发生一些异常的波动，这往往会让技术分析派无从下手。

技术分析是投资者入市以来最容易接受也是最难入门的课程，很多时候技术分析都是与几何学、动力学归为一类的。虽然大部分投资者容易学会，但是这也很容易让投资者只关注价格而忽略企业的质地，陷入一种企业和纯价格波动的异化状态里面，二者的脱离往往会让投资者陷入一种虚无主义的纯投机里面，从而无法自拔。因为博弈无论从哪个角度来说最终结果都是归零，它本身不创造任何价值，只是从一方转移到另一方。

技术分析有很多分支，比如波浪理论、道氏理论、江恩理论、箱体理论、缠论等。其实技术分析的基本原理就是基于市场过去的行情演变推测下一步的走势，根据矛盾论分析，推动市场波动的动力是市场的分歧，理论只不过更好地解释了本质而已。不过，任何一项理论都需要投资者花费很长的时间来学习和实践。由于个人时间、精力有限，可能在不同的派别徘徊，最后还是停留在原先的层次也是大有人在的。事实证明，大多数人基本上没有足够的精力来融会贯通这些知识，并且会由于个人情绪变化而导致他一直在原地踏步。

二级市场毕竟是一个市场定价的市场，它的价格反映的是对一家企业当前主要矛盾的最终解决结果。我们可以利用二级市场的价格行为来辅助判断我们最开始的逻辑对错与否，而不能单纯靠技术分析指导交易。纯技术分析指导的股票投资终究是一种博弈游戏，这一点是不可改变的。但是，现在市场里面最流于形式也最容易让散户上瘾的恰恰是技术，他们认为技术可以神奇地预测市场的涨跌，乃至涨跌的最终位置，这就有些自作聪明了。

1.2.2 价值投资基本面分析派

价值投资基本面分析派的投资逻辑出发点是股权思维，即买股票买的是企业的股权，而不是波动的股价；随着企业业绩的不断增长，企业的价值也会提高，对应的二级市场价格也会相应上涨。我相信所有人在高中时期都知道这个基本的经济学原理：价格一直在围绕价值上下波动。之所以市场价格存在波动，一方面是因为人们对企业的未来价值判断存在分歧，另一方面是因为受到市场风格的影响，甚至会有过度偏离价值的行为出现。大部分投资者早期的投资都是基于市净率来评估一家企业的价值的，这也是巴菲特早期的投资规则。假如一家企业没有价值，没有成长和未来，那么分析所谓的估值也就没有意义了。

既然是分析价值，就会有衡量价值的标准，最常用的是市盈率、市净率和现金流贴现等规则。投资者要为自己的行为负责，就应该把投资当作一门生意来看待。买股票毕竟投资的是未来的事情，一般会有专门的券商分析师对股票的未来收益率做出预判，大家打开常用的炒股软件应该都可以看得到。但是，这些仅仅是表面的工作而已，投资最终还是一个做减法的过程，因为你不需要把全世界的股票买完才可以赚钱，事实上，你只需要在A股4000多只股票里面选出一两只你研究过的股票就可以赚钱。

但是，大部分股民似乎往往研究到这里就裹足不前了，忘了投资是一场战而先胜的战争，前期所做的工作越充分，你胜算的概率越大。为了做好投资，你还必须研究企业的管理层、国家的政策、行业的特点及未来。我建议大家尽量从身边的企业下手，或者从距离你的生活不远的企业下手，你就可以更好地观察这家企业的管理模式、产品销售及行业的竞争优势。例如，2016年，股票代码600751，之前的名字叫天海投资（后改为海航科技），计划收购英迈国际，成为全球最大的IT分销商。消息一出，各大券商纷纷发布券商研报，一顿计算以后，不少券商开始对这家企业进行评估，其中一家知名券商给出的估价是：按照市值计算，天海投资的合理市值为686亿元，对应的天海股价为23.7元/股。在股价飙升消息的刺激下，不少投资者纷纷跟进，股价最终被拉升到11.25元/股，就开始了漫漫的大熊市，股价在2021年跌到了2.15元/股。

类似的案例在证券市场上几乎每年都会上演，最后遭受损失的还是广大散户。大家要清醒地认识到，券商可能仅仅做的是一些例行的价值评估，而我们不能囫囵吞枣地随意听信别人的结论。假如你想做得更好，就必须亲自动手研究，必要时亲自去调研、去感受。因为大部分投资者与企业之间还存在较大的距离，似乎都是相隔十万八千里的行业，假如投资者不懂，那么随便一次股价下跌就可能让投资者失去信心，就算看好长期的利润也可能因为某些次要的利空信息早早兑现。尤其是一些高新技术产业的股票，还有一些涉及未来概念的股票，虽然未来想象空间很大，但是假如你看不懂，那么一旦遇到大盘的调整，这类股票也很容易让投资者被套牢。

投资就是如此，你研究得越深刻，对企业的把握也就越准确，而不能陷入简简单单的所谓机械价值投资误区里面；只有进行综合分析才能得出比较准确的结论，因为凡是我们日常容易得到的那些信息很可能都是假的，投资者必须对自己的投资行为负责。

一些股票的价格下跌可能是因为基本面出了问题，上市企业的财报一般都是推迟两个月才发布的，等到我们知道企业年报披露企业业绩下滑时，股价早就跌了一波形成了明显的空头趋势，这时散户往往会产生恐慌情绪。比如2020年年报显示温氏股份每股收益为1.175元，股价还在一个劲儿地下跌，此时根据所谓的市盈率和市净率指标，该企业明显被低估，企业的分红率也特别高。但是，恰恰是这种认识才让不少投资者遭受了重大的损失。2021年半年报显示企业预计亏损，股价应声大跌，网络上纷纷宣扬该企业的种种利空因素，股价在短期盘整以后再次大跌，大批散户不堪压力选择了止损，随后股价应声大涨。

假如投资者不想在市场里面承受这些毫无意义的亏损，那么我认为投资者最好努力训练自己的本领，用建立的投资规则和靠谱的数据来实现自己的预期收益。大家要想做得更好，可以多阅读一些投资大师的书籍，以及公开可以研究的资料，比如优秀的基金经理早年发布的公开演讲。

1.2.3 量化交易派

量化交易是用数学模型替代人为的主观判断，利用计算机从庞大的历史数据中海选能带来超额收益的多种“大概率”事件以制定策略，极大地减少了投资者的情绪波动影响，避免了投资者在市场极度狂热或悲观的情况下做出非理性的投资决策。目前量化交易在国内刚刚兴起，它的规模也在不断扩大，2021年下半年有一段时间成交量猛增，可是指数却没有大的变化，据交易所统计，这里面有一部分就是量化交易的功劳。我们可以把量化交易当作一种程序化交易，简称EA，它在国际外汇上也被广泛使用，尤其是一些交易流通性很强的大品种，只要让程序员把一种交易模型编写出来，让这种模型在历史行情下进行数据测试即可。假如其结果令人满意，让几个账户使用自动挂单工具进行交易就可以了。

现在很多大机构都在尝试使用这种方法来辅助交易以提高交易成绩。原则上，只要一个人的交易系统是一个确定的完整模型，就可以被写成EA，从而避免了在人的心理作用下执行力的问题，因为机器是不会说谎的。比如国际上特别流行的“海龟交易法”，也可以理解为一种类似固定交易策略的半自动化交易。程序化交易一旦被开发，对于一些占据技术优势的机构而言会节省更多的人力成本来进行一些短线和波段交易。从某种意义上而言，这可能会增加散户犯错的频率，因为从有效市场的角度来说，只要是散户喜欢做的事情，比如突破加仓、跌破止损等，程序化交易都会利用这种市场特点采取反向交易，这就会导致传统的技术分析“失效”，这对个人投资者而言是一种巨大的挑战。

这说明尤其是对于技术分析及短线交易者而言会加剧市场投机的难度。正是由于各类策略的产生，传统意义上的理论势必也会面临新的挑战，因为当一种理论被很多人运用时就不灵了，当缠论或者道氏理论的运用者多了也一定会失效。所以，市场是一个大综合体，你无法用任何一种理论去吃透它。现在网络上有很多的软件、指标，我们也可以把它们想象成一个半自动化、需要人为执行的EA。比如最开始某人通过学习MACD和均线的知识解决了买卖点和趋势的问题，我相信很多股民最开始都会自己花时间、精力去统计这些事情，试图找到所谓的交易方法。而事实上，一个人的精力十分有限，可能一个人10年的工作，在一个程序化EA测试那里只需要10分钟就搞定了。可见散户的优势在一些机构面前根本是不值一提的。

何况，投资过程中人还会有各种各样的杂念、怀疑等，其实大部分指标都是半对半的概率而已，它们本身只不过反映当下流行的一种理论，而这种理论可能会在不久的将来失效罢了。不止一位网友告诉我，他发现了很神奇的指标或者方法可以稳赚不赔，他试图先用趋势类指标确定趋势，再用摆动类指标确定买卖点。这种想法乍一听十分合理，可是在错综复杂的市场面前往往走不了多久就会失去价值。因为股票价格是随时变化的，它不会在那里傻傻地等着你，给你一个标准的信号让你赚钱。事实上，很多人都觉得自己的方法很好，可是有时机会只有一次。交易也是如此，你犯错的那一刻也许就决定了你会在其他方面错失很多机会，而你纠错的时间也许恰恰就错过了整个市场最好的一段时光。当然，你可以进行大面积的测试，可有限的精力和为数不多的资金永远只允许你参与其中几只股票，错过了或者做错了都可能会改变你的人生轨迹。

有一点需要提及的是，在市场里面还有一类投资，那就是情绪分析。

这种分析思维在国内目前还不流行，但是在国外已经被广泛运用并且对投资发挥了巨大的价值。情绪分析一般分析的是大众的心理，以及大众的行为。历年的牛市和熊市都有足够多的数据表明，一个大的牛市往往会因为大众过热的、非理性的贪婪和幻想而宣布终结，一个大的熊市也会在漫长而又不失痛苦的一片悲观情绪里面宣布终止。巴菲特是这方面的高手，他喜欢在大众恐慌的时候购买一些优质的资产，因为那时大众都心生恐惧，甚至一度怀疑股价还会跌得更多，就像世界末日在附近一样。那时很多人都会远离股市，而昔日那些高高在上的优质企业呢？由于不断的购买力下跌到某个估值就会被人疯狂地购买从而获得新的支撑需求，导致股票价格继续攀升。但这时一切都发生了改变，市场所有的购买力量都塌陷了，买进去就会发生较大的亏损，由于近期效应的心理作用，导致大众开始怀疑所谓的价值投资，在大众情绪悲观时优质企业的价值会被低估，以后可能还会惯性下跌一段时间，从而让所有人都怀疑公司乃至整个股市即将出现巨大危机。我相信，假如投资者没有一个完整的知识体系，他们眼里看到的股票价格仅仅是一堆跳动的数字或者某几根线画出来的一些图表，那么他们是不会明白这时他们所面临的机遇的。

2015年，南车和北车合并一度成了神话，那时我身边从来不炒股的人都在跟我谈论一些关于股票的事情，结果没过多久这一波行情就结束了。随后经历了2017年的修复，白马股缓慢地崛起，但是中小盘指数中大部分股票变现依旧很弱势，2018年创业板直接创下了新低，市场一片恐慌；很多人预测大盘还会继续下跌，可是到了2018年10月大盘反弹，之后构筑了一个底部并开始了大规模的反弹行情；2020年疫情到来大盘再次恐慌，白马股进入真正最绚丽的时刻，也正是在这个时候，各大财经网站及各大所谓的理财学院开始讲解一些静态的估值，大众开始了对白马股的追捧，似乎全世界都在告诉大家：消费、医药、光伏、工程机械等行业的龙头股会一直涨下去，买进去就能获得财富。随后白马股机构抱团宣布瓦解，股票市场的分歧开始加大，大量散户购买的股票都被套在了历史高位，其中最出名的就是三一重工。三一重工在2021年三季度股东人数达到150万户，那时三一重工的股价从最高49元/股一路跌到了18元/股，昔日大量的白马股纷纷“落马”，而那些曾经自信满满地在网络里公开展示自己购买白马股组合的人也无人问津，他们中的一部分还可能是模拟盘，可是广大的中小散户却成为“受害者”。据统计，2016—2021年开户数增加到约1亿户，其中很多个人投资者都是不明不白地被大众情绪传染的，最终成为市场波动的“牺牲品”。我认为，这种现象在未来肯定还会存在。

基于目前国内证券市场的机制和特点，我认为最适合个人投资者的投资方式应该是以价值投资为根基，利用技术分析进行佐证判断，观察大众情绪的变化，使用属于自己的某种特有规则中长期地跟踪优质资产。个人投资者和机构投资者相比并不具备一流的调研能力，也不具备清晰的大局观，所以无论是宏观面还是整体的研究深度都没有机构投资者深刻。同时，个人的技术分析能力也很少比专业的机构操盘手更专业。因为散户和机构完全是两个不对等的群体，所以散户是不可能完全照搬机构的投资理念和方式进行投资的。但是散户的优势也是机构无法匹敌的：散户资金不多和变现很快。同时，假如散户有纪律，完全可以在一个时间维度里面空仓（这一点很多机构做不到），并且耐心地选择为数不多却又有很大把握的机会来创造奇迹。散户只有把自己做精才可以实现财富的积累，弱水三千只取一瓢就足够了。

但是我发现，大部分投资者对待这个市场就像永不满足的饕餮一般试图把握所有的波动，试图超越某某的成绩，越是如此，越难以发挥自身的优势。也许你无法像专业机构那样研究得如此广泛，但是你至少需要一年搞明白一个行业的特点，然后操作为数不多的几只股票就可以赚钱。假如投资者能够及早地明白这个道理，我相信大部分人会少走很多弯路。

1.3　股市的风险和机遇

很多人最开始进入股市的目的都是赚快钱，并且多少是受到身边的人或者网络上一些人的鼓动才开户的。但是，大量的投资者报告也表明，越是急着赚快钱，追求所谓一夜暴富、一年翻十倍的传奇策略，面对的风险就会越大。股市里面参与的人越多，体量越大，背后潜在的亏损也就越大，但相应所获得的利润也可能越多。而那些顶尖的人所积累的财富也就越多，市场对这类极少数的人就会聚焦更多的关注度，再以此吸引更多的人甚至鼓舞那些没赚钱的投资者。但是，很多人却时不时地陷入那种纸上财富，或者渴求什么劳动也不付出就能够轻松赚钱的方法，长此以往肯定会影响一个人的全面发展，更会导致主次不分影响生活，甚至让一个人变得异化。大量的付出时间也是一种成本。

其实每个人与生俱来都会有自己的优势，他的优势属性在他出生时就基本上定下来了。所以，个性这个被写在人DNA里面的属性，会影响甚至决定他今后从事的工作乃至在行业里面的成绩。术业有专攻，太多的人参与市场都会显得不务正业，反而耽误自己的前程。

如果A股注册机制未来实施推行，那么那些ST借壳重组以及所谓的垃圾股频繁炒作、题材妖股打板的现象可能会失去吸引力，留给投资者反思的机会越来越多。假如A股涨跌幅不再设限，那么所谓的擒拿涨停板的策略是不是也会随之消失呢？一些企业在出现重大的财务问题之前，对于不具备识别能力的投资者而言，可能会认为短期的波动可以带来所谓“套利”的收益，再加上网络上一些所谓的信息烟幕弹，那时遭受的损失要比现在遭受的损失大得多。

假如投资者没有自己的识别能力，根本无法看透这些东西，则无法做出客观分析，更无法坚持到底。我相信，等到上市企业越来越多的时候，就会产生大量的“僵尸”股，这些股票由于业绩不好，可能很长时间趴在那里，一旦发生一些所谓的行情，那么热闹过后受损失的还是广大股民。

要注意，投资者的损失除了金钱外，还有大量的时间，有的股票就算不退市也会有5~7年的牛熊周期转换，一些股票甚至一辈子也不会有所谓的牛市行情，比如中国石油，2019年仍然有股民被套在最高位。股市每年都会发生一些变化，投资者必须与时俱进，不能拿过去那些一时流行的所谓“技巧”来作为投资的纲领，而应该立足于股市更加本质的属性来进行彻头彻尾的研究。目前机构投资者明显增加了配重比例，包括外资持股比例、放宽货币政策、支持国外券商进驻中国开展业务等，这些现象告诉大家投资正在发生新的变化。

个人投资者面临的风险只会越来越大，不确定性也会增大。我希望每位投资者能够以更高的警惕心看待市场，以钻研的精神来学习投资知识与技巧。只有让自己所有的投资知识和技巧建立在一个稳固的基础上，才可以让自己的投资大厦建设得更高。

每当投资者向我咨询一些问题的时候，我都不禁感叹，数不清的股票，数不清的短期预测分析，究竟能对投资者的长期投资起到什么作用呢？或许我给一些投资者正确分析了当下某一两个涨停板，或者帮助他们逃离了市场上一个较大的风险，可是明天呢？他们可能问完了我又去问其他人，到最后所有的观点对一只趋势基本恶化的股票都无济于事，该下跌的还会继续下跌。

投资应该是理财的一部分，既可以用来抵御通货膨胀，又可以实现资产增值。当投资者确立了正确的投资理念后，也可以在自己的本职专业领域做出卓越成就，以此获得合理的报酬，拿这些持续的现金流再继续进行长期的投资来支持实体的优秀企业，进而把投资作为自己生活的一部分（前提是这个投资者具备认知变现的能力）。目前适合大众的投资工具包括股票、基金、债券、各类理财等，这些投资并不需要你自己在家买什么设备，它是公开的，起码对所有人而言都一样，你只需要找到一些好的、能够持续创造价值的东西进行长期投资就可以了。

一如过去历史不变的规则一样，市场总会在大众的贪婪和恐惧里面诞生风险和机会，因为有数不清的投资者遭受了巨大的损失，其中包括投资时间超过10年的老股民。2020年股民一片欢呼雀跃，我身边的不少人自誉为“股神”，各种“茅”指数不断创下新高，资产高估以后更加高估，一些股票的市盈率在2020年年中就超过了2015年的市盈率，随后继续飙升，各种嘲讽市盈率的声音层出不穷，并开始鼓吹多少年以后某某股票的市值对接国际上知名的企业还存在多少溢价。最后一切只不过是一场梦，如今那些财经评论员以及所谓的分析师早已经忘记自己当初说了什么，而大部分投资者却只能被动地选择沉默不语。

在大白马股纷纷“落马”以后，大趋势形成也需要一年多的时间才可以筑底，如今市场上各种抄底的声音已经慢慢地减少了，大量的投资者开始转向悲观。也许现在还不是最恐慌的时刻，但是一些具备识别能力的投资者应该能够凭借自己的认知识别出来真假，在未来的牛市中那些优秀的企业还会展现自己的价值，因为这背后是一种投资逻辑：只要是好的东西总会有机构买入，现在只不过时机未到而已。

股市从来都不会安静，总是在反复波动，但是，无论短期如何波动，都无法阻碍发展的大方向，投资机会也在恐慌里面产生。多年以后，大家总会质问自己这个简单的问题：为什么我们都知道恐慌里面存在机会，却往往难以独善其身呢？因为对于很多人而言，当他们看清现实时也许早就被套在了高位。在大盘初次下跌的时候，大家都在凑着牛市的热浪一味地看多，他也受此影响盲目看好，既然看好，那么下跌到一个便宜的价格他就会疯狂地加仓，直到仓位很重，被深套的时候，才会在某一刻清醒过来。而那些一开始就不敢买的人由于自身的认知有限，就算耐心等到了一个底部区域，也不会买入太重的仓位。投资者往往在行情发生第一波反弹的时候就很满意地兑现了利润；就算他们没有卖出，后期一旦洗盘，也很容易把他们洗出去。

第2章

股市赚钱的不同模式

我们可以把炒股当作一门生意来看待，而绝不能让自己向门外汉看齐，不能把股票当成赌博或者一时运气得来的收益，更不能自贬身价。我们可以把投资当作一件专业的事情来看待，也可以把自己所购买的股票当作一种股权证明来行使股东的权利。

如果上述假设成立，那么我们有必要摸清楚股票这门生意到底应该怎么做：换一个新的视角看股市，看一下我们如何赚到市场的钱，不要让自己处在朝不保夕的短期波动上逐利。我们都知道各行各业的生意门道是不一样的，但是，只要能把行业的门道摸清楚，在大环境向好的时候你就能赚到钱，而在大环境不好的时候起码可以不亏钱。有的行业适合薄利多销；有的行业则需要前期大量的投入来打通产业链，而一旦产业链被打通了，利润就会源源不断地流进来。有的行业在一年中可能只有几次投资机会，比如农产品的收成有一年两季的，有一年三季的；在股市里也是同样的道理，投资者无论是价值投资还是趋势投机，抑或是基于套利的模式进行交易，最终都是依靠做差价来实现资产的增值。这就需要我们去了解股市赚钱的模式，任何一种模式都好比一门生意，没有所谓的好坏之分，只有风格不同罢了。

通过大量的实践证明，我们基本上可以把股市的赚钱模式归为六大类。

2.1 经济增长的钱

这类投资模式的典型代表是投资指数。我们知道股市是一个国家经济的晴雨表，由于股市一般都是提前反映经济走势的，所以它往往能够提前反映一国的经济状况。

为什么说投资指数就是投资国家经济发展情况呢？因为指数其实就是全体上市企业的加权平均值，它其实就代表了所有优秀上市企业的业绩变化。国家的经济发展其实都是由背后的企业推动的，国内生产总值的很大一部分也是由企业贡献价值的。比如企业长期的利润和营收总额，这些价值随着市场参与体量的增加会慢慢得到挖掘，最终回归合理的定价区域。很多人经常觉得A股长时间徘徊在3000点附近，一直不涨，其实我们把那些泡沫区域去掉，就会发现其实上证指数也一直在走长期慢牛行情。

图2–1为上证指数的年K线截图。

图2–1

从图2-1中可以看出，上证指数一直在沿着20年线走长期慢牛行情，并且长期处在一条斜向上的通道里面，自1990年成立以来每5~7年就会下跌一次。

假如我们一直选择在合理的估值区域进行定投，那么我们最终的收益应该是一条斜向上的曲线，当然这是在一个较为长期的时间维度里面；事实上，投资者是很难坚持这样去做的。投资者往往看到的都是股票短期或者最长1~2年的表现，并以此时间维度来衡量投资的对错、成败，毕竟人的心理因素就是这样的。而股市在很多时候是反人性的，所以人的本性在股市里往往会成为缺点。比如，近期效应会让一个人只关注股票短期的表现，或者一年内发生的事情，而这一年内发生的事情可能对于历史长河的大周期而言仅仅是冰山一角罢了，并不会起到什么真正的借鉴意义。并且大多数人总会在行情真正达到底部之前被深套其中，而在真正的底部来临时处于漫长的恐慌和怀疑之中。

其中最具代表性的指数是沪深300。有一则统计数据：从最初的定投指数开始到现在，年化收益率是8%左右。假如大家使用一些估值作为辅助工具来制定合理的定投规则，那么我相信大家的投资收益应该会更高。类似的指数还有上证50ETF、创业50ETF、行业指数ETF。图2-2为酿酒行业板块的月线图。

图2-2

从图2-2中可以看出，酿酒行业板块成立于2005年，到2022年一季度，共17年的时间涨了70多倍，平均一年上涨4倍多。

与之类似的还有医疗保健行业板块指数涨了接近70倍，家用电器行业板块指数涨了52倍，半导体行业板块指数涨了40多倍等。在这些行业里面产生了数不清的长线百倍大牛股，因为整个行业都在创造刚需般的价值，甚至一些行业是人们的生产、生活所离不开的，同时这些行业持续增长的利润背后都来自一个国家的经济发展和人均消费水平的不断提高。

2.2　行业周期的钱

各行各业都会有周期，包括白酒、医药、家电、科技等行业，只不过它们的周期节奏和幅度不一样而已。其中，最为我们所熟知的是资源股，因为它们自带周期性，这种周期性一方面来自它们对社会建设构成的刚需要求，另一方面来自市场的供需关系不平衡，导致原材料价格市场出现大的涨跌波动。

比如鸡蛋价格，由于天气等因素影响，导致鸡蛋的需求量大幅降低，鸡蛋市场明显供给大于需求，蛋鸡养殖户被迫以更低的价格销售来提高业绩，从而面临大幅的亏损，反映在养殖行业的企业上就会出现业绩的较大波动。

又如地区水灾导致很多农产品大幅减收，玉米价格不断上涨。国家采取进口猪肉及释放库存的政策导致猪肉价格回归合理区间，此时养猪企业由于不断提高的饲料价格及压低的毛猪价格就会面临大面积亏损的情况。

钢铁、煤炭、资源、化工、农产品等行业是社会发展所离不开的，所以它们不会消失。它们的波动其实都是由于人为不可控的因素导致连锁反应，反映在股价上面就是发生周期性的价格波动。现在A股中的周期股还存在较大的体量，假如我们有足够的耐心找到一个合理的估值区域进行潜伏，然后利用技术和政策多重因素进行跟踪，也是可以持续赚钱的。当然，各个行业都会有周期，只不过这类周期股表现出来的特征更加明显，容易预测其走势而已。

在操作周期股时我们务必要知道一个原则：周期股的股价高点往往就是业绩最好的时候，周期股的股价低点往往就是业绩最差的时候。不要等到业绩下滑时再选择卖出，因为那时候周期股的股价早已经下跌了一大半。其实这也是“机械价值”投资者经常会犯的错误之一。

2018年众泰汽车的每股净资产是8.66元，当时股价大约是5元/股，有人计算了一下企业的估值，认为该股被明显低估，于是草草地买入该股，之后众泰汽车的股价一路暴跌，最终跌到了1.14元/股。随后网上传出众泰汽车要被收购的消息，股价开始反弹。有人在众泰汽车被实施ST的时候止损了，因为他们看到众泰汽车的每股净资产在2019年达到3.146元，随后在2020年公司业绩不断下滑，负债过高，企业资产面临大幅减值，到2020年年末每股净资产变成了-2.181元。

之所以会有如此表现，主要原因是炒股炒作的是预期，等到一只股票的业绩被透支了，价格已经反映了它的完全价值，一旦价格处于高位，即使公司业绩看起来十分亮眼，可是机构投资者觉得公司业绩很难持续增长，甚至在以后的时间里还可能会持续走下坡路，于是便会选择性卖出。

所以，对于周期股，一般都是在业绩最好的时期择机卖出的。设想一下：假如钢铁价格一直走一个长线多头趋势，则肯定会带崩很多行业，比如工程机械、房地产行业就会面临毛利率下滑，从而引起一系列的连锁反应，此时国家肯定会出手管控。

给大家分享一个指数投资的策略：我们使用周线图进行记录，在一个行业出现了长期的下跌结构以后，我们需要等待指数出现一个突破181周线或50月线的箱体，就可以确定新的大趋势要开始了。

比如，煤炭行业板块指数会在不同的时期在底部构筑不同的箱体结构，但是，只有当它突破50月线的时候才宣布真正的趋势即将开始，如图2-3所示。

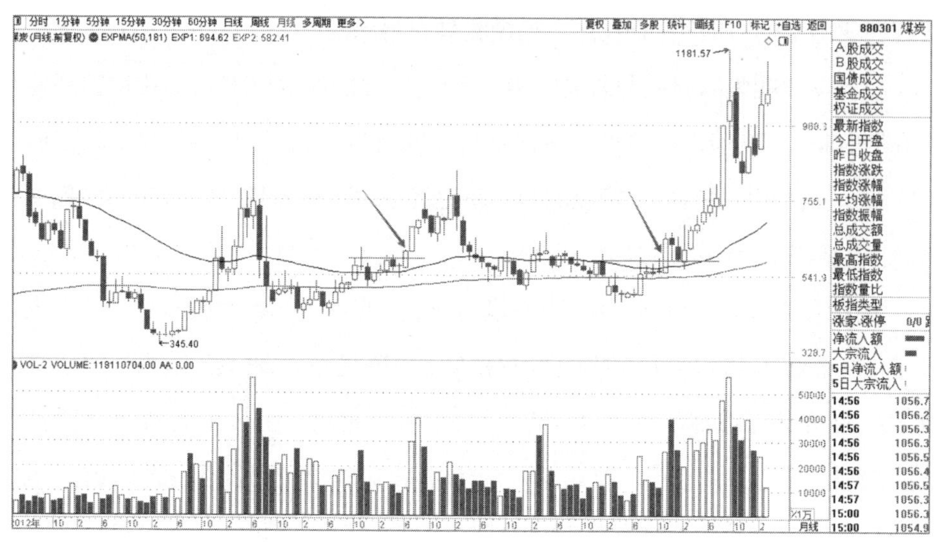

图2-3

又如汽车类行业板块指数记录规则，图2-4为汽车类行业板块的月线图。

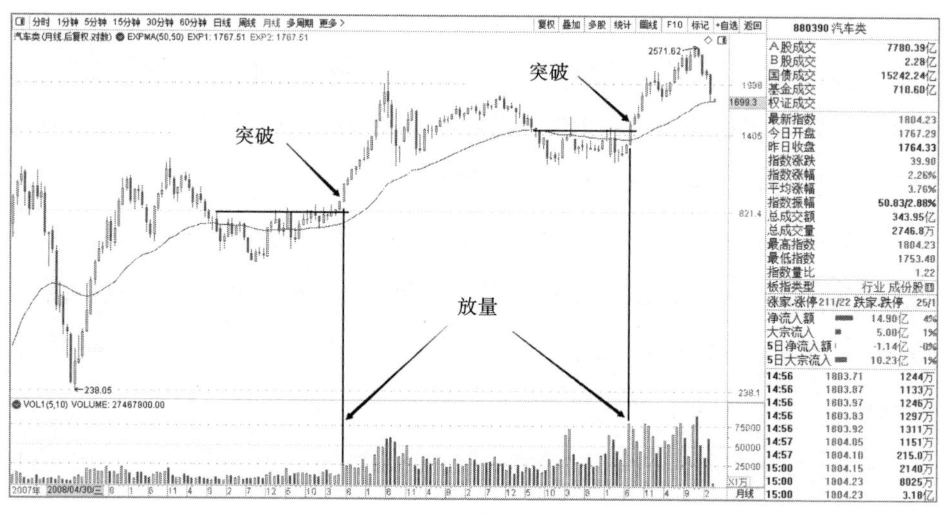

图2-4

汽车类行业板块指数在历年的行情里面出现了两次标准的月线大箱体突破形态，例如2018年，它在跌破50月线以后展开长时间的吸筹筑底，直到2020年7月放量突破箱体，基本上宣布整个板块从过去的周期行情变为成长路线。此时在整个新能源政策刺激的基础上出现很多大牛股，比如巴菲特一直持仓的比亚迪就在这个阶段展开了有史以来最强劲的牛市行情，这里面既有基本面、政策面的影响，也有技术面的影响。等到新能源政策的“风”刮过以后，很多汽车股又开始了新一轮的周期行情。2022年1月初，一位投资者在股价下跌到47元/股附近时重仓买入了长城汽车，理由是该股业绩很好，并且股价从最高点回撤了35%，差不多跌到了前期的低位，他预测股价在这里会有比较强的支撑。

图2-5为投资者买入长城汽车的大概位置。

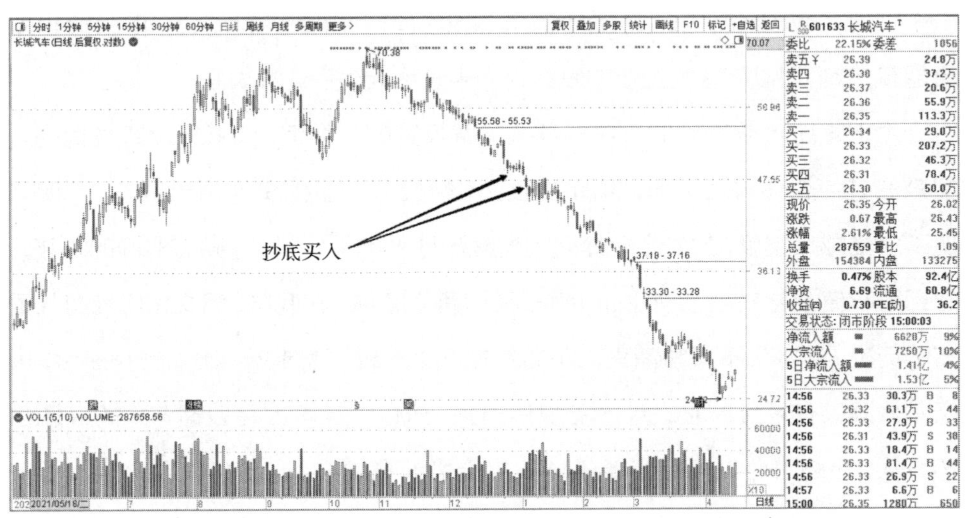

图2–5

在他买入以后，该股股价一路下跌，中间一点儿像样的反弹都没有，如此流畅的下跌是很少见的。从最开始买入到2022年4月，长城汽车的股价基本上回撤了40%以上。类似地，很多投资者都是由于在高位买入了一些周期股而被深套其中的，有的股民被套的年份已经超过7年，他们由于不熟悉周期股的特性而操作失误，一直没有回本。

2.3 企业成长的钱

这类投资模式主要依靠企业成长带来的复利收益。根据估值模型：市值=公司净利润×估值，在市盈率不变的情况下，公司净利润和市值呈正比关系，所以在一个估值合理的区间内，公司净利润增速越快，市值相应越大，公司的股价也就会越高。我们可以将这类企业的股票称为中长线大牛股或成长股。

由于这些企业所处的行业本身就具备很宽的护城河，或者行业壁垒很高，很难有其他企业与之抗衡，再加上企业不断投入大量的资金用于研发，致使其垄断地位越来越强，凭借企业优秀的管理和成熟的销售模式，随着时间的推移，它们的市值会越来越大，比如白酒和医药两个领域。在我国，酒文化已经有几千年的历史，基本上不可能消失，这就会有源源不断的需求端。比如贵州茅台，由于茅台酒只有茅台本地的水才能酿造出来，所以它基本上是独据一方的高端白酒龙头。贵州茅台无论是产量还是销售价格都在提升，这就会导致企业具备一个非常长远的赛道去滚雪球，越滚越大。只不过一些时候投资者过度炒作，导致企业业绩发生透支而面临股价回调。图2-6为贵州茅台长期的扣非净利润情况。可以看出，2010—2021年贵州茅台的净利润从未下滑，一直保持着平稳的增速。

图2-7为贵州茅台的年K线截图。贵州茅台的业绩从上市以来基本上一直处于稳步增长的状态，这种稳定增速带来的结果就是股价从2001年到2022年一季度涨幅接近280倍。

又如恒瑞医药，医药行业几乎伴随着人的一生，尤其是随着老龄化现象加剧，医疗费用会越来越高，所以该行业也有刚需属性。我们可以从中很容易地找到数不清的长线大牛股，因为这背后都是以企业长期稳定盈利为基础所带动的10

倍股价以上的拉升空间。

指标\日期	2021-12-31	2020-12-31	2019-12-31	2018-12-31	2017-12-31	2016-12-31
审计意见	无保留意见	无保留意见	无保留意见	无保留意见	无保留意见	无保留意见
每股基本收益(元)	41.7600	37.1700	32.8000	28.0200	21.5600	13.3100
摊薄每股收益(元)	41.7611	37.1735	32.8025	28.0240	21.5566	13.3087
每股净资产(元)	150.8834	128.4214	108.2714	89.8255	72.8003	58.0276
每股经营性现金流量(元)	50.9702	41.1313	35.9900	32.9448	17.6350	29.8132
每股未分配利润(元)	127.9391	109.5324	92.2564	76.4067	63.6932	49.9267
每股公积金(元)	1.0945	1.0945	1.0945	1.0945	1.0945	1.0945
营业总收入(未调整)(元)	1094.64亿	979.93亿	888.54亿	771.99亿	610.63亿	401.55亿
营业总收入(调整后)(元)	--	979.93亿	888.54亿	771.99亿	610.63亿	401.55亿
利润总额(元)	745.28亿	661.97亿	587.83亿	508.28亿	387.40亿	239.58亿
归属于母公司净利润(未调整)(元)	524.60亿	466.97亿	412.06亿	352.04亿	270.79亿	167.18亿
归属于母公司净利润(调整后)(元)	--	466.97亿	412.06亿	352.04亿	270.79亿	167.18亿
扣非净利润(元)	525.81亿	470.16亿	414.07亿	355.85亿	272.24亿	169.55亿

图2-6

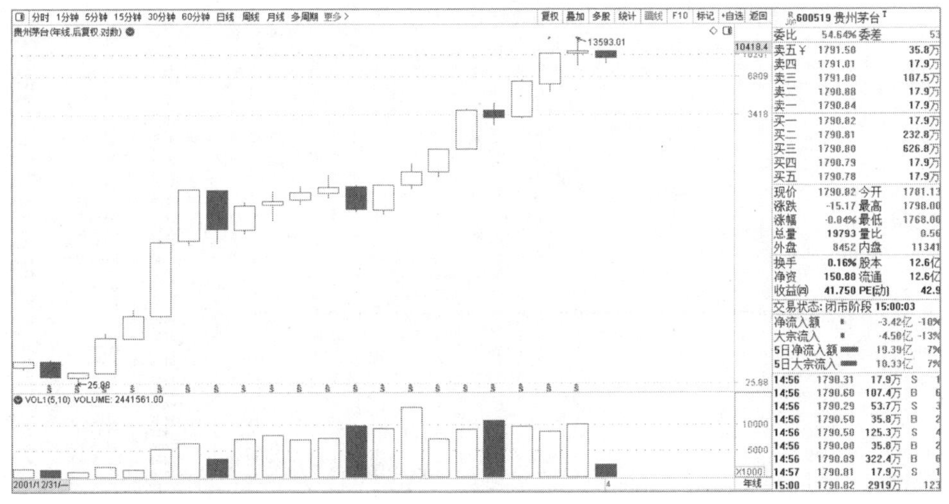

图2-7

图2-8为恒瑞医药年度扣非净利润截图。恒瑞医药主要制造抗肿瘤药物，是国内最大的抗肿瘤药和手术用药研究和生产基地。恒瑞医药从2009年的扣非净利润5.82亿元，到2020年的扣非净利润59.61亿元，翻了近10倍，常年保持着高速的增长，相应的股票价格也上涨了18倍以上。

指标\日期	2020-12-31	2019-12-31	2018-12-31	2017-12-31	2016-12-31	2015-12-31
审计意见	无保留意见	无保留意见	无保留意见	无保留意见	无保留意见	无保留意见
每股基本收益(元)	1.1900	1.2000	1.1000	1.1373	1.1040	1.1149
摊薄每股收益(元)	1.1869	1.2047	1.1030	1.1356	1.1029	1.1099
每股净资产(元)	5.7213	5.6017	5.3579	5.4556	5.2772	5.0761
每股经营性现金流量(元)	0.6437	0.8630	0.7534	0.9043	1.1044	1.1640
每股未分配利润(元)	3.9095	3.7414	3.5582	3.7226	3.5789	3.4015
每股公积金(元)	0.5895	0.3760	0.4012	0.3484	0.1867	0.2147
营业总收入(未调整)(元)	277.35亿	232.89亿	174.18亿	138.36亿	110.94亿	93.16亿
营业总收入(调整后)(元)	--	232.89亿	174.18亿	138.36亿	110.94亿	93.16亿
利润总额(元)	68.95亿	60.56亿	44.99亿	37.59亿	30.13亿	25.62亿
归属于母公司净利润(未调整)(元)	63.28亿	53.28亿	40.66亿	32.17亿	25.89亿	21.72亿
归属于母公司净利润(调整后)(元)	--	53.28亿	40.66亿	32.17亿	25.89亿	21.72亿
扣非净利润(元)	59.61亿	49.79亿	38.03亿	31.01亿	25.90亿	21.71亿

图2-8

图2-9为恒瑞医药的月线图。

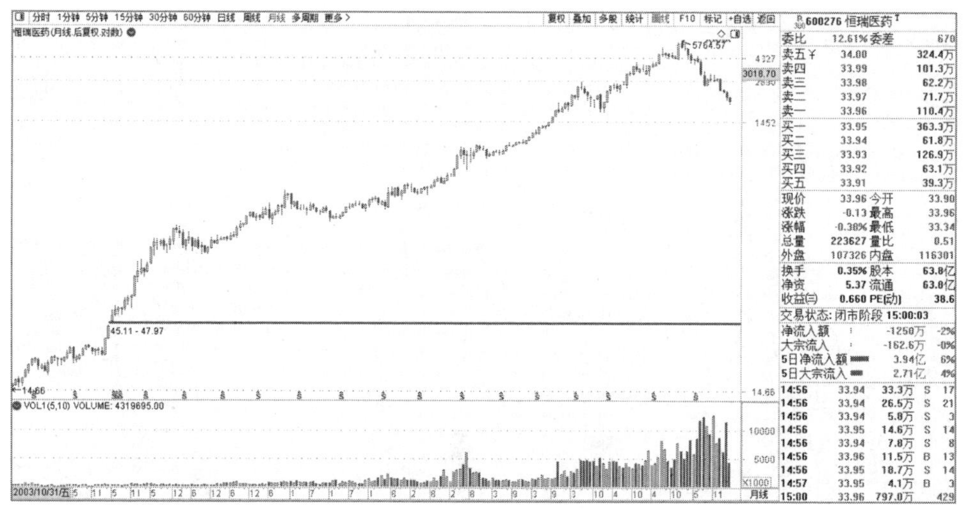

图2-9

有时候，投资者并不需要太聪明，只需要沿着一条正确的路走下去就行，只要有准确的预见性，持有的时间越长，利润就会越大，因为这些企业所属的板块和行业自身就有刚需属性，或者一些企业本身就在行业里面处于快速的扩张期。

2.4　政策红利带来的供需失衡

这类投资模式以政策导向为主，国家每一年都会有一些政策目标，每五年都会有新的五年规划，这些目标的提出主要是为了更好地发展我国的社会经济以及为人民生活谋福祉。

在开始管控动力煤时期，动煤期货价格一路暴跌的行情，从高点区域开始出现了连续4个跌停板，如图2–10所示。

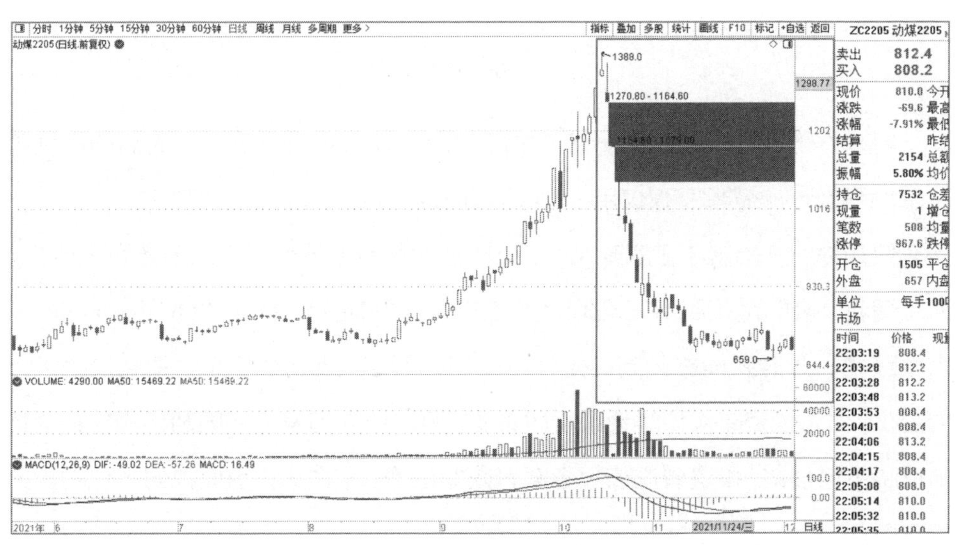

图2–10

2020年猪肉价格一度高达40元一斤，国家随即开始大量进口猪肉，同时释放猪肉库存，最终让猪肉价格回归到约10元一斤的正常价格区间。

每一次大的政策调整都会关系到股市的命运。以最关系民生的教育行业为例，2021年国家开始集中治理校外培训机构，并且明确规定校外学科类培训机构一律不得上市融资。此消息一出，国内知名外语培训机构新东方在美股的股价应声暴跌。

图2-11为新东方的月线图。

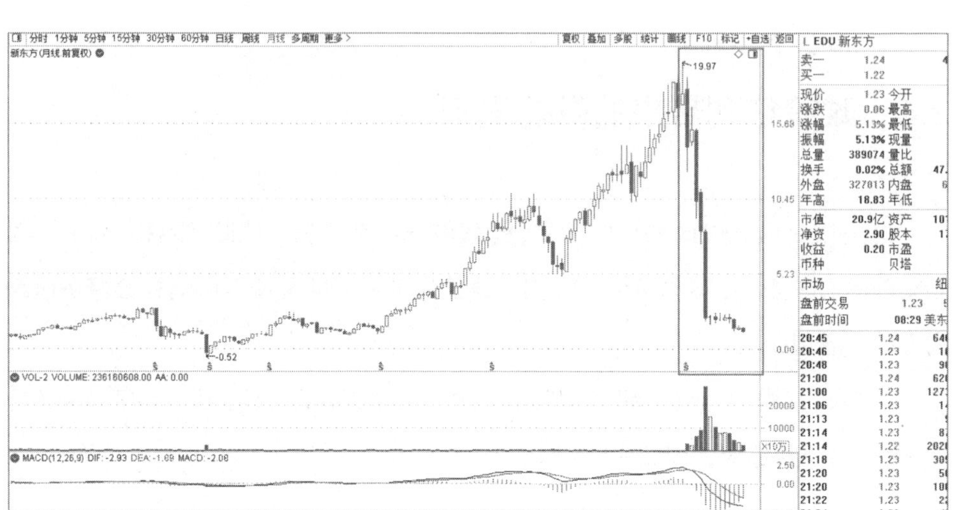

图2-11

新东方于2006年上市，一直走牛市行情，2020年股价迎来了最后的辉煌阶段，此后股价一路暴跌，仅仅用了5个月就把接近14年的涨幅全部跌完。

假如你一开始就不了解政策，错误地把这类股票的价格下跌理解为一种“别人恐慌我贪婪”的机会，那么你可能会遭受巨大的损失，这样的案例不胜枚举。国家政策在一些时候能够起到决定性的作用，直接导致某个行业或领域发生巨大的变化，作为投资者应该学会跟着政策走。股市作为国家经济的晴雨表往往会提前反映市场经济，投资者应该学会乘着政策的春风，在风口里面找到类似的巨大投资机会。

比如2020年国家提出碳中和的概念，在这个政策的倡导下，一大批新能源题材股纷纷走出一波巨大的牛市行情。图2-12为碳中和概念指数的走势图。

2020年下半年，碳中和概念指数开始突破大三角形调整的底部结构，走出一波放量突破结构，从此价格在高位横盘继续走高，直到2021年9月指数涨幅高达80%以上，其中很多股票的价格涨幅都非常惊人，比如华能国际、中国电建、云天化等。

图2–12

我们以云天化为例，云天化的控股股东是云南省人民政府国有资产监督管理委员会，其主要业务是磷矿采集，是目前国内最大的化肥和化肥原料生产企业。磷又是磷酸铁锂的主要材料，磷酸铁锂是一种锂离子电池电极的主要材料，在全国资源匮乏的基础上，磷的现货价格迎来了主升浪行情，导致公司的净利润大幅增加，该股的表现在整个碳中和概念里面十分突出，如图2–13所示。

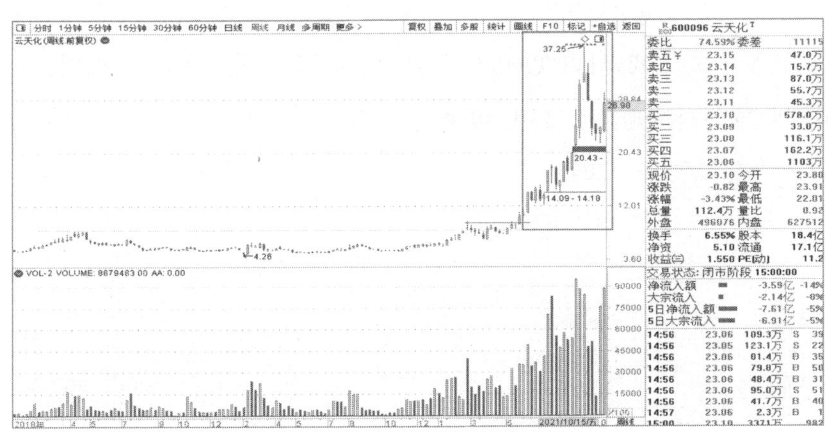

图2–13

随着国家政策的不断出台，光伏行业迎来了重大利好，阳光电源作为全球光伏逆变器的龙头企业，业绩也突飞猛进。公司主营光伏行业和储能行业两个领域，公司业务不仅面向国内，也面向海外，且海外收入占比接近50%。公司业绩在

2020年大幅增加，当时公司股东人数很少，大约有3.7万户，很多公募基金开始大幅增持该股，股价在2020年7月放量突破大的箱体平台并展开主升浪行情，涨幅超过10倍，如图2–14所示。随着国家对新能源汽车的扶持，又带动了一大批新的产业，比如光伏产业里面的隆基股份；由于电力传输政策的出台，在特高压行业板块里也诞生了一大批新的牛股，比如特变电工等。

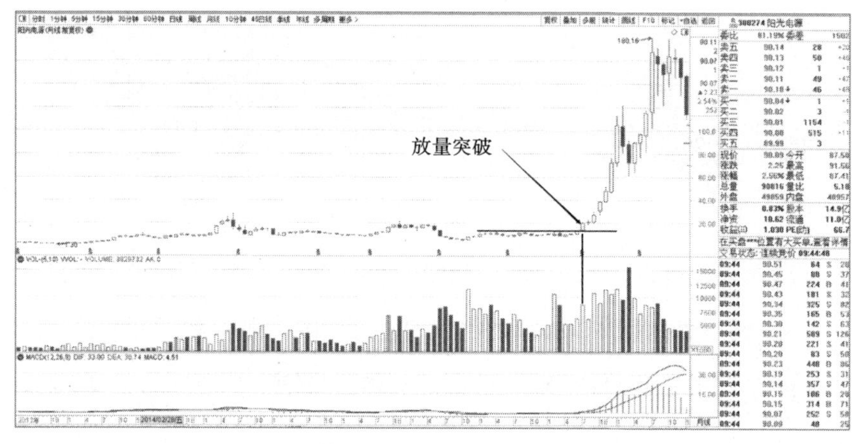

图2–14

假如投资者只知道国家政策却不知道如何选股，那么也可以直接选择碳中和ETF、新能源车ETF或光伏ETF进行投资，收益依旧不菲。图2–15和图2–16分别为碳中和ETF基金的走势图及里面的投资组合。

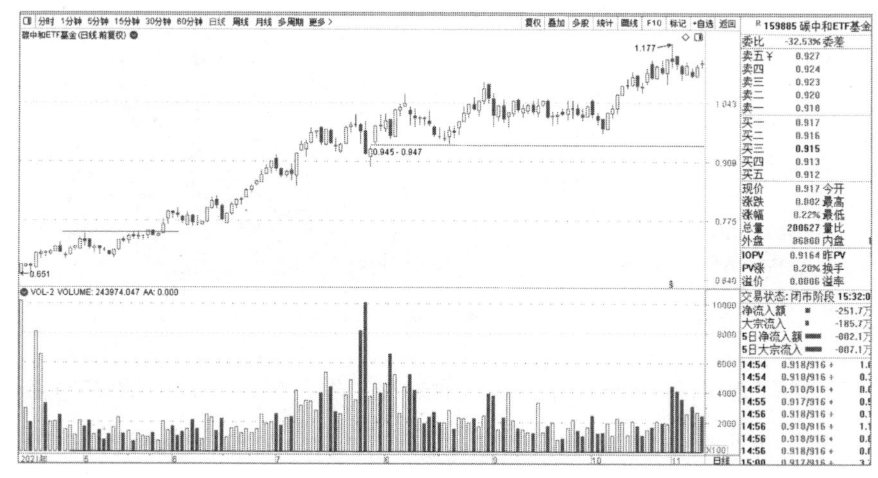

图2–15

截止日期:2021-12-31

股票代码	股票名称	持股数量(万股)	持股市值(万元)	占净值比%
300750	宁德时代	18.09	10636.16	13.35
601012	隆基股份	112.36	9685.10	12.16
600900	长江电力	295.01	6696.73	8.41
300274	阳光电源	26.96	3930.97	4.94
002812	恩捷股份	13.89	3478.06	4.37
300014	亿纬锂能	29.40	3473.97	4.36
600438	通威股份	70.09	3151.29	3.96
002129	中环股份	58.69	2450.13	3.08
300450	先导智能	28.41	2112.89	2.65
002709	天赐材料	14.86	1704.04	2.14
688779	长远锂科	1.76	40.31	0.05
688262	国芯科技	0.64	26.90	0.03
688800	瑞可达	0.20	26.27	0.03
688049	炬芯科技	0.33	16.86	0.02
688265	南模生物	0.24	16.63	0.02

图2–16

可以看出，碳中和ETF基金和碳中和概念指数的走势极为类似，涨幅都在80%以上，而且里面都是一些高尖端的成长型龙头企业。

对于政策红利带来的题材和炒作机会，投资者需要耐心观察，结合国家的政策，然后使用技术分析进行识别，基本上每年都可以抓住一个大主题背景下几个轮动的板块进行操作，其收益也不低。

我要重申一遍：股票的操作不仅仅是技术分析，技术分析通过量价关系、强弱对比也只能分析出市场的行为，而无法分析出背后的逻辑和行情的大小，因为在技术的范畴内永远都是概率事件。这就需要我们综合考虑国家的政策以及二级市场的行为。

2.5　短期情绪的钱

这类投资模式以投机套利居多，模式不固定，大部分投资者都是以事件驱动，结合资金和技术面进行综合判断的。目前仍有一些投资者专以打涨停板为主，他们的策略基本上都是半自动交易、人工制定品种和策略，然后在早盘集合竞价和开盘的一小段时间内进行程序化交易打板，收益依旧不菲。不过，这类策略虽然容易获得较高的收益，但是无法复制，因为根据反身性理论，就算一件确定性比较高的事情也往往会因为参与的人数太多而宣布无效。所以，一种策略知道的人越多，就越容易失效。

股价短期的波动一般都伴随着很强的随机性和偶然性，因为我们无法提前知道这只股票什么时候建仓、什么时候洗盘，这样猜来猜去会很累，并且得不偿失。尤其是现在程序化交易开始盛行，你会发现各种来回波动、大起大落却很少止损的现象，因为投资者一旦止损就很容易被洗出去，但遇到意外情况若不进行止损处理则可能还要遭受股价长期下跌所带来的损失。尽管这类短线交易模式不一样，但正所谓无风不起浪，任何股票价格的短期波动背后都会有一个驱动事件，假如投资者不认真记录，则是看不出来这些痕迹的。

所以，对于短线交易投资者来说，首先要对技术分析或者要操作的交易模式特别熟练，绝不能允许模棱两可的状况发生，更不能出现交易判断的盲区；其次，要有技术之外的东西作为辅助，尤其是对国家政策的解读和对市场热点的洞察；最后，要对股票盘面的资金、板块轮动效应、个股资金流动等方面有比较深刻的认识。股票投资并不是纯技术的东西，投资者一开始往往只在意一些纯技术，比如波浪理论、趋势线、均线等，但是你会发现这种重复出现的图表模式在实际的行情里面往往会失效，甚至表现得十分迟钝。我相信这是大部分投资者经常遇到的问题，因为他们到了最后依旧无法逃离所谓的“技术”牢笼，于是把所有的成功都寄托于如何利用MACD金叉作为趋势确定方向，然后等到KDJ金叉作为买点买入股票这种类似的技术范畴里面。所以，投资者要想把短线做好，就必须把技术打扎实，但更要敢于摆脱技术的束缚。正所谓“兵法之常，运用之妙，存乎一心”，也许类似的图表放在不同的热点和背景之下呈现的结果就不一样了。比如陕西金叶，在2021年就只有这一家电子烟的概念龙头企业。但是，如果参照陕西金叶那样的图表形态去寻找股票，则可以找到很多类似的、潜在的下一个“陕西金叶”，但是在2021年只有一家电子烟龙头，不会有另一家让你复制。因为它的出现有着必然和偶然成分，你无法从纯图表上面找到答案。

我相信，这也是大部分股民经常遇到的困境，这个困境可能会导致投资者十多年始终无法摆脱，也许有的人一辈子在技术领域里面打转，再也走不出来。这又是多么可怕的事情，因为千千万万投资者付出的心血到最后也是一场空。

大家要明白，短线交易需要的是整体观。新手投资者面对错综复杂的股票，只是学习了一些皮毛的知识就觉得这个东西经典，与我们经常看的武侠小说一样，总是幻想真正的高手应该如何如何，再加上网络上各种包装的老师“人设”，对小概率事件过度包装，从而误导投资者。我们经常看的科幻电影，很大一部分纯属幻想，但在现实里面总会有一些人违背科学常识，自我幻想世界上有那种所谓的奇迹，比如某某技术多么神奇、高手应该多么厉害。真正赚钱的人未必非要买涨停板，也未必非要多高的准确率。他们无非是明确自己的投资规则，然后十分严格地遵守这些规则的普通人罢了。一些交易系统最后的成功率可能只有50%，这就要求你在错了的时候依旧可以坚持下去。对于这一点，我相信，除非你真的坚持下去了，否则很多人都会在失败了两次以后开始怀疑自己。

投资者可以留意一些驱动因素，常见的有每年有4个季度的业绩披露、国家出台政策、行业周期带来的短期变化、国际局势带来的变化、大股东增减持等，只要是对股市能构成影响的因素我们都可以拿来使用。比如在2022年“3·15”期间网上流出的媒体卧底视频，显示南昌双汇工厂疑似存在防护服发黑发臭、猪排落地直接装袋入库等不良操作。该消息立即引起了市场的轩然大波，双汇发展直接跌停，股价当时处于低位区域，股价跌停第二天直接大幅低开，紧接着股价开始飙升收复失地。紧接着，双汇发展就食品安全问题进行了解释，对相关产品进行了溯源并封存管控，并且澄清了相应的传闻。

图2-17为双汇发展当时的走势。

图2-17

有些时候你会发现，利空就是利多，利多就是利空，而这就是股市。

还有一些政策文件可能在消息没出来之前股价就提前反映出来，这就需要投资者进行一定的联想。比如新能源，投资者可以联想光伏、风能，能直接对标的企业包括生产硅、生产风轮叶片等企业。西部地区光伏发电输送到东部地区就需要用到特高压来减少电能消耗，实现电力传输。电力传输完毕以后，还需要储存电能的设备等。同时，新能源车也会涉及很多领域，比如电池、电池的组件、电极材料、电力转换器、发动机、玻璃、轮胎等细分行业领域。

在资金方面，大家可以查阅A股每天、每周、每个月的板块资金流向和北向资金流向等，自己手动记录同板块里面个股之前的价格行为变化，比如同板块里面哪只股票更抗跌、哪只股票的股价跌幅更小，这些信息往往都说明了资金的动向，通过自己的记录观察得到的数据往往比分析师讲得更具可信度。所以，投资者不要听市场说了什么，而要明白它正在做什么，并且已经做了什么，然后结合具体的个股和技术进行交易。正所谓万变不离其宗，你只需分析最基础的即可。

大家只需要记住，趋势都是基于*N*字结构演变而来的，也就是先进行一波拉升建仓形成一个基部，然后进行缩量洗盘，随后进行拉升放量展开新的行情。这种模式小到分时图，大到年K线，都可以用同样的原理进行分析，然后投资者再去结合资金、量价关系、形态进行交易。

图2-18为西藏城投的月线结构，可以看出，无论是成交量还是价格都形成了一个标准的*N*字结构。也就是说，股票首先进行一波拉升放量的建仓，然后进行标准的缩量洗盘（注意此时价格一般不会创下新低），随后开始放量拉升创下新高，形成新的趋势行情。

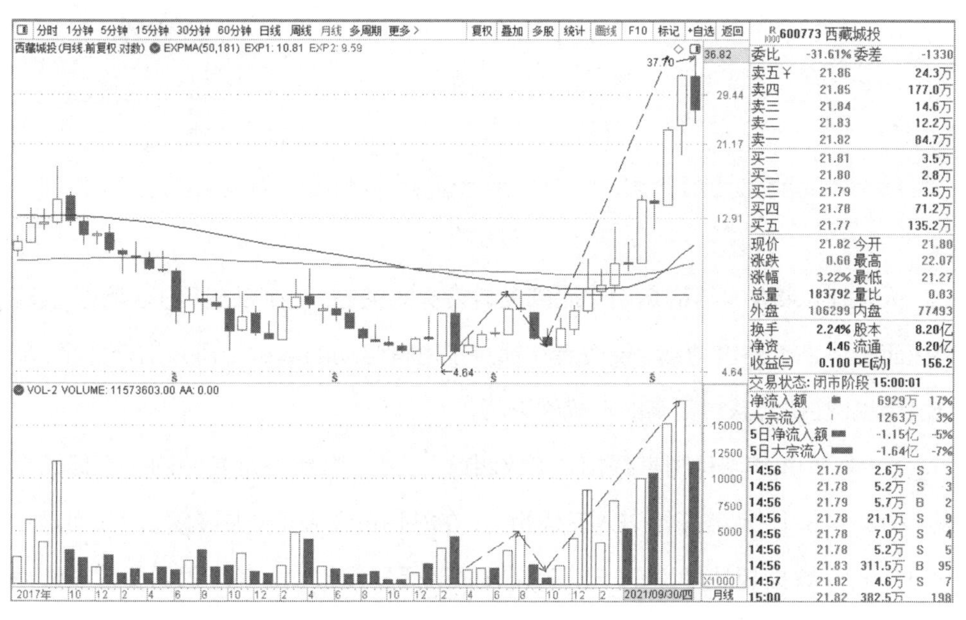

图2-18

图2-19为大理药业的60分钟图，可以看出，在股票价格创新低后先进行一波拉升建仓，然后缩量洗盘，随后在整个医药板块的刺激下，主力机构突然建仓放量突破，展开一波强势的拉升行情。在这里投资者需要注意，关键位置放量的行为往往代表了结构的信号，也往往容易出现一些关键位，因为机构的筹码会堆积在这个价格区域，所以我们一般喜欢放量跟踪，止损在放量阳线的底部。

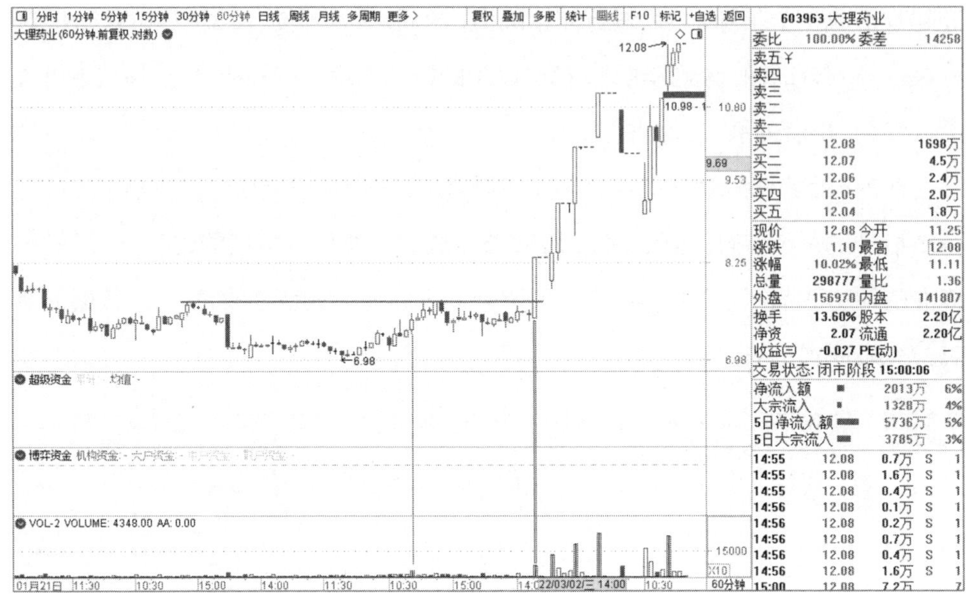

图2-19

大家可以将N字结构运用于底部反转首次的突破，也可以运用于判断多头趋势里面趋势是否还能持续。投资者在锁定了逻辑驱动的基础上再去结合资金、配合成交量，往往会获得更高的准确性分析。

比如，2020年2月国家提出“东数西算”工程，黑牡丹是其中的一个标的个股。2022年3月，大盘开始进入下跌趋势，在3月9日迎来了一波暴跌行情，可是黑牡丹作为大数据板块里面的一只题材股表现得异常耀眼。在这里需要大家使用LEVEL-2数据，也就是大单资金。

图2-20为黑牡丹的日线图——黑牡丹于2022年2月18日突破箱体平台。

此时资金连续三天不断地流入，并且大资金上穿散户线，在2022年2月17日出现一根放量高开低走的阴线，而资金却处于不断地流入状态，这时大数据板块开始不断地被资金抢筹购买，但是大盘开始变弱，黑牡丹也跟着板块一起调整。让人意想不到的是，该股仅仅调整了两天，在2022年3月4日出现一个60分钟图放量突破小箱体平台位置，此时资金再次流入，随后股价一路飙升，就在2022年3月9日大盘暴跌的时候该股依旧强势涨停。

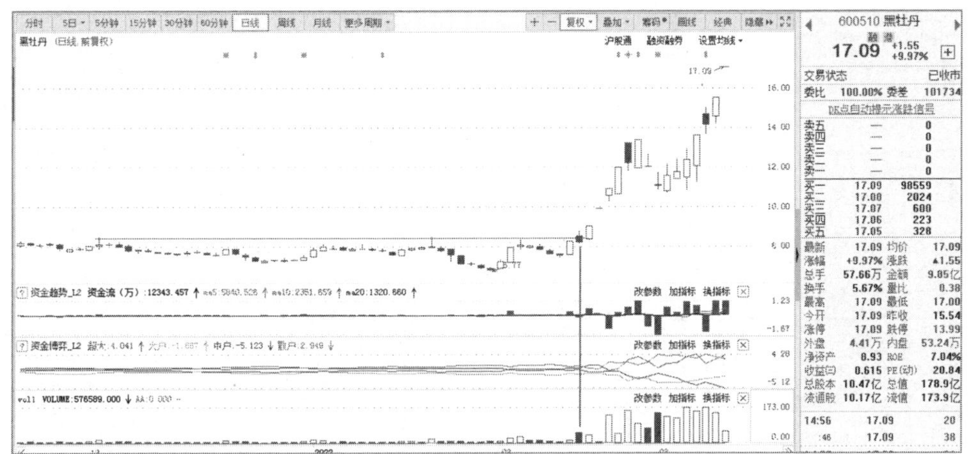

图2-20

图2-21为2022年3月4日黑牡丹的日线图量价关系。可以看到，黑牡丹在2022年3月4日放量时资金不断地流入并构成了一个底部的拐点。

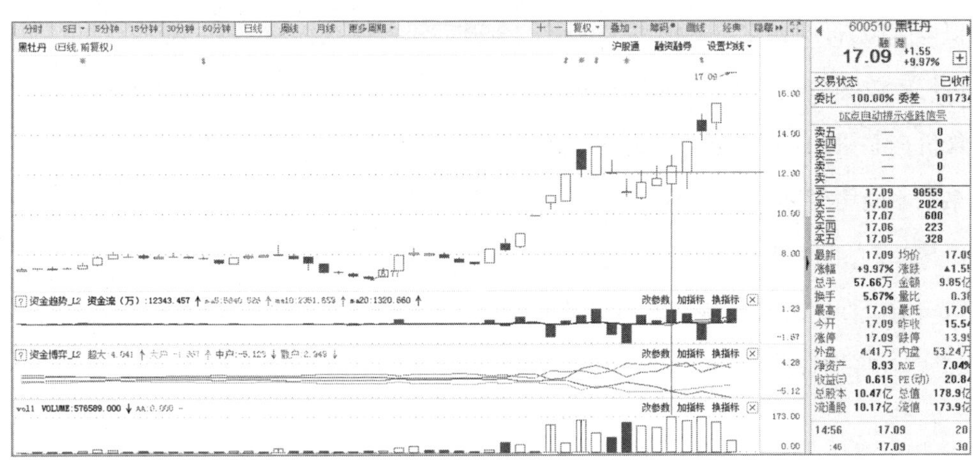

图2-21

图2-22为黑牡丹2022年3月4日10：30的60分钟图。我标注的地方是黑牡丹60分钟图出现阶段放量结构的时候，资金流入突破小平台高点，此后一步一个台阶拉升放量，攀升新的高点。

图2-22

可以将这种基础的量价结构运用在各种图表模式里面，尤其是在多头趋势的题材股里，效果更加明显。无论是底部反转，还是先进行一波拉升再进行短期调整再度拉升，抑或是在一波淋漓尽致的飙升后进行快速缩量下跌形成一个凹口再进行反攻等模式，原理基本上是类似的。投资者在进行思考时，除了技术、资金和量价形态外，还要学会寻找背后的逻辑。也就是说，投资者要学会等风来，只有风来了才能飞，并且飞得更高。当然，大家还可以将这种短线模式运用在可转债上面进行套利，因为可转债实行的是T+0交易机制，并且伴随着正股进行波动，所以投资者可以在正股股价飙升而可转债还没有过多反应之际进行短期套利交易，但这需要专门的盯盘交易。

2.6 游资人气龙头

这类投资模式以游资模式为主，这就需要投资者具备很强的盘感和足够专业的市场题材嗅觉能力。题材龙头一般是以抓龙头和涨停为主的，所以它背后主要围绕的是人气，炒股炒作的也是一种人气，人气背后是大资金的炒作和预期，所以，一旦一个题材足够大，很多机构游资纷纷参与就容易形成所谓的合力，比如2020年的白马股大牛市就是几乎所有公募基金共同推动的。毫不讳言，几乎每年都会出现很多这类高人气的黑马股，这类股票的价格很容易翻倍。由于创业板的涨跌幅一般为20%，所以，这类人气股的股价有的能够在短时间内翻3倍以上。比如，2022年九安医疗的美国子公司签署了大额的新冠检测试剂盒采购合同，消息还没正式公布，股价就开始了一波强势拉升，如图2–23所示。

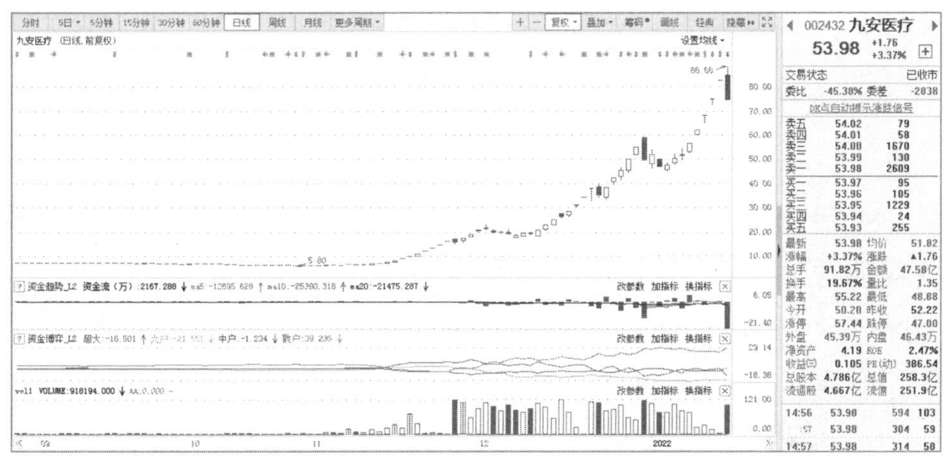

图2–23

九安医疗的股价从5.8元/股一路飙升，中间出现了多次突破结构，最终拉升到88.88元/股，只用了两个多月股价就涨了15倍多。我们可以看到，九安医疗在股价拉升途中有很多的大宗交易，其中有数不清的游资参与。

股票对应的一些企业可能业绩并不怎么好，甚至有一些还是亏损股，它们长期不稳定盈利，经常处于不退市却不怎么赚钱的状态，这类股票一旦遇到一个大的题材，被一些机构炒作以后，很容易成为黑马股。当然，这类股票由于没有什么真正的长期业绩，所以它们最终往往以暴跌的形式收场。

比如，2020年农林牧渔概念股轮番炒作，在此题材下诞生了当时的养猪龙头牧原股份等一大批牛股，甚至天山生物当时正值创业板注册机制刚刚兴起的阶段，也一度成为该题材下概念股的龙头。图2-24为天山生物的日线图。

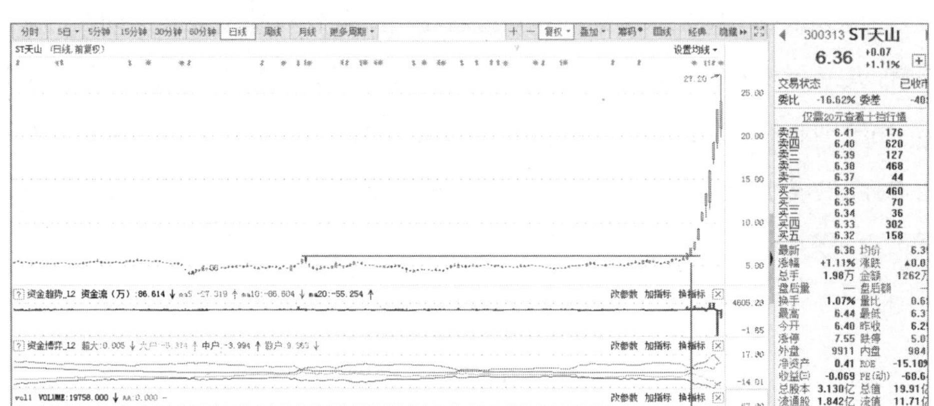

图2-24

天山生物在2020年8月末放量突破箱体平台，当大资金介入时，开启了强势的主升浪行情，只用了半个月股价就涨了5倍，一度引起了市场的关注。据调查，天山生物公司养殖牛的数量不到600头，并且公司的业绩也处于连年亏损状态，由于市值很小，被游资机构炒作一通。

这类黑马股最后还是尘归尘、土归土，从哪里来就跌回了哪里去，在2021年4月末公司被实施退市风险警示，变为ST天山，如图2-25所示。

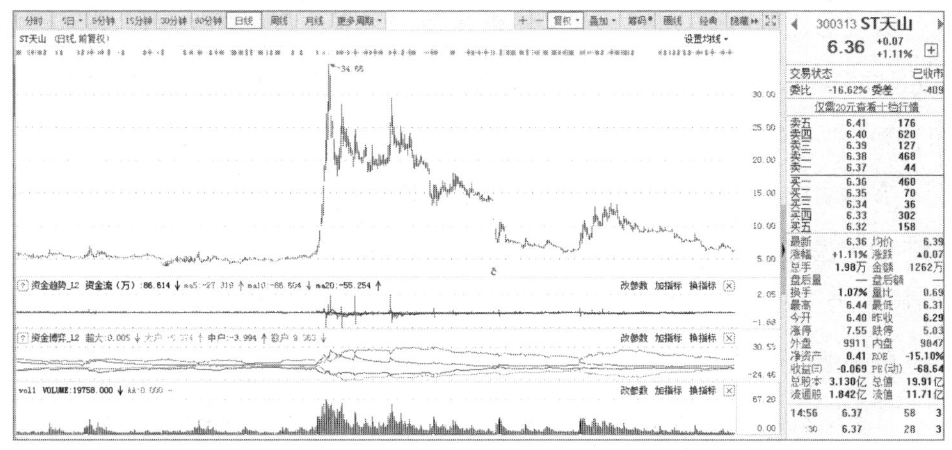

图2-25

类似的股票几乎每年都会出现很多，当然，它们最后的命运也是类似的。比如，2020年地摊经济概念兴起，王府井成为红极一时的题材龙头，在3个月内股价涨了5倍，如图2-26所示。

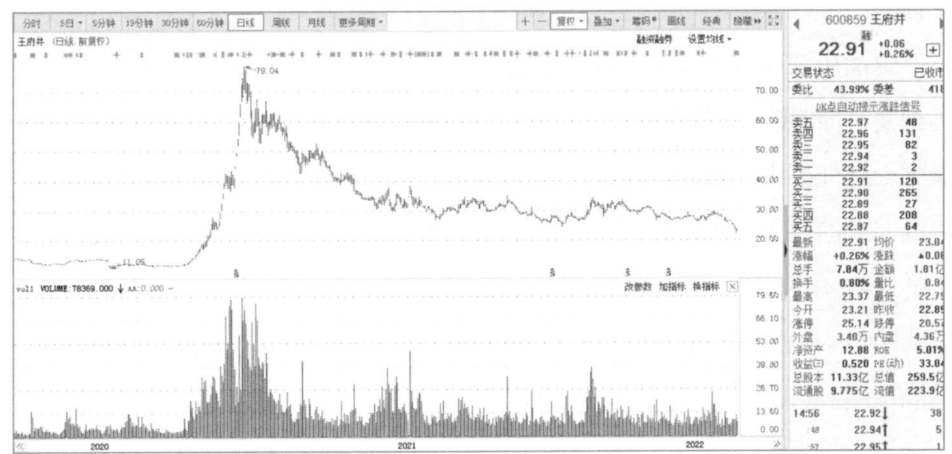

图2-26

这只股票在价格冲上最高点后便进入了漫长的大调整行情，而且还是以一根大阳线收尾的。那些喜欢炒作股票赚快钱的投资者一旦被套，可能会面临无法承受的心理压力，甚至是毁灭性的打击。很显然，受伤的往往是散户，毕竟散户一旦尝到了狙击这类黑马股的乐趣可能就无法自拔，这也是部分散户在投资路上的真实写照。

操作黑马股的模式其实并不复杂，主要依靠对市场人气的判断，还有对概念的把握，再结合技术进行判断。大家切记一点，黑马股都是买出来的，而不是猜出来的。所以，一旦你锁定了一个概念，并且发现了潜在里面的龙头，就必须立即介入，而不能迟疑。投资者买错龙头的事情也时常发生，股价一旦发生逆向波动触及止损位，就必须敢于果断止损，然后进行新的开仓尝试。当然，一个人的水平越高，对一些龙头的识别能力肯定会越强，但是风险也会非常大。

假如投资者能够进行果断的止损和仓位控制，则应该不会出现太大的风险，主要是投资者情绪波动造成的痛苦和煎熬是一般人难以承受的。尤其是在错了两次以后还有没有勇气继续“杀”进去呢？没经历一些训练的投资者的确很难坚持下去。因为龙头都是买出来的，走出来以后谁都会讲，但是投资者必须明白，世界上最值钱的是在那一刻你是否执行，再好的东西你不执行，那些利润也不会属于你。

这类股票中有不少的企业压根没有业绩支撑，所以个人投资者在买入时可能都是心惊胆战的，因为他们已经把自己放在了一个没底的环境里，稍微一个回撤就会让他们害怕自己被套在历史高位，而一旦他们坚定了多头，那么最后股价暴跌时他们也往往会被套在那里。市场上每年都会有这种股票出现，以此来吸引人气，并且伴随着大量的股评家追捧和散户追随者，追逐这种最后的零和博弈游戏。而他们最后的收场方式往往是以悲剧落幕的，剩下的幸存者继续谈论这些所谓的“传奇故事”，而那些被套的人也只能选择沉默，周而复始地运行着。

第3章

如何操作成长股

我将在3.2.1~3.2.7节中讲解成长股的7条量化标准，每一条都很重要，并且相互搭配。市场是全息、辩证统一的，我们不能把市场拆解得支离破碎，这7条标准代表了顺势，增长也代表了跟庄思维，更坚持了价值投资。

但是，任何有效的方法都不是万能的，或者说它的有效性体现在系统性的概率优势而不是某一两次得失上面，这其实也是幸存者效应经常误导投资者的重要原因，并且时常会在某个阶段死灰复燃，左右着投资者的信念。所以，投资应该是一件遵循大概率的事情，投资者要学会使用组合化的方式来消除某一两次失误造成的影响，确保这个优势长期发挥下去。接下来我们会看到，由于制定了新的投资规则，完全可以把一个表现平庸的股票池做出“成长股”的味道，甚至稍微做一些改变就可以让每年的投资成绩实现翻番。那么，如何根据自己的股票池进行组合化投资呢？

3.1 逻辑和价值

成长股，顾名思义就是一只正在不断成长的企业股。我建议大家树立一个正确的投资理念，那就是辩证的价值投资。企业的核心价值决定了股价的长期涨跌，股价的长期涨跌也在辩证地反映企业的价值，这是我们作为投资者必须认识到的一个本质问题。事实证明，很多人虽然知道这个基本的常识问题，但是一旦遇到复杂多变的股市，却总是朝着相反的方向进行操作。

有些投资者一开始接触股票就看短期波动，而短期波动涉及的因素比较多，所以价值分析在这方面的参考意义不大。由于投资者经常会盯着自己的账户看，所以他们就会被动地、甚至无法控制地把精力放在研究这些短期因素上面。因为股价短期的涨跌影响着投资者的盈亏，牵动着他们的财富。我相信没有人看到自己的账户亏钱了心里还是好受的？有些投资者感觉这些不经意的亏损就只是抵消了他们省吃俭用的生活费，诸如此类的想法总会让投资者把投资的基本常识忽略掉。要记住，大部分投资者在乎的都是短期的盈亏，这涉及他们的情绪变化，于是他们就会不自觉地把这个最难以操作的短线作为衡量成败的唯一标准，这也是为什么一些“忽悠分析师”能够获取散户信任的重要原因，赌对几个涨停也许在散户面前就成“神”了。也许一些人在现实生活及事业上非常成功，可是一旦进入股市就会手足无措，和现实里面的他完全不匹配。股市天天波动，市场可以容纳各种理论学说，但是任何一种学说似乎都讲到了个别现象，所以投资者就会通过学习各种学说来帮助自己理解市场中那些数不清的波动。可是牛短熊长的规则也说明了我们赚到的大部分钱都来自牛市，我们唯一能做的就是确保在大多头趋势来临之前在股市里面，而不是浪费时间在那里学习研究五花八门的战法，最后成了技术理论的跑马场，行情一旦启动只能干瞪眼，陷入更多的混乱之中。

为什么说股价的长期涨跌又在辩证地反映企业的价值呢？注意，我说的不是价格在决定价值，而是在反映价值。

作为投资者，我们要知道企业的价值是看不见、摸不着的，只能通过自己搜集的资料和常识进行判断，所以我们也只能把握一个大概。对于企业的分析不仅要看历史表现，更要学会展望未来。一些企业现在赚钱以后未必赚钱，现在不赚钱不代表以后不赚钱。但是，现在网络上很多的课程分析都在拿那些历史数据来机械地说明、拆解，好比一个人开车一直通过看后视镜指导自己一样，假如前方是平坦的大路还可以，一旦出现一些磕磕绊绊，你怎能确保自己不受伤呢？

股市每年都会出现一些非同寻常的事件，比如天灾、政策调节、国际金融动荡等，所以总是拿过去的数据来预测企业的未来，迟早会被市场淘汰的。机械价值投资者在面对股市的一些重大事情时如果不及时调整，那么不仅容易亏损，而且容易较长时间处于亏损状态。

有的企业尽管近两年的财务报表看起来不错，可是扣非净利润却是连年亏钱的，存在企业高负债、大股东股权质押等潜在财务风险，如果投资者不认真研究，则很容易犯错。加之国内财务数据发布的时间要比真实的时间推迟2~3个月，比如公司的年报，除非业绩大幅增长/下降等交易所强制规定，否则一般企业都会选择在4个月内发布，有的甚至推迟到每年的4月30日才披露。公司的年报业绩在每年年底基本上是一个客观存在的事实数据，可年报公布的相隔时间接近5个月，企业年报带来的价值差行情也基本上消化完了。上市公司的财务披露都是延迟几个月才能看到的，我们要清楚地知道，就算大家站在同一起跑线上，个人投资者都未必跑得赢指数，何况这种信息延迟呢？

机构投资者，包括一些私募、基金，甚至大股东，他们对企业的运营情况都有大概的了解，甚至在每个季度还没结束之前他们就有所了解，你觉得他们会对这些信息置之不理吗？

但在市场里面谁都不是万能的，机构投资者也是如此，违背了大趋势做事情，他们也会遭受巨大的损失。也许投资者会认为自己选择的企业很好且具备很高的投资价值，但是，当你购买的股票相比于同板块里的其他股票而言表现得特别弱，或者与最开始的预期不一致时，你就需要认真思考了。因为你的逻辑判断可能是错的，或者在某个地方考虑得不周全。一只股票除非是故意砸盘，否则很少能莫名其妙地比同板块里经营情况差不多的企业走得弱，比如，同板块里的股票都在横盘，偏偏这只股票走得很弱，或者在一些大周期行情里面提前掉头走空，或者跌幅远远大于这个板块的跌幅，这很可能是公司的基本面出现问题导致的。等到一只股票已经走了一大波空头趋势以后才会看到一则关于公司利空的消息爆出来，但是，在股价刚开始下跌时投资者可能很难搜集充分的证据证明这只股票的基本面或者企业经营出现了问题。

企业每年都会有季报、半年报、年报行情，分析师包括投资顾问喜欢给大家讲每年都会有一波所谓的年报福利行情，让大家多关注业绩披露预增的股票，并认为这是送钱的机会。其实这和每周三晚间公布原油EIA数据并根据数据操作原油期货差不多，大家觉得这是给广大股民白送钱吗？总之，会有数不清的“投资”机会让投资者去冒险，但是，大家为什么此刻不去冷静地思考一下：都知道要炒作的东西，它会有多少价值呢？是谁在拼命地买入股票？难道是他们闲得无聊，用真金白银拉升股价给大家免费送福利吗？所以我建议投资者在购买股票时，一定要学会自己搜集资料，建立自己的投资体系，遵循自己的规则进行投资。比如，2020年很多人都说牛市要来了，券商板块肯定要大火，于是在2021年券商板块回落时网络上铺天盖地讲解他们所谓的企业估值法多么有效，以及某某股票的估值还有多大的盈利空间，可是你会发现，券商板块在2020年的那一波行情刚好就是阶段性的最高点。比如中信证券，图3-1为中信证券的月线图。

随着一些股评家的鼓吹，2020年在券商板块迎来爆发期，即将突破新高的时候，中信证券迎来了阶段最高点，在2021年这种盲目鼓吹“牛市”的声音再次袭来时又有一批人被套了进去。

可悲的是，2015年很多人就相信那些所谓的声音，他们经常会拿股价已经涨起来的东方财富举例，说明这家公司多好，甚至拿东方证券、广发证券等来试图说明这种股价下跌就是白捡钱的机会。可是，只要你认真地研究就会发现：这么多券商，2020年的行情相对于2015年的行情而言也只是一次大级别的反弹而已，就连上证50指数都跑不赢。

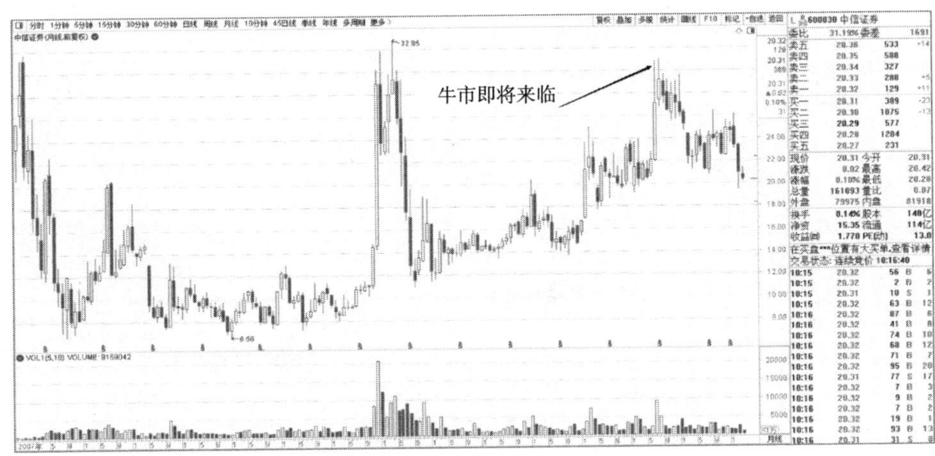

图3-1

图3-2为证券指数和上证50指数的叠加图。

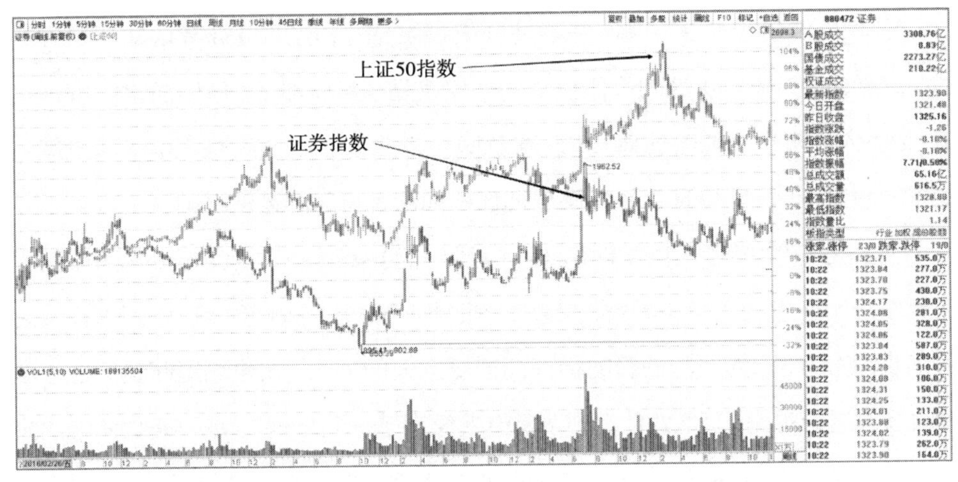

图3-2

从图3-2中可以看到，证券指数远远跑不赢上证50指数。

在2021年股市回撤期间不得不提及的就是保险行业，在中国平安的股价第一次开始下跌走空的时候，雪球、今日头条、公众号等媒体都在铺天盖地地宣传中国平安业绩严重被低估的信息，建议大众开始以“越跌越买”的心态面对保险股的股价下跌。但是，事实证明，从那以后保险股开启了长期的股价下跌行情，这种级别仅次于2008年。

图3-3为中国平安的周线图截图。

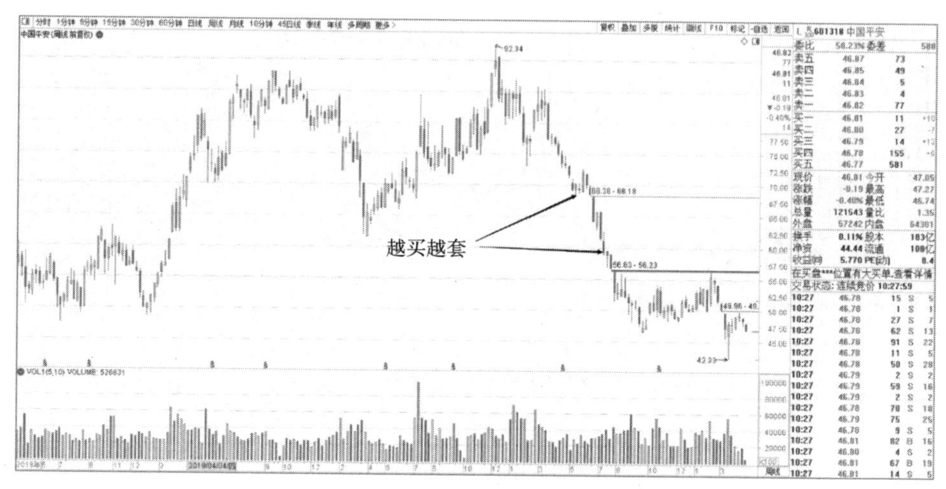

图3-3

难道是价值投资错了吗？并不是价值投资错了，而是投资者认知不足导致的，或者说是大家自认为的价值投资——仅仅是一种肤浅的、原始层次的价值投资，很多人局限于所谓的估值，却很难意识到企业未来的业绩是不是能够持续？国家的政策、市场环境是不是慢慢地把那些你认为可靠的逻辑打破了？

投资是一件非常严肃的事情，投资者从一开始就必须正视自己的身份，把投资当作一门严肃的生意来看待，在必要的时候不能犯一些低级错误，因为投资之路很长，很可能因为一些低级的错误而遭受巨大的损失。在生活里面我们选东西都会多方进行对比，可是为什么到了股市就像变了一个人一样，在一天之内就决定了自己买哪只股票，甚至在一小时内就决定了某某股票值不值得买。如果投资者一辈子延续如此草率的决定，那么胜算概率有多大？最终回报是多少？我建议投资者在进行一些大的投资前扪心自问一下：现在的决定10年后自己会后悔吗？10年后的自己会不会感激你现在做的这件事情？或者10年后的自己会不会憎恨你现在做的这些决定？我们必须把所有的投资认知都建立在一种牢不可破的逻辑之上，就好像生活常识一样牢固。大家都知道发烧了要去吃药打针，回到家多喝水、多休息；可是一旦到了股票市场，投资者却经常不这样去做。实际上，有不少人会这么思考：只要有一点儿不舒服，他们就会觉得自己的身体有毛病，或者明天可能会因此死去，从而放大这个小感冒所带来的威胁。投资者往往不采取实际有效的行动来诊断是感冒还是哪里出现了问题，是打针还是吃药？投资者需要有一种正确的认知，只有把这些正确的认知结合自己的交易系统化为一种投资常识，才可以越走越远。遗憾的是，国内大多数投资者并不具备这种常识。

投资毕竟是看不见、摸不着的东西，就连上市企业距离我们也是十万八千里，都在隔着窗户纸乱猜。企业还是那家企业，一直没有变，但是我们大多数研究、思考的似乎和这些“真实的”企业之间没有太大的关系，所以一遇到那些变化的K线形态股民就会慌。把每天的快乐和痛苦寄托在这些随机的市场里面是很累的。所以，纯技术分析的人往往把握不住大行情，他们经常会让自己陷入投机的思想里去，这些人也许学习了很多技术分析的知识，可终归没有学透。其实，在一些大的趋势形成以后，企业经营也在不断地向好时，要想赚钱也要靠自己的理念，任何时候大行情飙升都不是一天完成的，并且在飙升之前还会经历多次洗盘，只有那些敢于坚定自己理念的人才能够走到最后。

我希望投资者能够用一种辩证的思维去看待市场，而这恰恰就是在这一章里我要讲的主要内容——成长股投资规则。我建议大家认真地研究每条规则。我发现很多人在研究一只股票的历史表现时往往陷入一种历史虚无主义的误区里面，单独扩大某个因素并且在潜意识里认为某几个因素直接决定了股价的长期走势，这是不对的。当然，影响因素有主次之分，但是大家切记，历史上只会有一个三国，也只会有一个曹操，他的出现是特定历史背景下的人物关系、性格智力及所掌控的资源和抗衡对象相互关系共同作用的结果，既有必然性，又有偶然性。分析一只股票也是如此，我们需要从多角度进行分析，因为在一个大的空头市场里很难出现大规模的牛股，我们选股的成功率就会大大下降。

成长股投资者需要从以下六个角度展开分析：

- 大盘确立多头形态。
- 板块具备多头趋势，行业板块迎来利好政策。
- 绩效同比两年增加30%及标准的ROE。

- 企业背后的增长逻辑和具备想象力的故事。
- 箱体理论图表分析。
- 企业的供需关系影响。

在选择和操作这些成长股时，希望大家确立这样一种认识：任何投资方法都不是绝对万能的，股票也不是天天用来选着玩的，真正的投资也许就是在一年以内，你能在4000多只股票里面找到两三只，甚至一只就够了。也许你会说："怎么，我学习这么多的知识，却在一年之内就选出来那么几只股票？"而我想要强调的恰恰就是这一点。

投资者最开始对于股市都会存在一点儿幻想，就好像金庸武侠小说里面的人物一样，高手应该是对任何招式都能够应对自如的全能人才。但是，我们从科学的角度去理性分析，那些违背科学常识的东西大家都知道是假的，但是在股市里投资者却经常陷入一种自我幻想中，理所当然地认为要想赚钱就要把每只股票都看懂，只要看懂了K线、简单研究了【F10】基本面数据，就可以看透、猜透股票的未来。

我遗憾地告诉大家，真实的情况往往并不是这样的。成功的投资者也会经常犯错，但是他们知道错了该怎么办，对了该怎么办。成功的投资者往往能够清晰地知道自己该赚哪一方面的钱，不该赚哪一方面的钱，也就是有很强的自知之明，这些人更多的时间是在等待，等待属于自己机会来临的那一刻，在这之前不会被股票价格的短期波动困扰，也不会过度地预测股市未来的涨跌。等到机会来临时，他们会凭借自己的独立判断去行动，而不会像那些学艺不精的人那样陷入犹豫不决之中。机会就存在于那一段时间，你必须在一个关键时刻下定决心，努力让自己通过判断把注意力放在那些主要的大问题上，而不是鸡毛蒜皮的小波动上。

一个投资者可以没有小聪明，但是必须要有大智慧，在大是大非面前必须足够清醒。可是，投资者只要距离市场太近，周遭的人天天给你灌输各种观点，你的这种真知灼见往往都会消失，在这样的环境里面真的很难做到独善其身。假如把投资某只股票看作一种活法，有的人一年下来可能要重活几百次，可是在现实世界里人只能活一次，没有重来的机会。比如，2014年每股14元的五粮液你再也买不回来了，稍有不慎，你就可能会因为某一次决策失误而让自己的股票被套10年。

无论外界如何宣传，最终为股票价格下跌买单的还是投资者自己。所以，在这个市场里不要轻易相信任何人，投资者要么让自己训练有素，要么把资产交给训练有素的人去打理，否则任何一个风险海浪都可能把你的投资小船掀翻。投资者亏一些钱还是小事，关键是白白浪费了时光。

3.2　成长股量化标准

成长股的逻辑思维辩证关系是投资者必须谨记于心的，无论过度放大技术或基本面，还是驱动因素，都可能会陷入错误的思想里面。我认为，在所有因素里最主要的是指数大趋势。假如指数长期处于熊市，股市整体的状况都以下跌为主，散户大量被套或者割肉，市场购买力很弱，人气涣散，必将导致本该上涨的股票价格由于失去持续的需求力量而被动下跌。牛市则完全是另一番景象，多头趋势，资金充裕，随便用一点题材都可能会让一只股票的价格涨得更高，所以在牛市里牛股会大量出现，单纯从概率上判定，只有在一个大的多头趋势里投资者才能够赚到更多的钱。所以，做好成长股的第一步就是确立大盘的多头形态。

3.2.1　确立大盘的多头形态

每个人都想战胜指数，试图在大盘空头或者进行较大调整时做到所谓的“逆周期”，可事实上一个人想要超越指数是一件费力不讨好的事。

大家有没有这样的体会？在某段时间里市场赚钱效应特别强，而在某段时间里很多题材往往都不持续，或者你用同样的方法进行选股成绩却非常差，可能你辛苦一年赚到的钱在不到一个月的时间里就亏出去了。究其原因，主要是大盘指数表现不好，或者已经处于空头趋势里面。

大盘趋势一旦走空，就会缓慢地影响市场的走势。就像农民种地一样，春天是播种最好的季节，假如你非要在秋天里播种，或者在冬天里播种，那么你可能会一无所获。股市也是如此，春生、夏长、秋收、冬藏，当经济进入下行周期时，或者所有股民都在疯狂地购买股票时，你一定要记住：核心资产的股票被高估以后继续高估，迟早会出现崩盘的那一天。就在股市下跌到人心惶恐不安，所有人都在讽刺炒股时，大盘也在慢慢构建它的底部，便宜的核心资产无人问津，大家都处在亏钱效应里面，是不会再拿钱投资的。比如2015年，假如一个人试图利用一些小聪明来赚钱，可能全世界的人都会觉得他是疯子。让大家认识到这一点是很难的，因为投资者经常会沉迷于股市，让他们等待趋势会显得非常无聊。那种无聊的等待和每日里波动的股价以及无数次出现的赚钱机会所形成的反差总是在刺激着投资者那跳动的神经，他们总会在这期间忍不住买一些股票，结果由于大环境不好，股票很容易被套住。假如投资者能够保持足够的耐心，等待市场开启新的机会时再选择动手，那么他们在市场里应该会有不小的作为。

比如，大盘于2022年1月跌破重要的趋势线，很多投资者可能还会倾向于认为一些股票会重复2020年7月或2021年3月那种结构行情，于是用某种机械估值分析预测某些股票的估值，或者听了某某券商分析师关于某只股票的评估判断，自认为股价下跌是在创造所谓的机会，于是开始越跌越买，结果越套越深。

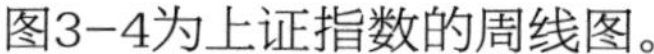

图3-4为上证指数的周线图。

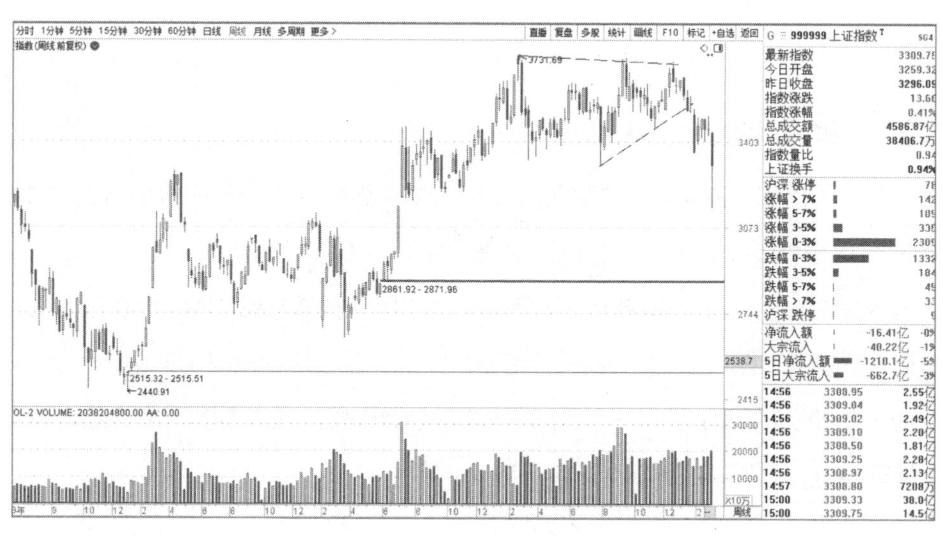

图3-4

大盘周线图于2022年1月放量跌破三角形调整结构，开启了新的下跌趋势。

假如投资者违背市场的趋势，操作一些本身处于弱势的股票，则很可能会遭受毁灭性的打击。

比如，有人听了网络上的某项价值分析课程，认为长春高新已进入严重的低估区域，于是在底部重仓买入，结果就在大盘下跌时长春高新跌破趋势线，继续下跌了45%，如图3-5所示。

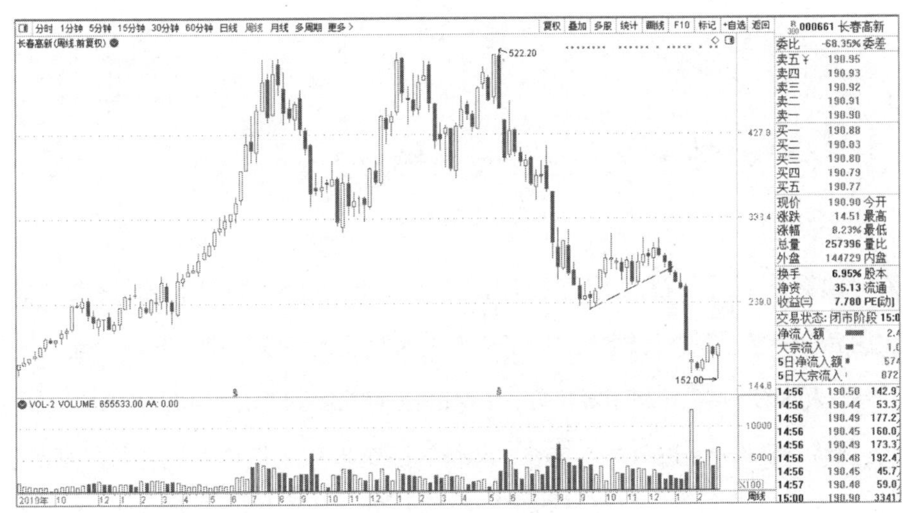

图3-5

在长春高新进入周线级别的大调整以后，随着大盘的继续下跌，最开始那些轻信别人抄底的投资者遭受了巨大的亏损。也许只要一直抄底，总会有一次买对，但是我们都是人，怎么能确保这只股票没有基本面问题，并且连续几次能够遵守纪律不满仓呢？

又如，2018年大盘进入大级别调整，即将走向慢牛趋势，而且作为新股的华西证券业绩也不错，在一些投资者的意识里，股市要走牛市，证券股绝对不会掉队，他们打算长期持有；随着大盘指数进入下行周期，投资者高估了自己的市场忍耐力，最后在2018年大盘下跌接近尾声时止损。其实就连贵州茅台也在2018年10月29日直接开盘封跌停板，互联网券商龙头东方财富在2018年下半年也一度跌停。

图3-6为投资者买入华西证券和止损的位置。

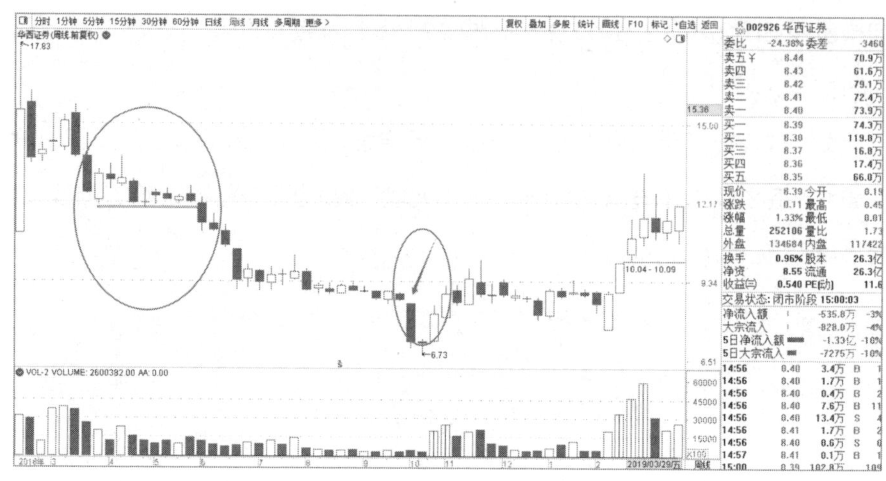

图3-6

“覆巢之下，安有完卵”。股市也是如此，当大趋势调转船头时投资者最开始往往意识不到，等到行情价出现了一次较为明显的下跌后很多人才可能反应过来，这些人预期到股市大环境不好，在这时任何的反弹都是自救。2018年之后市场经过两年调整全面进入多头趋势，大量的投资者和大机构形成合力，牛股层出不穷。而就在大调整时，最致命的不仅仅是股价下跌带来的心理压力，更主要的是企业经营带来的风险，因为很多人购买的是股票而不是指数，指数会在以后的日子里反弹但股票却未必，尤其是那些已是空头趋势并且基本面出现问题的企业，你几乎无法猜测它的底部在哪里，就算下一轮牛市启动，你的股票可能还在那里维持一个长期的弱势震荡。投资者需要面对的风险随处可见，就连生存下去都是一个问题，何况是频繁交易呢？

那么，我们如何识别大盘行情的趋势呢？

1. 大盘高低位关系

大盘的走势是各大指数里面最具规律性的，我们可以把大盘指数当作摆动类指标，把其他类指数当作增强类指标对待，只要大盘不到达底部，其他指数也不会到达底部。我们在分析指数时还可以相互佐证。比如，我们认为创业板没有到达底部，那么大盘也应该没有到达底部；反之，大盘没有到达底部，那么创业板也没有理由到达底部。创业板从2015年开始一路下跌，直到2018年年末才结束长期的熊市。图3-7为创业板指数和上证指数的叠加图。

图3-7

可以看出，创业板从2015年一路跌到了2018年，中间几乎没有像样的反弹。随后，大盘在白酒、消费、医药、银行、保险等板块的带动下进行了一波强势拉升，但创业板没有受到这些主力军驱动。创业板持续走弱，直到2020年创业板率先启动，创下了平台高点，随后在大盘指数横盘时继续创下新高，开始了它的趋势行情。图3-8为华谊集团的月线图。

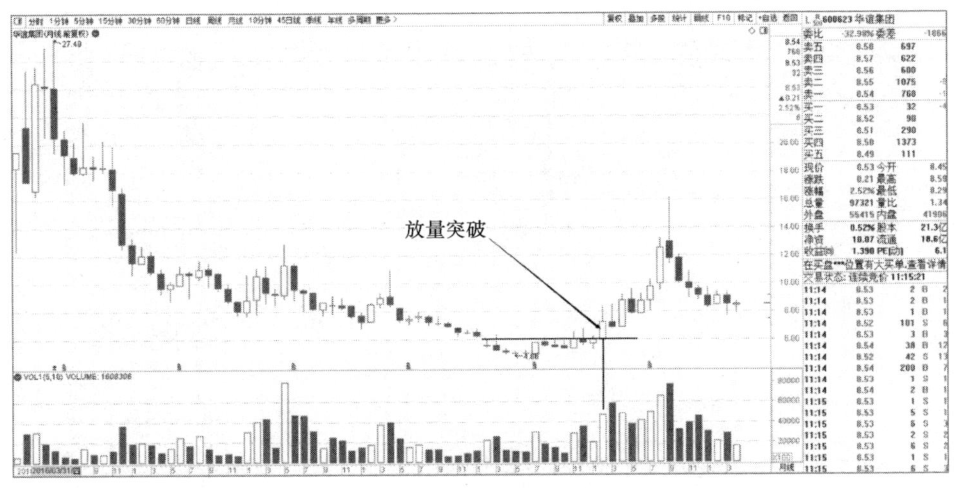

图3-8

华谊集团在2020年跟随指数筑底，在这之前没有一次像样的行情发生。随着公司的净利润提高，股价在大的环境里不断形成新的平台高点，放量突破迎来了新的投资机会。

2. 大盘的神奇支撑线和波动规律

打开上证指数的年K线，使用指标MA，把参数调整为20，你会发现这么多年每一次大盘指数暴跌时总会跌到20年线，如图3-9所示。

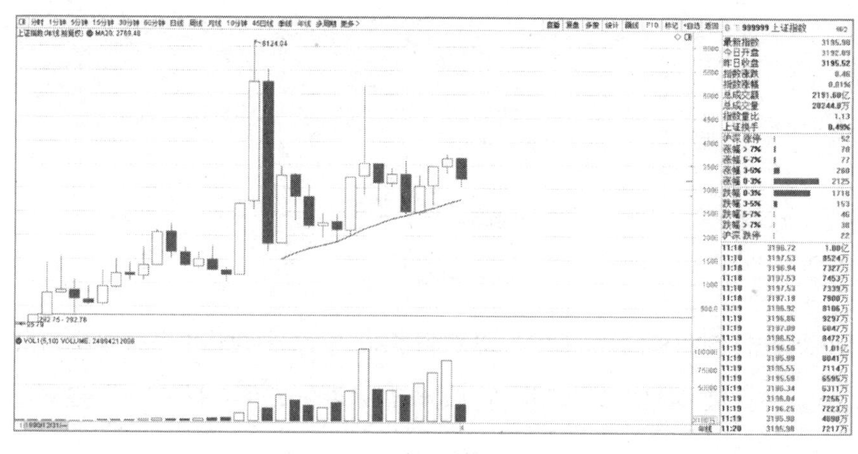

图3-9

大盘在每次大熊市的末期基本上都会跌回20年线，从长期来看，调整时间基本上是5年左右，调整结构都是三浪调整，如图3-10所示。

图3-10

历年的大盘大熊市的调整结构都很简单，要么是ABC调整，要么是三角形调整，并且每次回踩的位置都是固定的。我们只需要打开大盘的年K线就可以看出回踩的大概位置，甚至还可以推测下一轮大盘暴跌要跌到的大概位置和时间。

3. 大盘神奇的测量规则

事实上，除了使用均线规则，我们还可以使用黄金分割工具测量大盘。根据规则，大盘历年大熊市回撤的区间都很大，大约是主升浪区间的0.809位置。下面给读者演示一次大盘的测量方法。

打开大盘指数（使用普通坐标图而不要使用对数坐标图），对大盘历年的大涨大跌回撤区间进行统计。大盘从1990年的95.79点开始一直涨到1993年的1558.93点，然后一路暴跌回到1994年的325.89点，回撤幅度接近80%。整个大盘的测量区间季线图截图如图3–11所示。

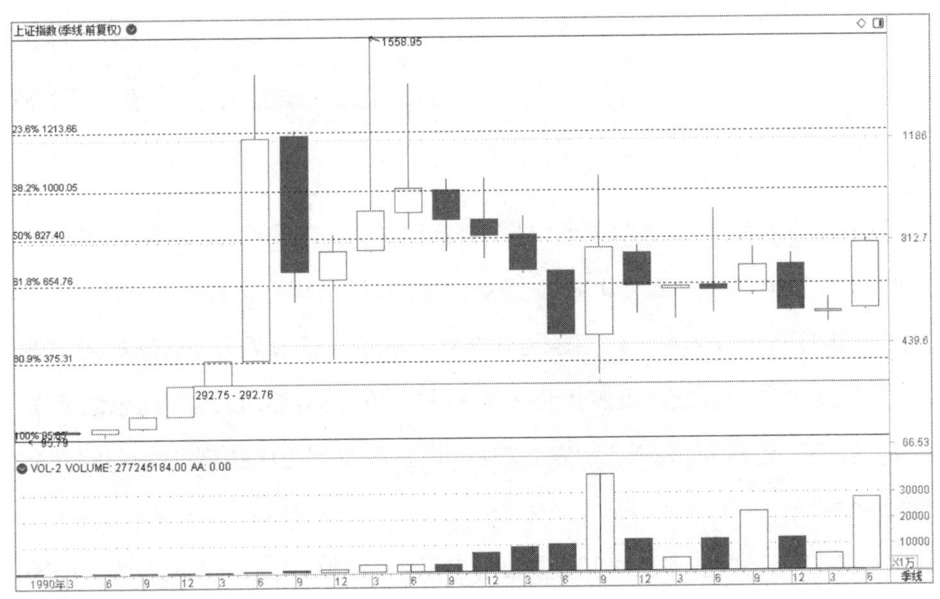

图3–11

我们通过测量可以看到，大盘大约跌到了整个大区间0.809的位置，这个位置在1992年曾经到达一次。1992年大盘首次出现急速回撤，然后快速地自救反弹到达前期高点，留下两根上影线特别长的季K线。大盘在1994年跌到此位置以后，开始反抽放量，形成一根特别明显的大阳线，随后展开了长时间的横盘调整。接着大盘在1994年展开的新行情基础上一直拉升到2001年，中间进行了一个标准的五浪拉升结构，2001年二季度以后再度展开长时间的下跌过程，如图3-12所示。

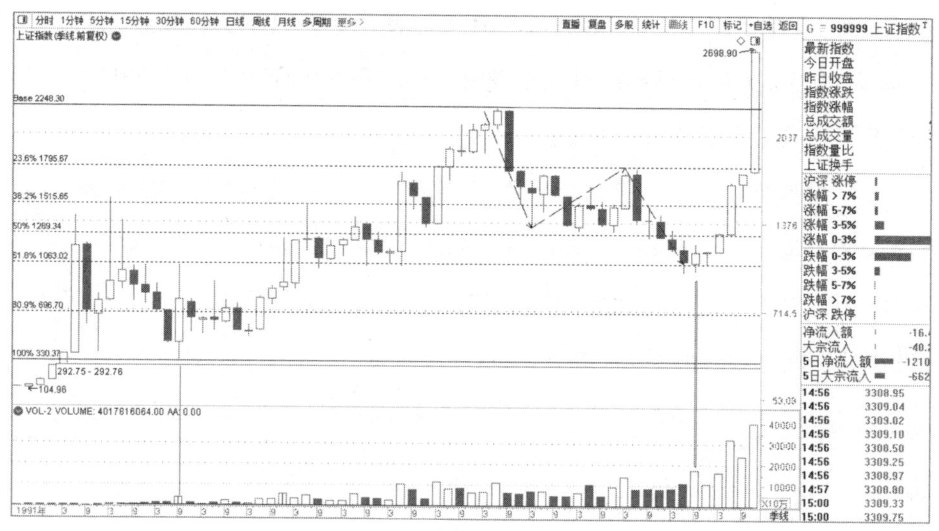

图3-12

这一波下跌是一个ABC调整结构，回撤到0.618支撑区域，调整了4年左右的时间，最终在2005年跌到了998点，于是大盘展开放量触底行情；指数从2005年一路急速飙升到2007年年末，涨到了6124点，随后行情又展开了长期的大调整，其中贵州茅台等一大批白酒股也进入了长达7年的漫漫熊市，这中间也包括银行股、房地产股、证券股、保险股。直到现在，很多股票都无法回到2008年的高点，如图3-13所示。

我们可以看到这一波回调的时间周期特别长，并且是一个大的三角形调整。经历了2008年的大幅下跌以后，指数再次回到了黄金分割0.809的区间，终于在2014年展开新的行情趋势，此时创业板的表现要比主板的表现更活跃；此后大盘一路飙升到2015年的5178点，这一波上涨主要是由杠杆推动的，所以大盘没支撑多久就开始急速暴跌，进行了一个大的ABC调整，最终下跌到2018年，这一波回撤也到达了0.809的区间，如图3-14所示。

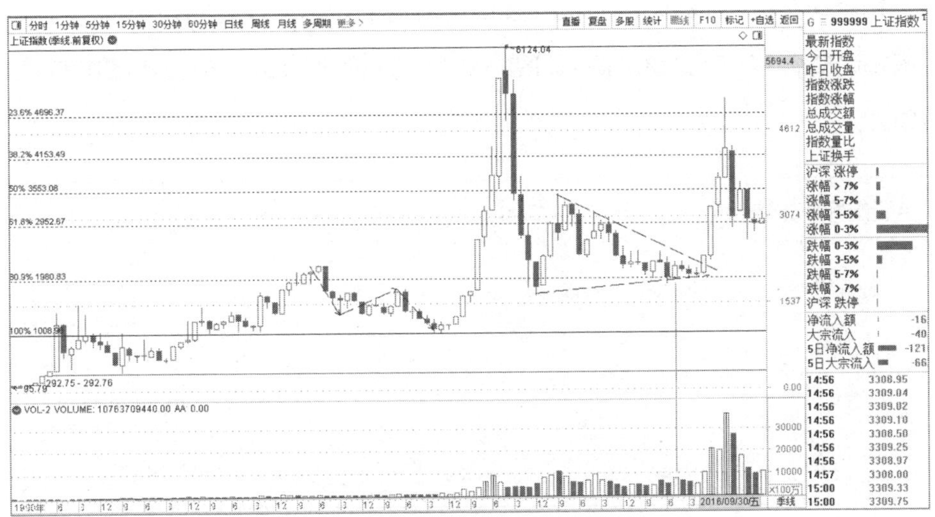

图3-13

图3-14

随后在2019年大盘继续放量逆转行情下又展开了新一轮的多头趋势，最后到达2020年的高点区域，也就是前期2017年的高点附近。此后大盘再次遭到重挫，于2022年跌到3000点附近。

通过上面的规则基本上可以确定大盘技术上的高低位，然后使用大盘估值来进行辅助分析。分析大盘估值一般使用大盘的市净率作为估值标准，因为市净率相比市盈率而言要稳定得多。图3-15为上证指数2014—2022年的市净率走势图。

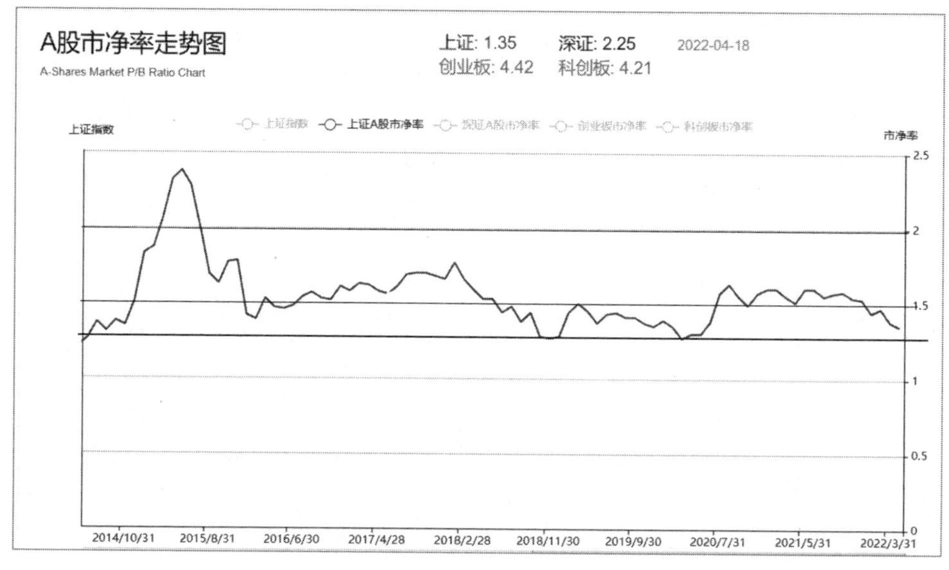

图3-15

根据一般的评估要求，大盘的市净率跌到1.3以下就可以理解为低估值区域，达到2以上就可以理解为高估值区域，就目前而言，大盘的市净率估值还不算太高。在指数估值不高时，投资者可以趁大众恐慌逢低选择定投基金，关于这个规则在后面的章节里还会讲到。

4. 大盘和大众情绪的关系

为了更好地辅助投资者判断大盘的高低位，我们还需要利用大众情绪。怎么理解呢？市场的大顶部往往产生于市场过度的贪婪和过度的疯狂。比如，在2015年很多人都在说某某人炒股赚了多少钱，尤其是在网络上激烈讨论的南车和北车合并，这种急速的大牛市终于在南车和北车合并的背景下宣布市场的顶部到来，股价快速下挫，很多券商股价形成了7年大顶部。类似的现象也出现在2020年，大部分人开始纷纷宣扬股票和基金，尤其是周边的人都在说自己因为买了某只基金赚钱的事迹，因为这些基金经理抱团买入了一些业绩不错的白马股、蓝筹股。但是不久之后机构抱团慢慢解散，各个板块由于受经济影响，基本面也发生了改变，抱团股开始各奔东西，2022年基金开始大面积下跌。这样的案例每隔几年都会发生一次，和美股是一样的。市场虽然是客观存在的，但是往往会因为大众的过度参与而改变原来的运行轨迹。

在确定了大盘行情的趋势（大盘的大区间规则）以后，如何确定我们的顺势交易呢？在一般情况下，我们先用周线确定趋势的起始端，然后用季度线确定大的拐点位置，如图3–16所示。

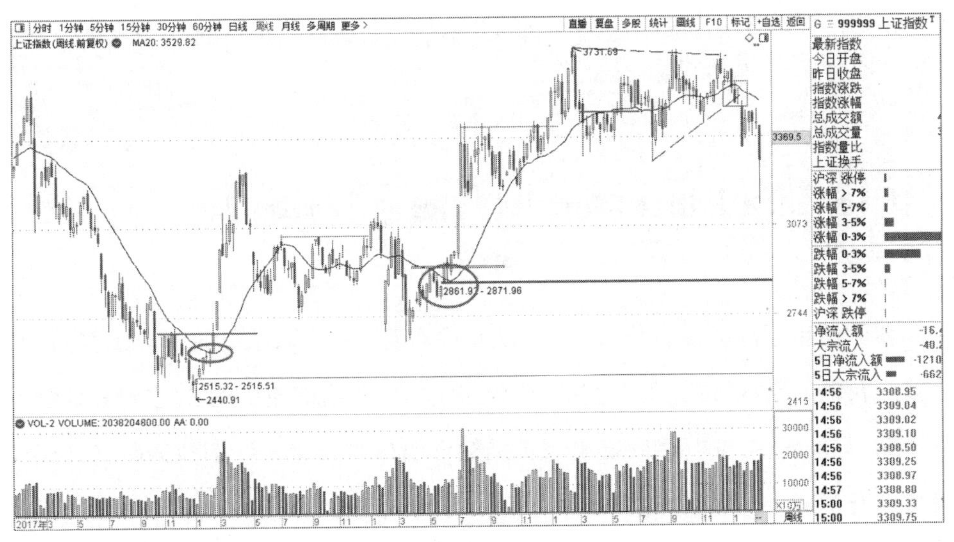

图3–16

我们以20周线作为确定趋势拐点的规则，只要指数在一个新的下跌区间里突破20周线，然后形成一个K线反转形态突破箱体，就会被默认为一个新的趋势启动点。比如，指数在2018年年末形成了一个突破20周线的区间，并突破了箱体拐点，确定新的行情趋势开始；到了2019年出现过一次突破结构，但是由于多方面原因失败，随后指数展开急速的自救行情并继续开始下跌；到了2020年年初，特殊原因导致指数开盘暴跌，砸出一个黄金坑，随后指数一路上扬才正式进入新的多头趋势；这一波趋势终结于2022年1月，指数跌破20周线并且继续下挫，代表了新的空头趋势到来。

显然，就目前而言，只有等大盘再次突破20周线并且形成拐点，才能确定大盘进入一个大的多头结构。

根据此规则，我们可以复盘2015年之后的大盘行情趋势，如图3-17所示。

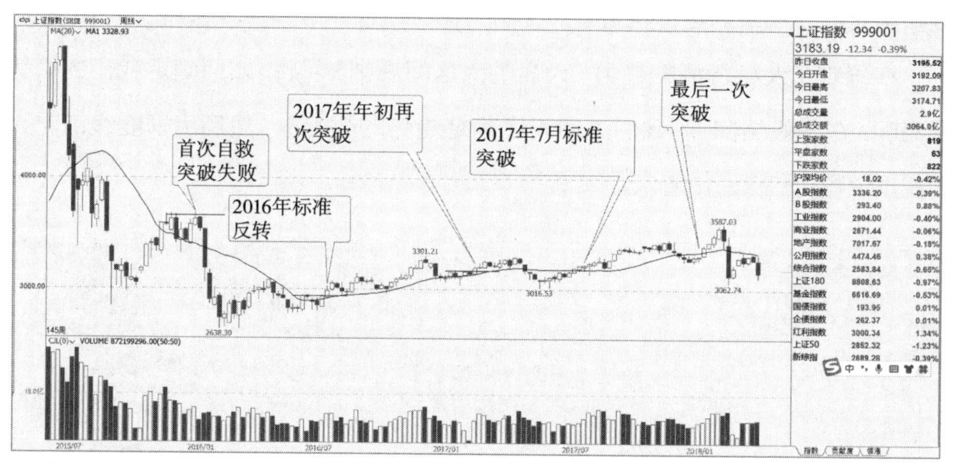

图3-17

我们使用标准的图表分析结构，从左往右看，可以看出，2015年10月指数开始新一轮的大自救行情，但在突破20周线时并没有形成突破形态，也没有继续创下新高，只能看作一次反弹；新的反转结构出现在2016年7月，指数突破20周线，再次拉升形成一个标准的突破结构；然后行情一直延续到2017年年末；紧接着，2018年，大盘一路下跌，中间从来没有触及过20周线。假如投资者始终用这种规则记录，那么不仅可以完整地跟踪到大盘每一次大的拐点启动点，还可以在一个相对的低点进行低风险趋势识别。

希望大家记住，投资的大方向应该是顺势交易而不是逆势交易，因为在熊市里我们对公司的基本面不是特别了解，很难确定我们购买的股票基本面依旧优良，也无法确定正股是否具备很强的复活能力。谁也无法百分之百确定现在持有的空头趋势股票会在下一轮行情启动时率先启动，而事实上我们很容易因为判断不慎而买入一只再也涨不起来的却往往自认为有潜力的股票。与其这样，我们不如耐心等待，让企业经营和大趋势证明它没问题时再去介入，效果会明显不同。

这样，我们每次都会在大盘里的多只牛股集体出现时选择更好的牛股，既能多赚股票利润，还可以规避意外的下跌风险。根据统计发现，凡是大盘进入多头时期，牛股出现的概率远远大于空头趋势或者无趋势。投资就是坚持做大概率的事，只有一直坚持大概率，才能够确保你的系统性优势。假如投资者训练有素，就必须学会在大盘处于多头时期选择更加具备爆发力的股票，因为多头趋势会带给一些股票更高的溢价，那时投资者的情绪特别活跃，大资金也非常充裕，往往会诞生更多的黑马股。

比如三一重工，图3–18为三一重工和上证指数的叠加图。

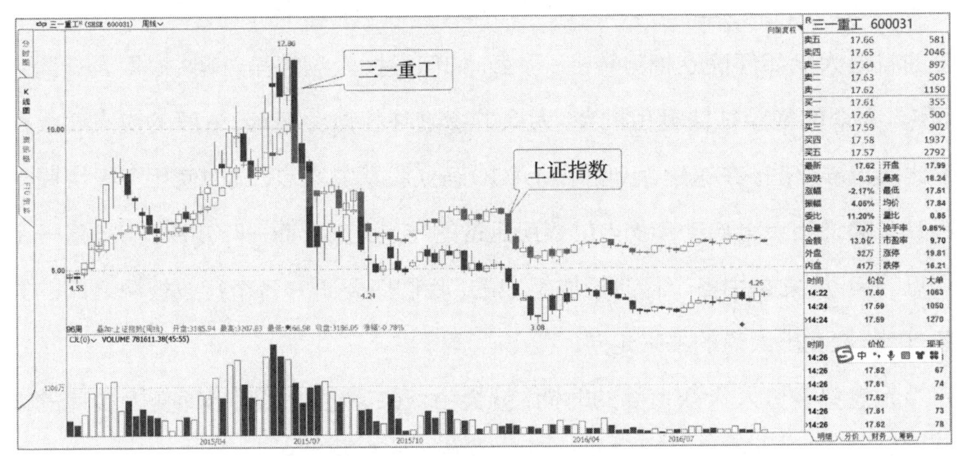

图3–18

三一重工在2015年的表现并不算太强势，在大盘表现不好时三一重工的表现也会很差。大盘在下跌时就算业绩再好的企业也会受到波及，而估值被过度炒作的股票也终将会在大盘下跌的路上被拖下水，而且跌幅更大。

图3–19为2021年大盘进入下跌趋势时五粮液相对于大盘的关系。

2021年7月大盘开始掉头朝下，五粮液也顺势走空；2022年大盘继续下跌，五粮液也跟着跳水。股票往往都是扎堆在一起波动的，所以一个行业板块走空，其他股票的表现也不会好到哪里去，这是大环境导致的。

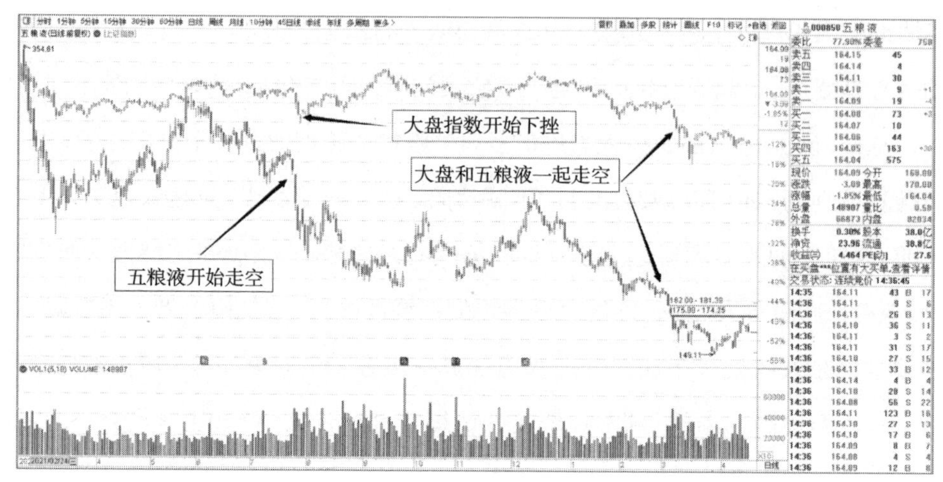

图3-19

到这里，我基本上把大盘的高低位及趋势转折确立信号给大家讲清楚了，剩下的就是大盘如何确立趋势转空。那么，如何寻找大盘的卖点呢？根据大众情绪理论，大众的绝望往往诞生机会，大众的贪婪往往诞生风险，A股的卖点要大概率比买点准一些。在这里，我使用MACD确立股票的卖点，同时使用多板块股票跟踪策略说明大盘启动和拐点位置所具备的特点。正所谓一叶知秋，市场是一个全息的运动，它是由各个行业板块组成的，我们只要研究各个行业板块之间的关系，就能推测出大盘的未来走向。

大盘只要进入大众贪婪的时期，就会由原来紧密的规则运动变为快速的大振幅运动，并且有很多权重板块和龙头股的估值都非常高，可是此时市场往往会对这些所谓的估值视而不见，并且经常会有大量的“股评家”为了迎合市场去推测股票未来的拉升和下跌空间。这时分析师的分析大多数是错误的，与熊市分析师喊大家抄底却经常抄在半山腰上一样。但是，作为一个独立的投资者，我们必须明白，假如此时出现MACD背离，则一般要采取减仓策略。图3-20为2015年的大盘日K线图。

可以看到上证指数（2015年大盘指数）在高位时价格振幅开始加大，说明市场可能会进入新一轮派发期。振幅加大一般代表着市场的观点从一致变为分歧，分歧加大导致成交量加大，但是价格攀升新高的速度变弱，这意味着市场准备在高位完成高换手，此时大众投资者的赚钱速度很快，因为这时股票价格往往会呈现出暴涨的形态。图3-21为歌华有线在2020年主升浪行情之中的结构图。

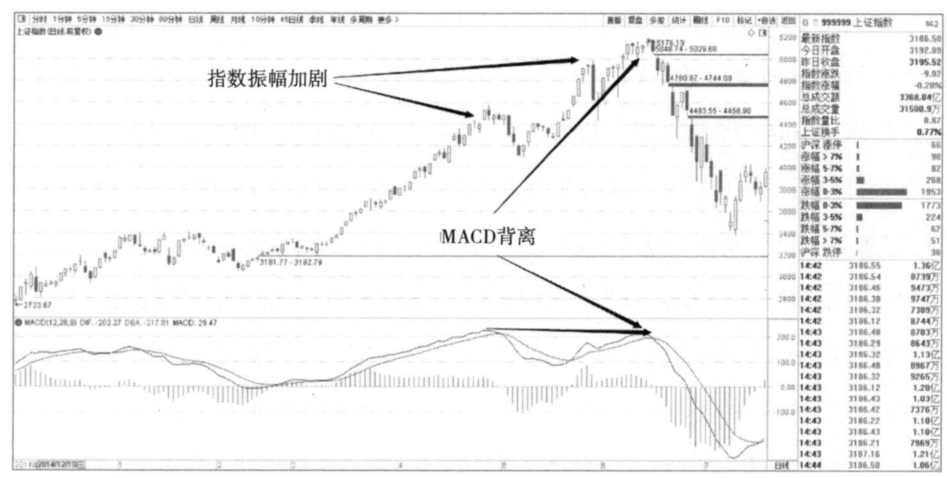

图3-20

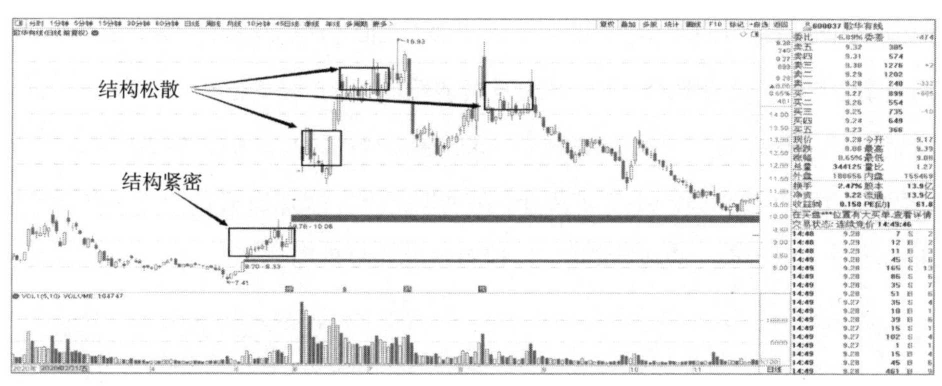

图3-21

股价见顶的特点一般是，股价高位振幅明显加大，并且在运行途中经常是一根急速的阳线伴随着很多细小的阴线来回震荡，这代表着市场进入较大的派发期，散户正为短期的波段忙得不亦乐乎。此时一些“妖股”容易在行情接近尾声时借着某些利好进行新一轮派发，试图把一只没有价值的股票拉升到更高的位置，成为投资者心中的热门股。这样的股票一旦处于派发期，其短线赚钱效应会很强，但是这背后隐藏的风险也会很大。机构投资者只要看到行情不对，几乎会立马选择在跌停板出货。

此时我们需要从全局考虑，认真地分析各个指数之间的关系，因为大盘是由各个指数构成的，只要研究出各个指数的主次关系，就可以提前判断大盘走势。

比如2015年的中信证券，通过图3-22所示的叠加图可以看到，中信证券其实在大盘掉头之前就开始下跌了。假如投资者能够从全局出发，那么大盘在缓慢构筑大的顶部并进行大派发时，投资者应该可以识别出这些重要的信号。在投资者用心独立进行分析时，经常会发现这种有趣的现象：每当指数进入一个大的顶部时，过去领涨的一些板块开始表现出疲软之态，甚至在大盘进入一个高位震荡区域时一些板块会率先掉头。就像鸡蛋和乒乓球的关系一样，弱势的板块会像鸡蛋那样在下跌之后复活能力很差，股价反弹能力也很弱，紧接着会越跌越多；而强势的板块则会像乒乓球那样在下跌之后表现出很强的反弹能力。由于这些股票的基本面优良，所以下跌的股价会被市场不断的购买力推到新的高点。但是，在随着其他板块递进时，你会发现其他板块里面的龙头股也慢慢地开始疲软了，一个板块里面业绩难以持续增长的股票由于最开始的价格上涨就是被动反应的，所以这时这类弱势股会率先下跌，然后慢慢地轮流掉头，最后才轮到那些龙头股。龙头股一旦掉头，基本上宣布指数真正的下跌趋势开始，此时投资者的账户基本上都会被套，而龙头股的走空才宣布熊市刚刚开始。假如投资者按照这样的规则记录，那么一旦出现一些危险的信号，投资者就要格外警惕了。

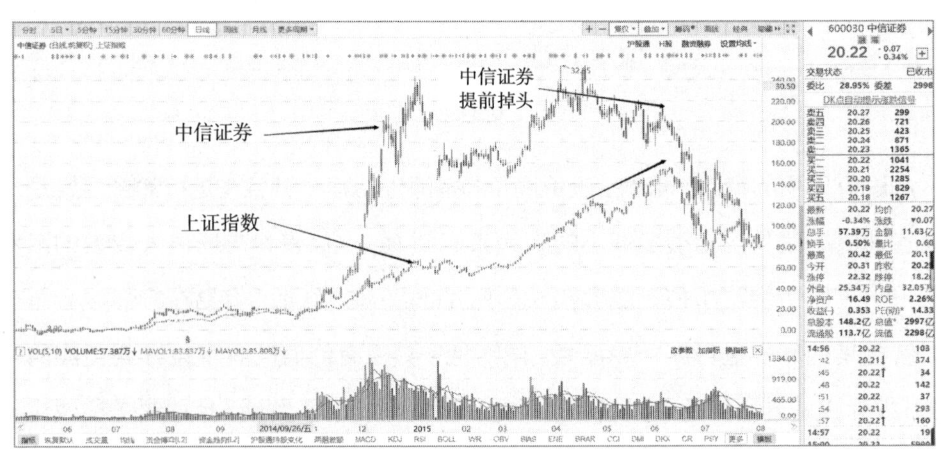

图3-22

我们必须清楚地认识到这时大众在做什么，大盘的指数在什么位置。假如推动大盘拉升的领头板块接连开始疲软，市场在高位震荡，大盘出现背离，那么我们就应该注意了，而不能像门外汉那样面对市场即将来临的大趋势而无动于衷。因为这时往往在酝酿新一轮暴跌行情，就算股价不大幅下挫，你也要做好准备，坚决地控制自己的双手不再胡乱操作。其实让投资者控制自己的双手也是一件很难的事情，因为很多投资者只要有钱就不会让钱闲着，他们总会被市场的各种波动说服而参与进来，结果不可避免地重复坐过山车的命运。

我相信通过这一节内容，大家基本上掌握了大盘分析的逻辑和策略，以及具体的记录规则。这些东西都需要投资者自己手动记录，而不能让任何其他人代替，因为投资者在耐心分析时就会发现，自己再也不会轻易地被网络上那些股评家的言论影响，相反，在一些关键时刻就可以解读出市场的声音，而就在此时市场是不会传播这个结论的，因为只有当行情走完了，聪明的投资者要兑现利润时，市场才会四处宣传这些我们早就得出的结论。

3.2.2　个股板块的分析

我们已经通过上面的记录方法基本上学会了如何分析记录大盘指数，通过对技术、大众情绪、国家政策等方面进行研究基本上可以判断出大盘所处的高低位，以及高低位转折的一些关键信号，这就需要投资者做一个有心人，并且能够坚持自己的规则进行记录。投资者要想做好投资绝对不是一件简单的事情，股市变幻莫测，身在其中总会出现各种突发情况，训练有素的投资者需要具备一双“鹰眼”，一眼就能识别事物的真假，或者股票当前的走势是不是符合自己的预期。

但是，如果只知道分析大盘，未必就可以在股票投资上赚钱。投资者经常会遇到这种情况：大盘还在涨，自己的股票价格却不涨。这主要是因为板块和股票没选好。我们都知道，单只股票存在着退市风险，可是整个指数却不会，因为它是由一揽子股票构成的，不可能所有的股票都退市。这就要求投资者注意，不仅需要准确判断大盘，更需要准确判断板块。大盘走多头时选择了正确的板块，收益就会成倍增加，因为大盘指数都是由不同板块推动的，涨势好的板块会把涨幅分配给涨势差的板块，所以龙头板块的表现往往要比大盘指数强势很多。

无论是题材股的炒作，还是整个板块的价值发现，抑或是基于大环境影响带来的稳定增长，牛股一般都不是单独出现的。投资者需要确立一个理念，那就是永远操作大概率，你只有在大概率上操作股票才可以赚钱，谋求小概率的东西一定会拖累你赚钱的速度，甚至还会让你遭受潜在的亏损。牛股出现后需要一个大的环境才可以腾飞，并且它们往往是成堆出现的，而不是孤零零的单打独斗。这些牛股的出现会叠加很多因素，虽然我们无法逐一分析，但是它们最后的矛盾结果都会反映在股价上面，所以我们既需要从逻辑方面下手，又需要在技术上进行确认。反之，一个板块之所以可以在大盘处在多头时成为龙头板块或者在大盘处于横盘时期走牛，肯定有一些强有力的逻辑，要么是基本面，要么是产业变化；也正是因为这些实打实的业绩支撑，它们才可以形成一股合力来抵御空头力量所带来的抛压。

板块和大盘之间也存在着很强的辩证关系，其实只要投资者多多观察，就能看出股市存在着非常和谐的一面。比如，假如某个大的板块发生了反转，那么大盘也可能在酝酿新的底部；假如大盘在构筑底部，那么板块多少也会被迫止跌。

大盘的多头趋势一旦形成是不可能在短期内改变的，就算这时出现了利空消息，市场也会视而不见。比如，格力电器在2019年就面临业绩下滑，由于处于牛市之中，正股股价也会随着家电板块指数被拉升。

图3-23为格力电器的扣非净利润同比增长率历年变化图。

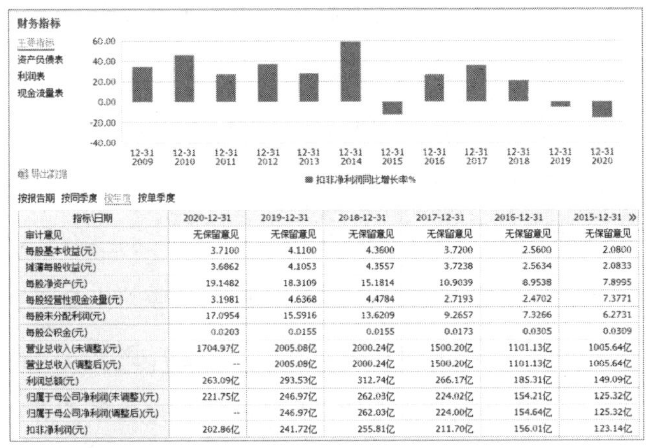

指标\日期	2020-12-31	2019-12-31	2018-12-31	2017-12-31	2016-12-31	2015-12-31 »
审计意见	无保留意见	无保留意见	无保留意见	无保留意见	无保留意见	无保留意见
每股基本收益(元)	3.7100	4.1100	4.3600	3.7200	2.5600	2.0800
摊薄每股收益(元)	3.6862	4.1053	4.3557	3.7238	2.5634	2.0833
每股净资产(元)	19.1482	18.3109	15.1814	10.9039	8.9538	7.8995
每股经营性现金流量(元)	3.1981	4.6368	4.4784	2.7193	2.4702	7.3771
每股未分配利润(元)	17.0954	15.5916	13.6209	9.2657	7.3266	6.2731
每股公积金(元)	0.0203	0.0155	0.0155	0.0173	0.0305	0.0309
营业总收入(未调整)(元)	1704.97亿	2005.08亿	2000.24亿	1500.20亿	1101.13亿	1005.64亿
营业总收入(调整后)(元)	--	2005.08亿	2000.24亿	1500.20亿	1101.13亿	1005.64亿
利润总额(元)	263.09亿	293.53亿	312.74亿	266.17亿	185.31亿	149.09亿
归属于母公司净利润(未调整)(元)	221.75亿	246.97亿	262.03亿	224.02亿	154.21亿	125.32亿
归属于母公司净利润(调整后)(元)	--	246.97亿	262.03亿	224.00亿	154.64亿	125.32亿
扣非净利润(元)	202.86亿	241.72亿	255.81亿	211.70亿	156.01亿	123.14亿

图3-23

格力电器从2019年开始业绩出现了下滑，2020年业绩加剧下滑，可是格力电器的股价却在2020年无视这种现象，跟着整个白马机构抱团股一路飙升。

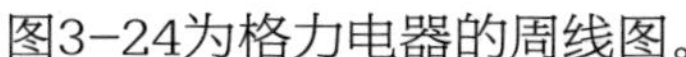

图3-24为格力电器的周线图。

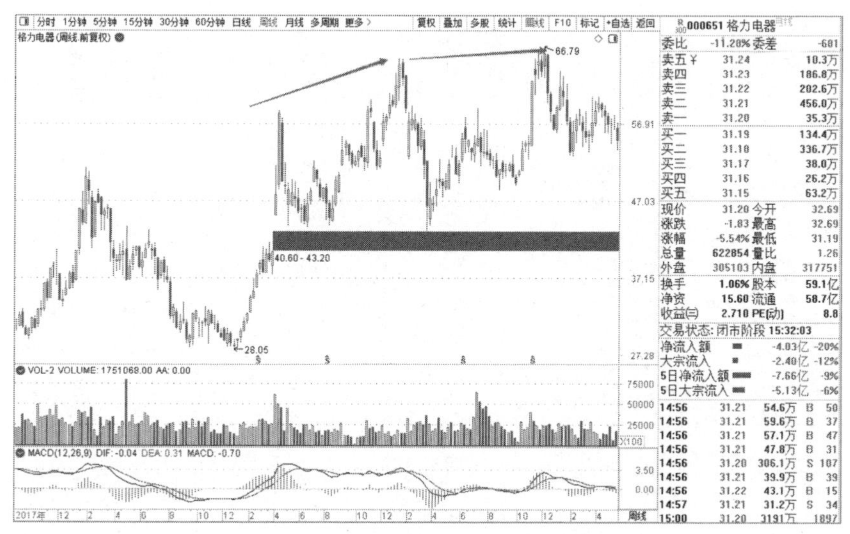

图3-24

从图3-24中可以看到，格力电器的股价于2020年12月到达历史最高点，这主要是因为投资者把格力电器当作机构抱团股进行了炒作。在2020年年初格力电器已经开始走向多头趋势，此时业绩下滑等利空信息是不会把股价打压下去的，只有等机构抱团股瓦解以后，股票出现较大的分歧，格力电器业绩下滑的问题才会被暴露出来，从而导致格力电器比其他家电龙头股掉头向下的时间早一些。

指数对接的是个股，大盘对接的是行业，所以我们可以这样判断：大盘的大顶部、大底部是由一些领头板块推动的，领头板块出现的接力效应最后反馈到指数，给大盘提示一些信号。投资者需要学会利用这个辩证关系识别出板块的机会，以及里面个股的机会。

比如工程机械板块，可以把工程机械板块及里面的股票作为一个整体研究，只要投资者深入研究里面的企业就能够看到，工程机械板块在2014—2016年基本上没什么起色，业绩大部分十分平淡，但是到了2017年，由于全国房地产市场普遍涨价、城市的建设需求等因素的推动，市场迎来了工程机械的缺口，包括三一重工、柳工、中联重科等一大批企业整体迎来了业绩高速增长期。

图3-25为柳工的年度扣非净利润图表。

指标\日期	2020-12-31	2019-12-31	2018-12-31	2017-12-31	2016-12-31	2015-12-31
审计意见	无保留意见	无保留意见	无保留意见	无保留意见	无保留意见	无保留意见
每股基本收益(元)	0.9000	0.6900	0.5402	0.2870	0.0438	0.0189
摊薄每股收益(元)	0.9020	0.6892	0.5402	0.2870	0.0438	0.0189
每股净资产(元)	7.7623	7.0131	6.5883	8.0962	7.8618	7.9128
每股经营性现金流量(元)	1.3604	1.2586	0.4333	0.8466	1.2248	0.1292
每股未分配利润(元)	4.0649	3.4521	3.0205	3.4048	3.2178	3.2687
每股公积金(元)	2.1291	2.1194	2.1123	3.1289	3.1289	3.1288
营业总收入(未调整)(元)	230.03亿	191.77亿	180.85亿	112.64亿	70.05亿	66.56亿
营业总收入(调整后)(元)	--	191.77亿	180.85亿	119.39亿	70.05亿	66.56亿
利润总额(元)	16.02亿	13.08亿	10.34亿	4.58亿	1.18亿	5130.72万
归属于母公司净利润(未调整)(元)	13.31亿	10.17亿	7.90亿	3.23亿	4926.01万	2131.28万
归属于母公司净利润(调整后)(元)	--	10.17亿	7.90亿	3.47亿	4926.01万	2131.28万
扣非净利润(元)	11.04亿	9.10亿	6.91亿	2.63亿	-1.08亿	-1.15亿

图3-25

但是，随着2018年大盘下跌，到2019年进行了一波高位窄幅调整，这时整个行业的业绩都表现出特别强的活跃性，此时大盘开始了较大的回撤，但是工程机械板块却表现出特别强的抗跌性，最终突破了重要的压力位，2020年进入了大牛行情。

图3-26为工程机械指数和大盘指数的强弱变化关系。

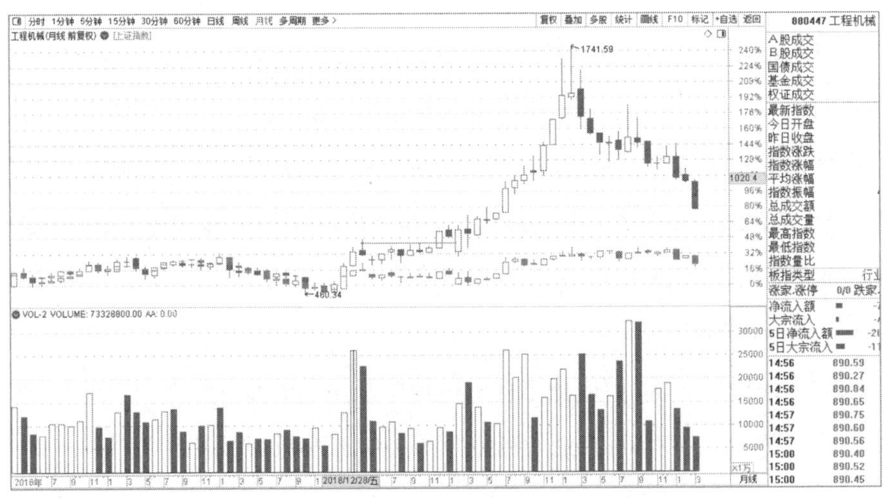

图3-26

从图3-26中可以看出，在2019年之前工程机械板块和大盘没什么差别，可是在2019年以后工程机械板块表现出特别强势的拉升结构，在大盘下跌时工程机械板块一直在高位横盘；随后大盘形成底部拐点信号，工程机械板块开始不断创出新高；等到大盘创出新高以后，工程机械板块就开始走向大牛行情。

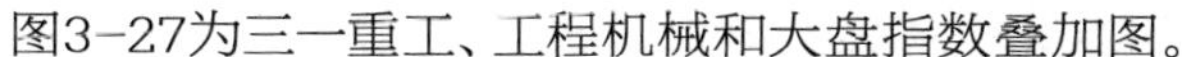

图3-27为三一重工、工程机械和大盘指数叠加图。

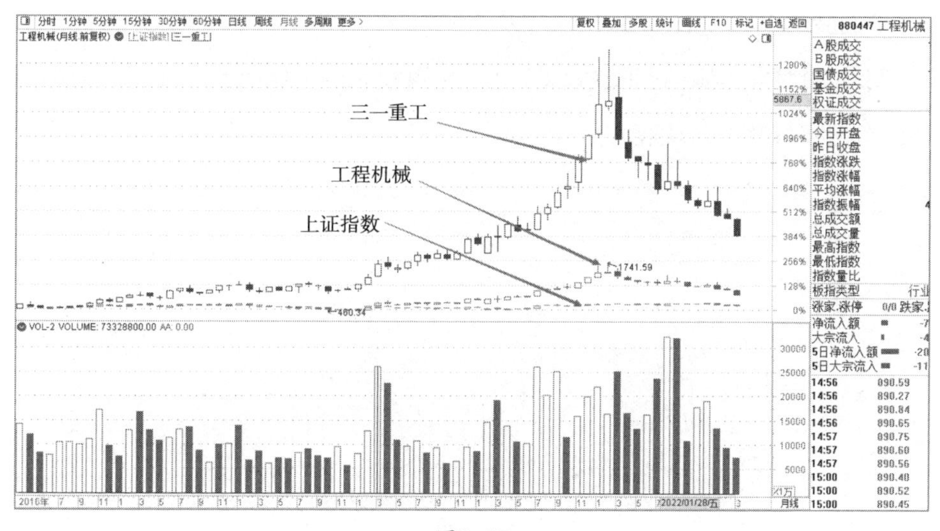

图3-27

从这里我们也能够看到，强势的股票具备非常高的溢价，投资收益往往以好几倍的速度增加。

这就是分析板块的重要性，所谓“独木难成林”，牛股的出现往往需要扎堆才能更加容易进行炒作，并且只要是逻辑面出现的利好，往往都是长时间的运行趋势行情，包含的利润也会非常大。

那么，我们应该如何选择板块的投资机会呢？

由于A股大部分中小散户没法实现做空，所以在这里我只讲解如何挑选做多板块的记录规则。首先，根据大盘的记录规则，选择大盘快要出现转折时的重要变盘点，此时投资者需要格外注意，平日里搜集的一些资料在这时会慢慢地发挥作用。我建议大家从周线的级别记录板块指数，每次大盘要发生一些趋势行情时，投资者就需要注意两件事：第一，把最近一些重要的数据和事件搜集起来；

第二，从市场的角度来思考这些信息会对市场造成什么影响，尤其是一些利好的信息，比如行业迎来高景气度等。其次，使用记录图表规则叠加大盘指数进行挑选，看看哪个板块最先走出多头，或者完成大多头结构。比如建筑板块，在2022年市场大跌时建筑板块里的很多股票表现出非常强的抗跌能力，不少投资者在建筑板块方面的股票基本上都赚钱了，利润在30%以上。

下面我们来做一个游戏。

图3-28为半导体、化工、农林牧渔和传媒娱乐四个板块的叠加图，假如让你选择，你会看好哪个板块呢？

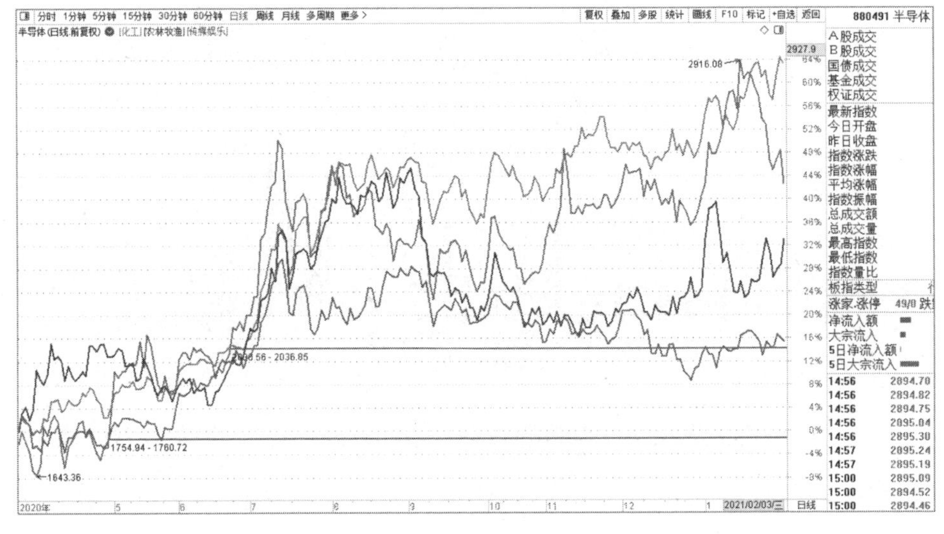

图3-28

这时才是考量投资者思维的时候，你不仅要有对买卖点的决策，还要有对大局观的把握。假如处在这样的历史点位，你会怎么思考？好，让我们往下看，图3-29为这些板块指数完整的走势图。

有人喜欢在同一时间点操作那些低位下跌很多的板块，有人喜欢买那些低至横盘的板块，大家会不会一开始就放弃一些本身就处于高位的板块呢？

事实证明，当大盘刚开始进入多头时期，那些率先拉升的板块以后会以更大的涨幅体现在市场里面，这就是市场中强者恒强的道理，市场只会留下更强的股票，淘汰弱势的股票。那些临近退市的股票，业绩亏损、公司基本面出现问题的股票，在从最开始的每股30元跌到每股1元的过程中都会以非常弱势的方式呈现出疲软的价格行为，而那些优秀的企业总会在每一次大盘进行大调整时，以更加强势的韧性推动价格拉升乃至创出新的高点。

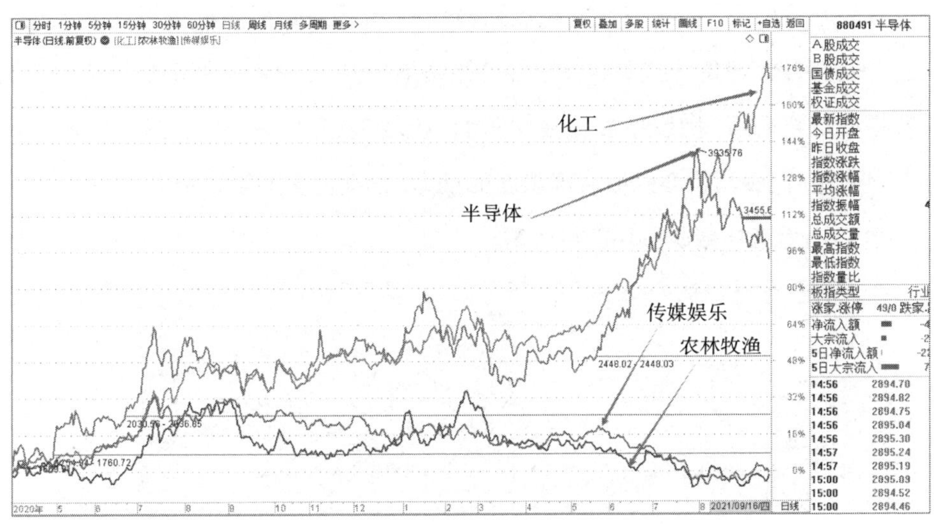

图3-29

那么，如何确立指数的多头趋势呢？图3-30为工程机械板块的月线图。

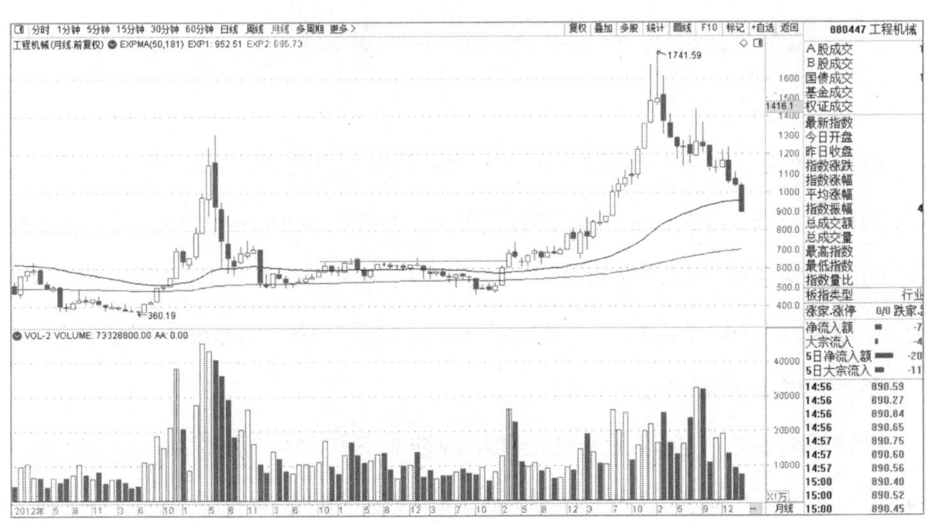

图3-30

我们使用月线图记录指数，只要板块指数突破了箱体平台，或者跑到50月线以上，就宣布板块指数进入大多头趋势行情。我们一律使用趋势规则操作多头趋势里面的行情机会，对具体的交易可以根据趋势规则进行跟踪，直到板块出现高位背离等派发现象。在这里我要重点强调一下：有些时候板块指数正处于筑底阶段，还没有突破，可是一些龙头股已经开始提前拉升了，这就需要把板块和里面的股票进行综合分析，把股票放在板块里面，板块创造了一个稳定的环境，起码不会引领砸盘；而股票也会给板块提供新的动力，推动更多的股票走牛。

图3-31为酒店餐饮板块的月线图。

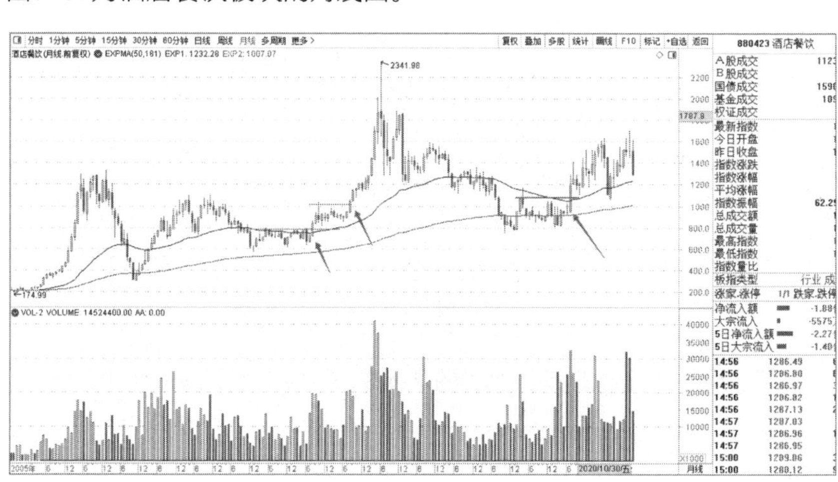

图3-31

根据顺势原则，我们可以在2013年抓住这样的大波动，也可以在2020年抓住这样的行情波动。当然，在这样的板块里我们能够找到很多的牛股并进行选择。板块里面的龙头股一般都是提前于大盘指数启动的，这时我们需要明白整个板块的拉升逻辑，以及板块指数在没有被正式拉升之前个股表现的突出变化。

图3-32为钢铁板块的月线图。

钢铁板块在2017年以后一直在非常规地走下跌趋势，直到2020年11月放量突破底部高点。此时我们需要注意，这个板块里面的很多股票还没有被大众提及，而这些股票早就构筑了一个标准的底部形态，且它们的形态几乎是同步产生的，比如宝钢股份。

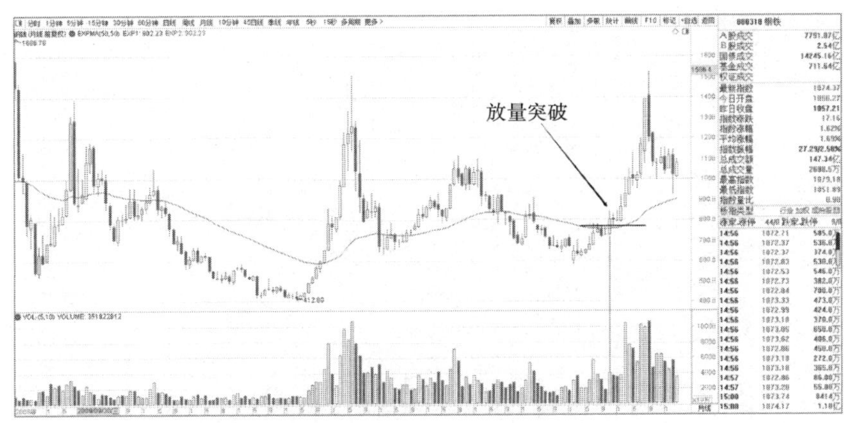

图3-32

图3-33为宝钢股份的月线图。

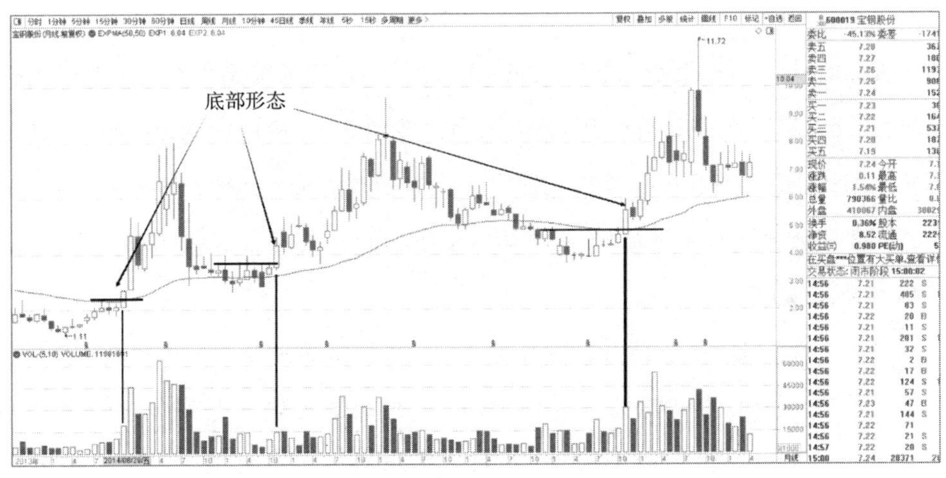

图3-33

从图3-33中可以看到，宝钢股份的月线图在历史的走势里面几乎是类似的。我们使用量价规则分析得出，宝钢股份在历年的走势里成绩非常稳定。大家注意，有很多股票正在产生这种形态，包括首钢股份、太钢不锈、华菱钢铁及整个板块指数的形态几乎是同步产生的。假如你对钢铁现货的价格比较敏感，那么我相信你应该可以跟踪到这些股票带来的利润机会。

再如，2021年最热门的板块莫过于新能源车和光伏，我们打开新能源车板块指数和大盘指数进行对比分析，如图3-34所示。

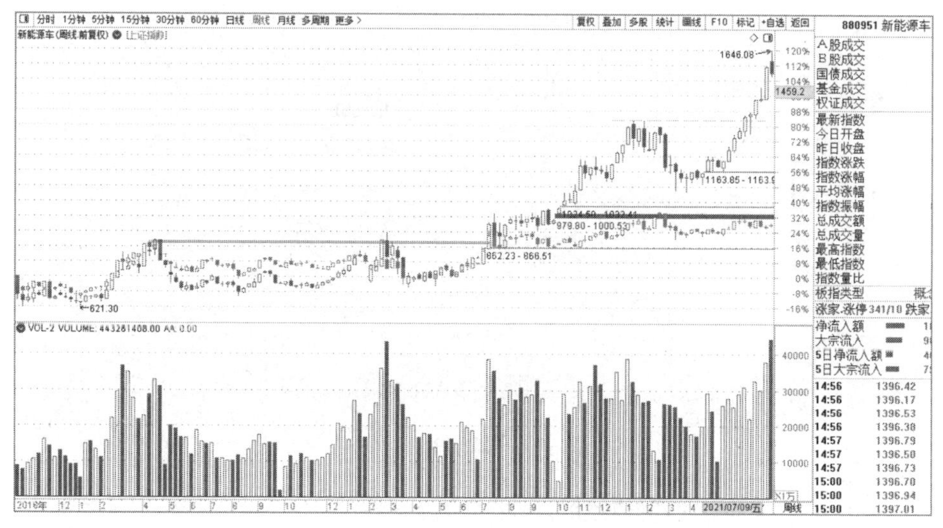

图3–34

在2020年7月以后大盘进入全面的主升浪行情，而新能源车作为国家重点扶持项目，带来了巨大的政策红利，这时大盘指数创新高，板块指数也创新高，并且同步调整，但是新能源车的涨幅明显大于大盘指数的涨幅。2021年4月二者同步下跌，随后新能源车业绩大增，指数再次创出新的高点，而大盘指数却永远留在了高点区域，始终没有突破。

通过上面的案例，我想告诉投资者大盘和板块指数的辩证关系：在大盘下跌之前就会有一些板块开始掉头，我们要操作的就是大盘临近突破时引领大盘继续冲高的新题材或者强势板块，在基本逻辑和技术的叠加下识别出更大概率会拉升的牛股。而一旦我们锁定了指数，基本上也就锁定了里面的龙头股票群。当然，这里讲解的记录规则也不是万能的，因为一些行业本身逻辑不支持，可能出现了突破也未必能够持续，这一点我在前面给大家反复讲解过。投资者一定要认真研究板块里面的权重股和下一个可能会走牛的黑马股之间的辩证关系。而在一般情况下，除非板块已经处于大多头，否则在板块底部震荡时期，市值最大的股票可能并没有走牛；可是里面也会出现一些黑马股，这些股票的市值一般都不大，假如投资者耐心观察，总会找到机构建仓的痕迹，这类股票一般是兵贵神速且出其不意的。而我们选择板块、选择牛股，也是基于类似规则考虑的。

是不是我们选好了板块就一定能选好牛股呢？答案是不一定。

在各个板块进入牛市时，我们经常会发现里面的龙头股早就领先板块一波行情，这主要是同板块里一些个股拖累指数导致的，所以龙头股的识别也是我们要做的功课。但是，基于同样的逻辑考虑，假如我们可以在大盘进入多头或者大盘调整期间进入强势整理的板块购买指数ETF也是可行的，这在后面讲解基金的时候会提到。

一个板块之所以走牛，很多是因为政策和行业的关系引起的。所以，我们除了单纯地记录板块指数，还要深入研究行业逻辑，展开联想，才可以做好股票。那么，如何选择具体的个股呢？那就是选择强势股。

3.2.3　业绩同比两年增加30%及标准的ROE

ROE，俗称净资产收益率，对于盈利质量非常好的长线白马股一般ROE值不能低于15%，我们可以将其理解为股东回报率，这家公司有多少净资产，利用这些净资产创造了多少利润？后者除以前者就得到了这个值，公式如下：ROE=净利润÷净资产。ROE值越大，一家企业的盈利能力越强，每年给股东创造的潜在利润越强。根据杜邦分析，可以将ROE拆解为三个部分的乘积：

ROE=权益乘数×销售净利率×总资产周转率

其中，权益乘数也就是公司负债杠杆率，原理是1÷(1−资产负债率)，权益乘数越大，说明负债越大；销售净利率反映每一元销售收入带来的净利润的多少，表示销售收入的收益水平；总资产周转率是一定时期的销售收入净额与平均资产总额之比，它是衡量资产投资规模与销售水平之间配比情况的指标。比如，超市每年总会囤1亿元的商品，但是一年的销售收入却比1亿元多得多，那是因为在一年内商品被频繁地卖出。

在投资分析中，一般要求公司业绩连续两年同比增加。当然，这不是一个死数字，但是，我们要求的是公司净利润在上一年度出现同比增长30%乃至以上的情况，并且当季也出现连续增加的现象。

业绩的增加是推动一只股票长期发展的核心动力。根据估值计算公式，估值不变，业绩增速和股价成正比。现在A股市场对成长性比较青睐，因为任何一家伟大的企业都是从小企业一点点成长起来的。一只大牛股不仅需要技术性筑底的平台，也需要业绩扭转乃至扩张的平台，甚至在某个阶段出现急速拉升，我们称之为净利润断层，就好像价格突然跳空高开一样。一只股票在发生巨大的行情之前，机构投资者都会同步地调研企业，甚至会部分建仓，所以我们一般要求一只股票的业绩连续两年同比增加，甚至增速越大越好；或者一直保持温和的持续增长，这类股票一般会走长线大牛，股性温和。具体的行业不一样，标准不一样，但是起码满足业绩连续三个季度增加，甚至有一年以上的增速。比如密尔克卫2014—2021年的业绩增长示意图如图3-35所示。

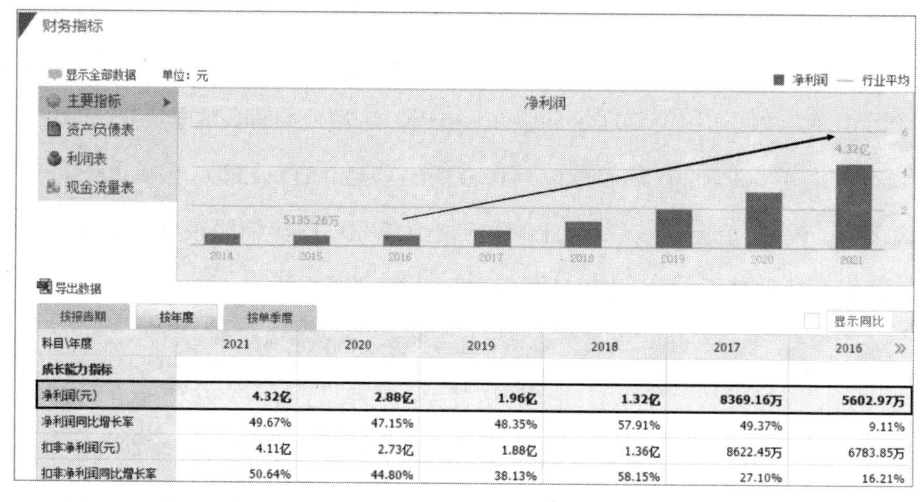

科目\年度	2021	2020	2019	2018	2017	2016
成长能力指标						
净利润(元)	**4.32亿**	**2.88亿**	**1.96亿**	**1.32亿**	**8369.16万**	**5602.97万**
净利润同比增长率	49.67%	47.15%	48.35%	57.91%	49.37%	9.11%
扣非净利润(元)	4.11亿	2.73亿	1.88亿	1.36亿	8622.45万	6783.85万
扣非净利润同比增长率	50.64%	44.80%	38.13%	58.15%	27.10%	16.21%

图3-35

该公司2014年的净利润为5738万元，2020年的净利润为2.88亿元，增长了4倍，公司2018年上市开盘价15.26元/股，2020年度收盘价是130.34元/股，前后涨幅大约为750%。图3-36为密尔克卫2014—2021年的净利润同比增长的情况。

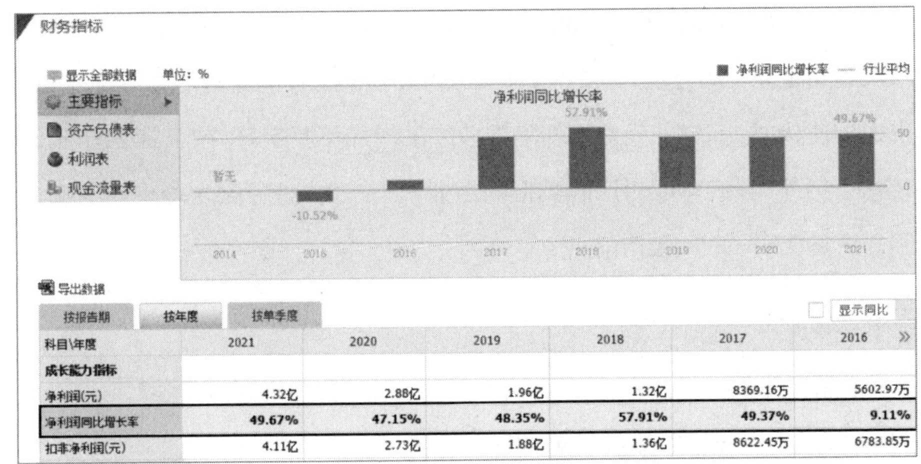

科目\年度	2021	2020	2019	2018	2017	2016
成长能力指标						
净利润(元)	4.32亿	2.88亿	1.96亿	1.32亿	8369.16万	5602.97万
净利润同比增长率	49.67%	47.15%	48.35%	57.91%	49.37%	9.11%
扣非净利润(元)	4.11亿	2.73亿	1.88亿	1.36亿	8622.45万	6783.85万

图3-36

相比于2016年，从2017年开始公司的业绩同比增加了49.37%，这时股票价格还没有被拉升；到了2018年，公司的业绩同比增加了57.91%，业绩连续两年同比增加。假如这时股票的估值很低，而公司业绩高速发展，等到市场发现了这家公司的价值，就会迎来戴维斯双击效应，估值被抬高，业绩增长，股价涨得更快。

玲珑轮胎2011—2020年的净利润图表如图3-37所示。可以看出，2013—2015年公司业绩基本上是递减的，也就是负增长；到了2015年以后，公司的净利润才开始缓慢增加；到了2019年公司的盈利开始加速。

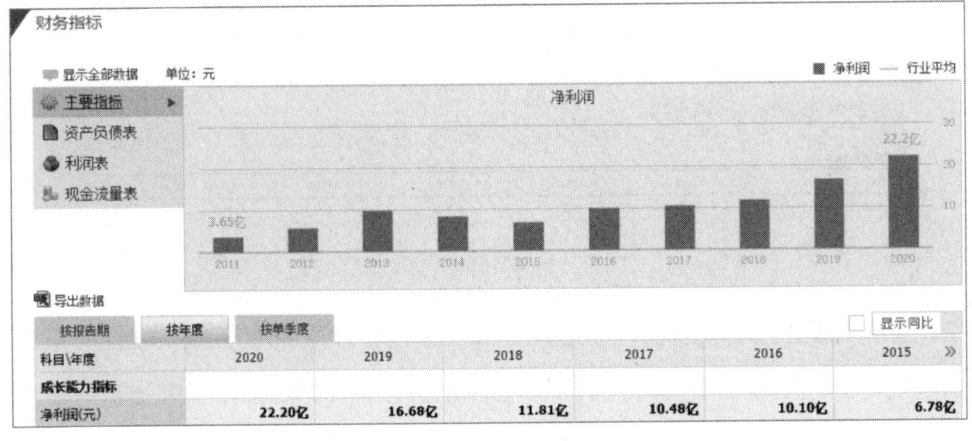

科目\年度	2020	2019	2018	2017	2016	2015
成长能力指标						
净利润(元)	22.20亿	16.68亿	11.81亿	10.48亿	10.10亿	6.78亿

图3-37

从图3-38中可以看出，公司的净利润增长从2018年以后开始加速，连续两年的净利润同比增长率分别为12.73%和41.20%，说明公司的盈利能力不仅增加，并且出现加速状态。而它的股价也伴随着业绩的增加不断攀升，截至2021年股价翻了4倍多。另外，我们可以对比同类型的企业——三角轮胎，因为玲珑轮胎和三角轮胎几乎是在同一时间上市的。

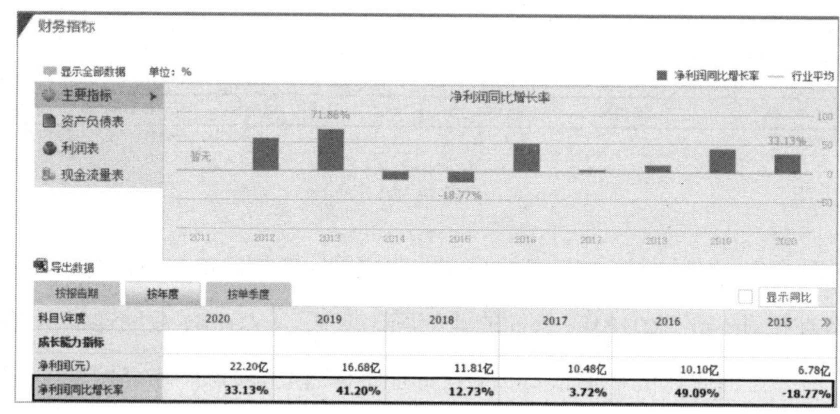

科目\年度	2020	2019	2018	2017	2016	2015
成长能力指标						
净利润(元)	22.20亿	16.68亿	11.81亿	10.48亿	10.10亿	6.78亿
净利润同比增长率	33.13%	41.20%	12.73%	3.72%	49.09%	-18.77%

图3-38

图3-39为三角轮胎2009—2020年的净利润图表。

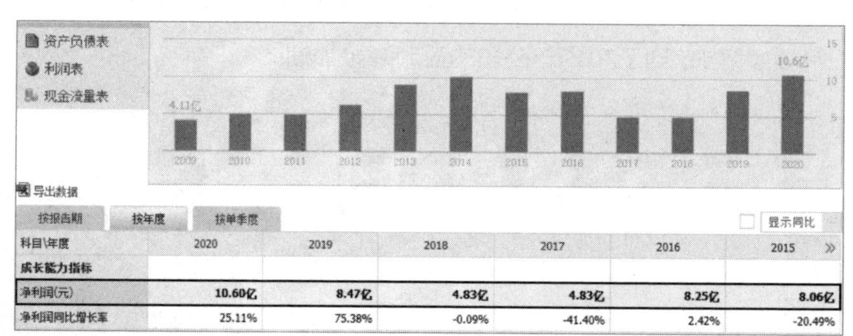

科目\年度	2020	2019	2018	2017	2016	2015
成长能力指标						
净利润(元)	10.60亿	8.47亿	4.83亿	4.83亿	8.25亿	8.06亿
净利润同比增长率	25.11%	75.38%	-0.09%	-41.40%	2.42%	-20.49%

图3-39

三角轮胎2020年净利润10.6亿元与2016年净利润8.25亿元增长幅度并不是特别明显，可是2020年玲珑轮胎的净利润相比2016年的净利润扩大了接近一倍。上图我们可以看到三角轮胎2017年相比2016年业绩出现了下滑，到了2018年相比2017年没太大的变化，到了2019年，虽然迎来了行业的复苏期利润开始增加，但是到了2020年，这种增速并没有持续的扩大。而这几年玲珑轮胎的净利润基本上一直在持续增长的状态中。这说明一家企业要想走得长远，中途回撤得不到控制，那么业绩增速在短期内增加也不会对长期走势构成什么本质上的影响。图3-40为玲珑轮胎和三角轮胎的股价对比图。

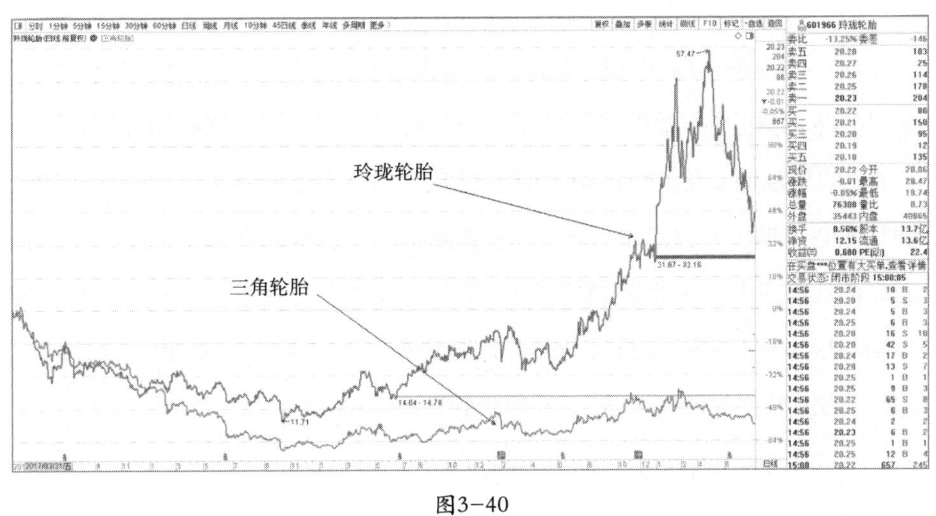

图3-40

我们从同一天开始计算，可以明显地看出三角轮胎和玲珑轮胎的差距：三角轮胎还没有收复曾经的高点，而玲珑轮胎的股价早就创出了新高。

3.2.4　挖掘业绩背后的企业逻辑

公司的业绩增加和企业的高质量收益仅仅是财务标准，但是不管怎么说，我们除了看表面的财务数据，还必须深入财务数据背后思考公司真正的基本面。财务数据仅仅是一堆数字，有时可能不可靠，或者公司的业绩被提前透支，尤其是一些资源股，一般资源股业绩最好的时候往往就是股价的最高点。因为该行业自带周期性，比如2020年的猪价，随着国家的宏观调控，到了2021年基本上回到了原来的价格区间，类似的有钢铁、煤炭、化工等行业。这时我们就需要了解企业更深层次的东西：

- 为什么企业净利润会增加？
- 这样的净利润会持续多久？

- 公司的核心竞争力是什么？
- 公司的管理模式发生了哪些新变化？
- 公司的新产品研发是否提高了生产效率？
- 公司产品具备垄断地位定价权吗？
- 整个行业是不是迎来了高速发展期？

虽然一些投资者在买卖股票时很少考虑这些因素，但是我建议大家要学会阅读财务数据，以及企业管理。假如条件允许，我们还可以去那些企业看看，了解一下企业的形象和文化。对于投资者而言，股市虽然有投机的成分，但是我们仍然需要从核心逻辑出发去思考股市。投资者购买的不仅仅是股票，而是企业，希望大家尽量从管理者的角度来“看”企业，因为从长期回报来看，优秀的企业所带来的长期回报都是非常惊人的，比如茅台、万科等企业自上市以来回报达到1000多倍。类似的优秀企业还有很多，只需投资者擦亮眼睛进行认真的选择即可。

1. 从身边入手去发现好企业、新产品

彼得·林奇提倡从身边入手去发现好企业、新产品，尤其是生活在一线城市的投资者，他们身边的企业有很多，其中就隐藏着很多好企业。比如大家去买火锅食材，经常会看到安井品牌的火锅丸子，通过和销售人员聊天就会了解到，该品牌的火锅丸子非常畅销，甚至很多火锅自助店都由安井食品统一供货。图3-41为安井食品往年的净利润截图。

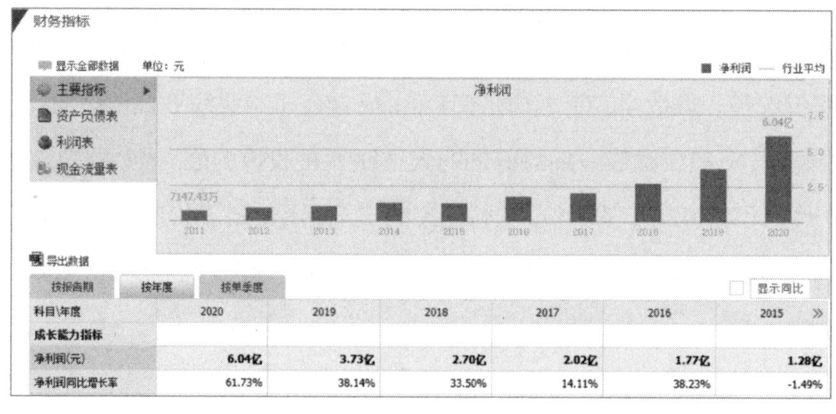

科目\年度	2020	2019	2018	2017	2016	2015
成长能力指标						
净利润(元)	6.04亿	3.73亿	2.70亿	2.02亿	1.77亿	1.28亿
净利润同比增长率	61.73%	38.14%	33.50%	14.11%	38.23%	-1.49%

图3-41

安井食品在2015年以后迎来了产业的高速发展期，在2017年上市时公司业绩仍处在增长期，到了2018年净利润同比增长33.50%，公司的市盈率为27倍左右。图3–42为安井食品的周线截图。

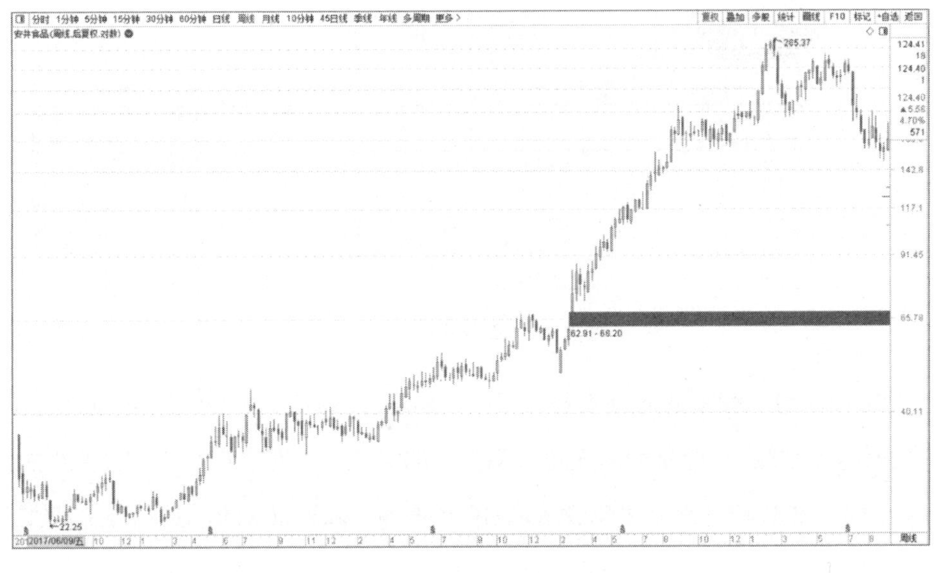

图3–42

从图3–42中可以看出，安井食品自2017年12月份上市开盘价是16元（后复权），截至2022年末收盘价是164.7元（后复权），涨了9倍多。类似的好企业还有很多，比如消费板块里面的海天味业、伊利股份等。

2. 新领导决策、管理

在家电行业普遍低迷的市场里面，海尔早就提出了人单合一的管理模式，美的集团也提出了需求决定供给的高效模式，这方面格力电器就落后一点，尤其是2020年特殊原因的冲击导致企业原先的销售模式显得力不从心。还有海外市场的拓展，海尔早就进军海外市场，常年来海外收益占据公司利润的45%左右；美的集团也在这几年加大海外的投资，海外业务也占据了不小的比例。

图3–43为海尔智家2017年的国内和海外收益比例。

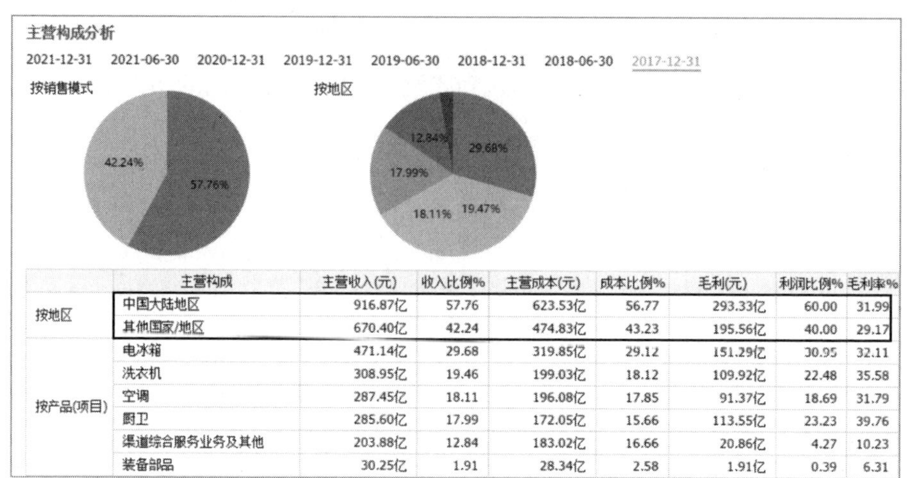
主营构成分析

2021-12-31 2021-06-30 2020-12-31 2019-12-31 2019-06-30 2018-12-31 2018-06-30 2017-12-31

	主营构成	主营收入(元)	收入比例%	主营成本(元)	成本比例%	毛利(元)	利润比例%	毛利率%
按地区	中国大陆地区	916.87亿	57.76	623.53亿	56.77	293.33亿	60.00	31.99
	其他国家/地区	670.40亿	42.24	474.83亿	43.23	195.56亿	40.00	29.17
按产品(项目)	电冰箱	471.14亿	29.68	319.85亿	29.12	151.29亿	30.95	32.11
	洗衣机	308.95亿	19.46	199.03亿	18.12	109.92亿	22.48	35.58
	空调	287.45亿	18.11	196.08亿	17.85	91.37亿	18.69	31.79
	厨卫	285.60亿	17.99	172.05亿	15.66	113.55亿	23.23	39.76
	渠道综合服务业务及其他	203.88亿	12.84	183.02亿	16.66	20.86亿	4.27	10.23
	装备部品	30.25亿	1.91	28.34亿	2.58	1.91亿	0.39	6.31

图3-43

2017年海尔智家的海外收益占了近一半的主营收入，2020年特殊原因引起国内家电需求减少，但是海尔还是凭借出色的业绩，实现了1013亿元的海外主营收入，相比2017年的海外主营收入增加了约51%。截至2021年，其海外主营收入已经超过国内主营收入，海外主营收入1107.79亿元，占比48.89%；国内主营收入1010.02亿元，占比44.58%。格力电器在这方面就逊色一些，图3-44和图3-45分别为格力电器2017年和2020年主营收入占比的变化情况。

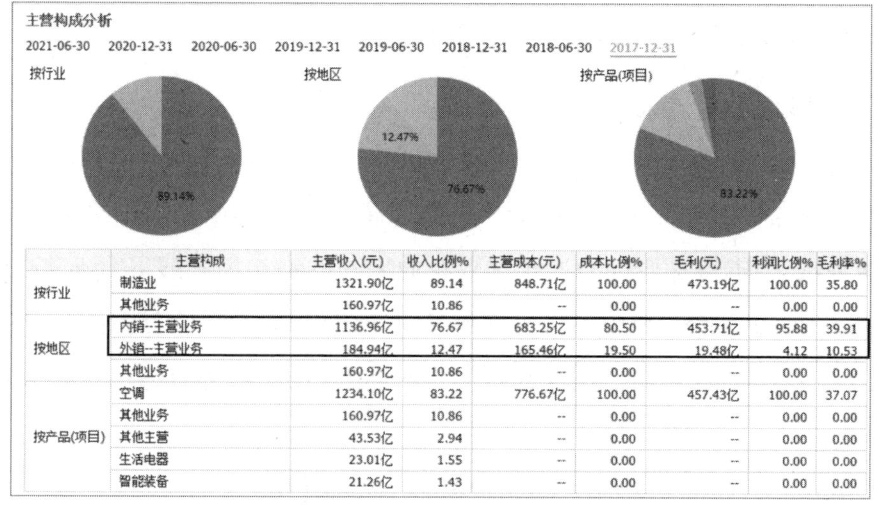
主营构成分析

2021-06-30 2020-12-31 2020-06-30 2019-12-31 2019-06-30 2018-12-31 2018-06-30 2017-12-31

	主营构成	主营收入(元)	收入比例%	主营成本(元)	成本比例%	毛利(元)	利润比例%	毛利率%
按行业	制造业	1321.90亿	89.14	848.71亿	100.00	473.19亿	100.00	35.80
	其他业务	160.97亿	10.86	--	0.00	--	0.00	0.00
按地区	内销-主营业务	1136.96亿	76.67	683.25亿	80.50	453.71亿	95.88	39.91
	外销-主营业务	184.94亿	12.47	165.46亿	19.50	19.48亿	4.12	10.53
	其他业务	160.97亿	10.86	--	0.00	--	0.00	0.00
按产品(项目)	空调	1234.10亿	83.22	776.67亿	100.00	457.43亿	100.00	37.07
	其他业务	160.97亿	10.86	--	0.00	--	0.00	0.00
	其他主营	43.53亿	2.94	--	0.00	--	0.00	0.00
	生活电器	23.01亿	1.55	--	0.00	--	0.00	0.00
	智能装备	21.26亿	1.43	--	0.00	--	0.00	0.00

图3-44

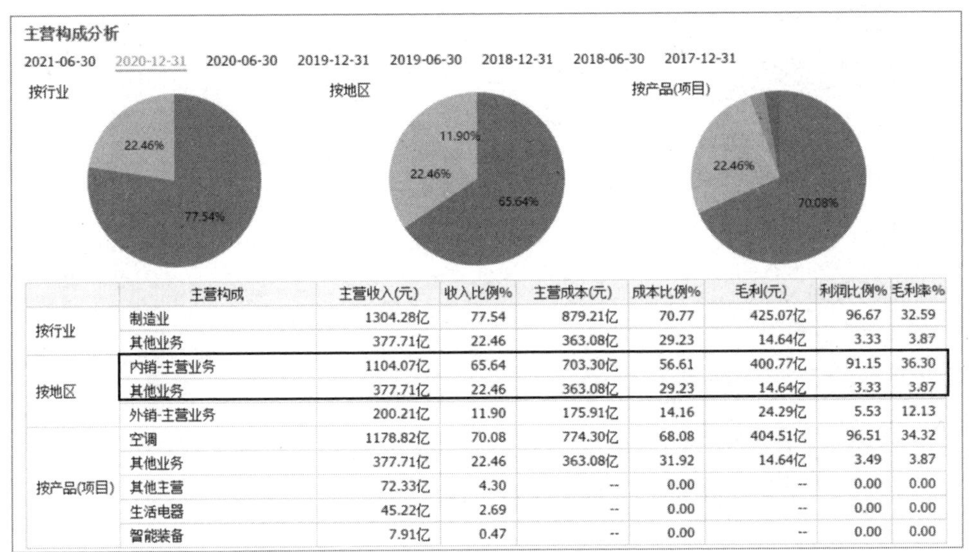

	主营构成	主营收入(元)	收入比例%	主营成本(元)	成本比例%	毛利(元)	利润比例%	毛利率%
按行业	制造业	1304.28亿	77.54	879.21亿	70.77	425.07亿	96.67	32.59
	其他业务	377.71亿	22.46	363.08亿	29.23	14.64亿	3.33	3.87
按地区	内销-主营业务	1104.07亿	65.64	703.30亿	56.61	400.77亿	91.15	36.30
	其他业务	377.71亿	22.46	363.08亿	29.23	14.64亿	3.33	3.87
	外销-主营业务	200.21亿	11.90	175.91亿	14.16	24.29亿	5.53	12.13
按产品(项目)	空调	1178.82亿	70.08	774.30亿	68.08	404.51亿	96.51	34.32
	其他业务	377.71亿	22.46	363.08亿	31.92	14.64亿	3.49	3.87
	其他主营	72.33亿	4.30	--	0.00	--	0.00	0.00
	生活电器	45.22亿	2.69	--	0.00	--	0.00	0.00
	智能装备	7.91亿	0.47	--	0.00	--	0.00	0.00

图3–45

格力电器在2017年的海外收入只有184.94亿元，占比为12.47%，到了2020年依旧没有多大起色（海外收入占比为11.90%，并且只有200.21亿元），相比于海尔智家和美的集团差了很多。

3. 新政策、新产业缺口

国家每年基本上都会出台相应的政策，这些政策都是无形的手，投资者需要展开联想。比如光伏产业2008年在国内已经盛行，不过那时候国内仍以加工为主，并没有核心技术。后来国家不断提出要重视环保和资源的可持续性，表示地球资源不断地被消耗，迟早会有消耗殆尽的一天，而可再生资源一般包括风能、太阳能、潮汐能等，这时光伏产业慢慢地被市场所熟知。又如隆基股份最开始瞄准单晶硅技术的研发，单晶硅相比多晶硅有更多的优势，相当于打破国外技术的垄断，2020年硅产业单价开始飙升，反映在二级市场上就是大基金调研以后开始建仓，大资金纷纷买入，股价飙升。图3–46为隆基股份2020年展开的飙升行情。

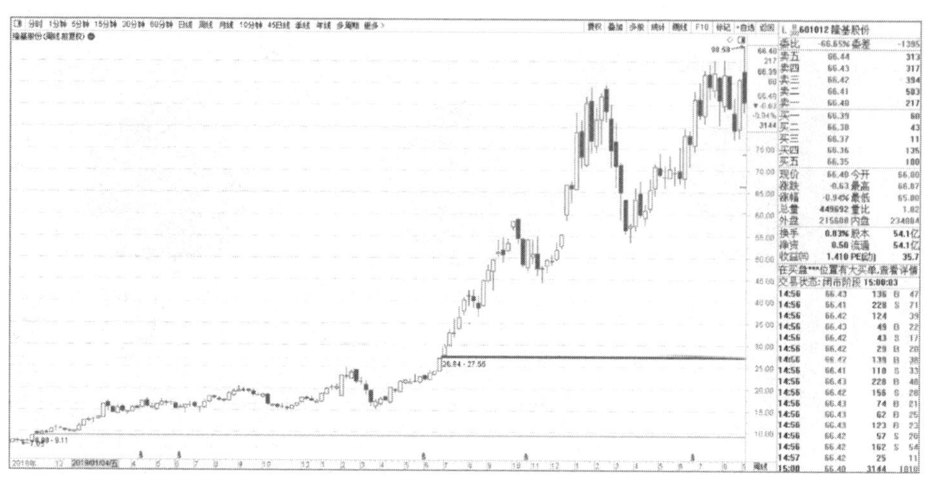

图3-46

同时，对于新产业缺口，投资者也可以展开联想寻找对应的板块、股票，因为这意味着新的市场缺口。比如，科沃斯的主营业务是各类家庭服务机器人和清洁类小家电等智能家用设备，在2020年下半年扫地机器人迎来了非常大的市场缺口，公司在风口下走出了一个长期的成长股形态。虽然受到国内外经济形势的影响，清洁家电机器人业绩增速放缓，可是对标海外市场，我国扫地机器人的渗透率相对较低，未来发展空间广阔。美国扫地机器人的渗透率为16%，我国沿海地区为4%~5%，这说明扫地机器人的前景非常广阔。从市场竞争情况来分析，2019年科沃斯占比42.2%，小米占比13.8%，石头占比10.7%。在视觉导航及陀螺仪导航产品中，科沃斯占据绝对领先地位，占比分别达到63.8%和47.9%。

2020年，特殊原因带动全民健康意识提升，扫地机器人热度不减，到了下半年扫地机器人的销量迎来了爆发期。科沃斯推出的多款高端旗舰新品备受市场青睐，在服务机器人业务领域更专注于自有品牌的建设，聚焦提升高端机型产品在科沃斯品牌中的收入占比。随着公司的业务结构持续优化，以及地宝T8系列等优质新品带动收入稳步增长，企业的净利润不断提升，为公司的股价上涨提供了源源不断的动力。

图3-47为科沃斯的净利润增长率。

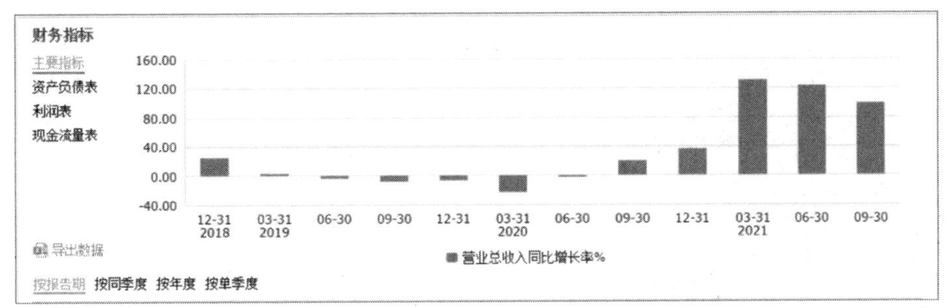

图3-47

科沃斯在2020年二季度业绩出现了拐点，同比增长20%，到了三季度同比增长36%，到了2021年一季度公司净利润同比增长率达到131%，呈现加速状态。公司的毛利率连续多年保持在30%以上，在2020年更是高达50%。

科沃斯在股价上涨之前大基金也在纷纷增持，2020年四季度达到高峰期，基金持仓比率最高达到35.14%。图3-48为该公司往期的基金持仓比率截图。

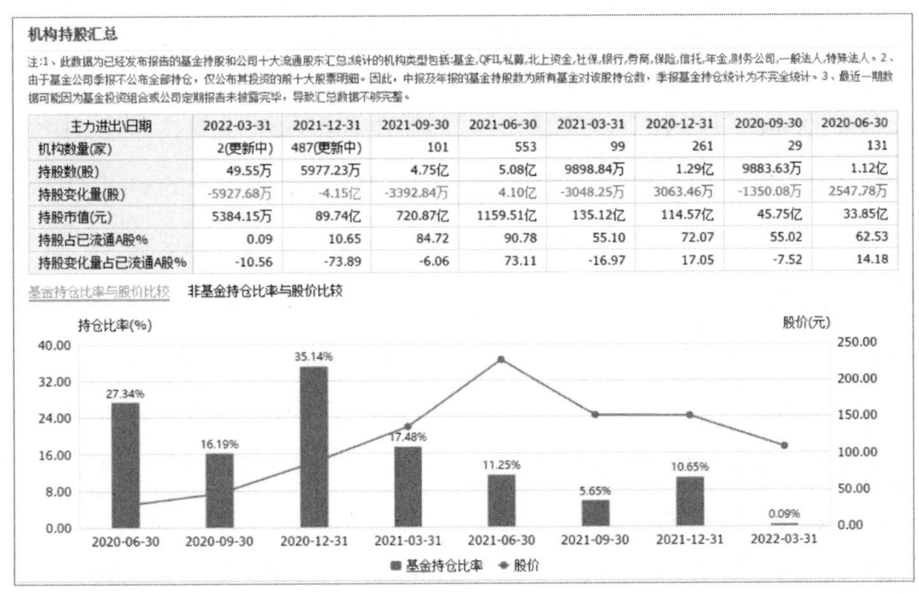

机构持股汇总

注:1、此数据为已经发布报告的基金持股和公司十大流通股东汇总;统计的机构类型包括:基金,QFII,私募,北上资金,社保,银行,券商,保险,信托,年金,财务公司,一般法人,特殊法人。2、由于基金公司季报不公布全部持仓，仅公布其投资的前十大股票明细。因此，中报及年报的基金持股数为所有基金对该股持仓数，季报基金持仓统计为不完全统计。3、最近一期数据可能因为基金投资组合或公司定期报告未披露完毕，导致汇总数据不够完整。

主力进出\日期	2022-03-31	2021-12-31	2021-09-30	2021-06-30	2021-03-31	2020-12-31	2020-09-30	2020-06-30
机构数量(家)	2(更新中)	487(更新中)	101	553	99	261	29	131
持股数(股)	49.55万	5977.23万	4.75亿	5.08亿	9898.84万	1.29亿	9883.63万	1.12亿
持股变化量(股)	-5927.68万	-4.15亿	-3392.84万	4.10亿	-3048.25万	3063.46万	-1350.08万	2547.78万
持股市值(元)	5384.15万	89.74亿	720.87亿	1159.51亿	135.12亿	114.57亿	45.75亿	33.85亿
持股占已流通A股%	0.09	10.65	84.72	90.78	55.10	72.07	55.02	62.53
持股变化量占已流通A股%	-10.56	-73.89	-6.06	73.11	-16.97	17.05	-7.52	14.18

图3-48

科沃斯在股价刚开始增长阶段基金已经占据较大的持仓比率，随后各大基金不断地增持，公司的股价也在不断增长的高净利润推动下迎来了主升浪行情，如图3-49所示。

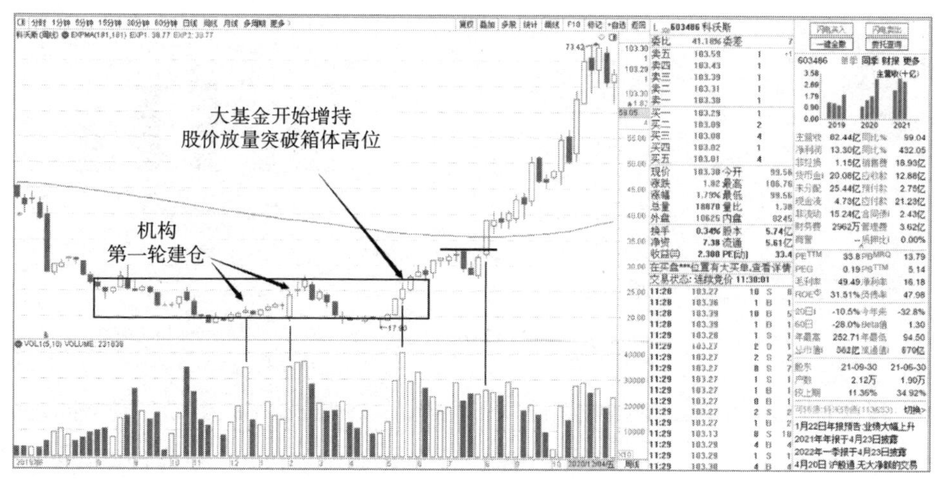

图3－49

3.2.5 股票的标准突破结构

在选择成长股时，除了研究企业的基本业绩外，我们还需要利用技术分析来进行择时选股。

证券市场是一个信息不对称的市场，存在较多的分歧，尤其是对那些研究不够充分的散户而言更是如此。因为很多行业需要我们花费很长的时间才能搞明白，很多个人投资者都有自己的工作，不可能全职去研究行业，也很难及时地搜集到充分的资料。

另外，对于一些新兴行业，个人投资者的股市思维还没有养成，对其研究不够透彻，经常会陷入人云亦云的境地。假如有人问这些投资者：你为什么看好这个行业或者这只股票？他可能会讲很多表面的道理，当探究根本时他可能会支支吾吾，难以说服自己。比如科技产业，由于淘汰率非常高、更新换代特别快，所以在国内大部分科技企业能不能在下一个十年继续存活谁都不能肯定。而投资者对于企业的了解也可能仅限于研究报告或者企业简单的【F10】介绍，很多地方都处于联想的阶段——究竟是投资者自己的主观臆想，还是一个具备前瞻性的认识呢？我们无从得知。

很多投资者一开始便看准了市场，可是找不到足够的依据，往往在经历大的洗盘时被淘汰。因为每段时间大盘或者个股都有可能遇到一些利空的消息，这时股价的涨跌经常会影响投资者的判断，所谓的“高点卖出、低点买入做波段”的类似想法就会呈现出来，这种不切实际的“完美”想象经常会在顺周期时让投资者提前卖出牛股，而白白浪费了一个明确的大多头行情。而基金公司一般会有专门的调研团队对企业进行实地调研，并且会匹配相应的分析师对企业大数据进行整理，在一个行业及企业进入下行周期时会有所准备，而这时个人投资者根本做不到也不可能这么及时。比如2021年即将进入下行周期的保险行业，静态的市盈率和市净率指标均显示保险行业整体进入了一个相对低估的位置。

图3-50为中国平安的市盈率估值图。在中国平安进入低估区域以后，网络上很多股评家倡导大家珍惜此次下跌机会，没想到中国平安的估值会一路下跌。

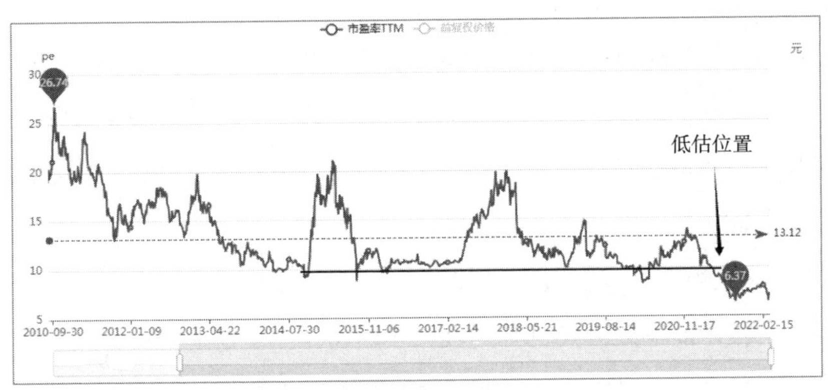

图3-50

这时大众都觉得企业值得重仓买入，可是股价一直下跌到2022年。到了2022年3月，保险公司才发布年度快报，显示中国平安业绩同比下滑30%，而这时股价已经产生了非常大的跌幅。对于投资者而言，掌握这些已经被市场消化的信息变得毫无意义。

图3-51为中国平安的周线图。从抄底后到2022年3月18日股价跌幅接近40%，很多投资者几乎都是慢慢地补仓到最后，陷入满仓被深套的尴尬局面。为什么分析师、股评家总是在这样的问题上发出如此多令人失望的声音？

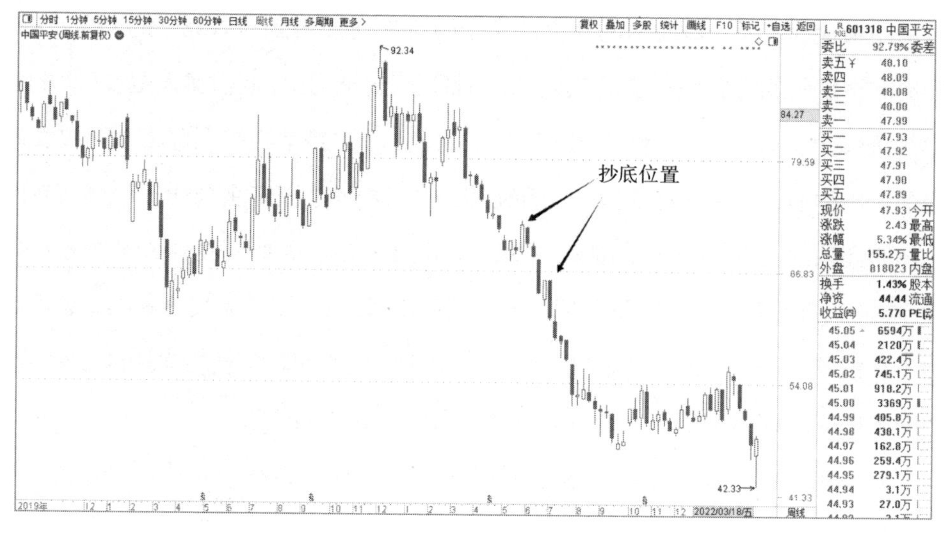

图3-51

2021年初，一些公募基金经理在接受采访时分析了保险行业的逻辑：那时保险行业刚刚开始下跌，由于基金经理把握住了逻辑，所以公募基金虽然没有完全躲避大跌，但是一些优秀的基金经理却能在指数下跌时及时调整方向，选择更加具备拉升潜质的企业做出更好的业绩，而个人投资者不可能这么及时地调转船头。

不过，个人投资者可以通过技术图表来完成对成长股的狙击。当然，我们不能完全迷信技术而陷入错误里面，但是不得不承认，牛股在技术图表上通常会表现出惊人的特色——对它们的深入研究确实不断地激励着个人投资者创造出更惊人的成绩。

由于证券市场的信息是不对称的，所以我们发现价格经常反映公司的业绩，并且公司的业绩公告是滞后的，所以我们可以理解为一些股票表现出来的某一段时间的行为在某种意义上体现着这家公司的业绩，我们完全可以使用类似的原理对股票进行选择。

让我们进行新的市场假设：我们要寻找的成长股在同样的历史环境下应该是一种强势股，它的股价行为表现出来的应该是很强的复活力，只要大环境变好，它们就会表现出很强的攻击性，甚至直接创出新高；弱势的股票只要大盘一下跌，它们就会跟着缩量下跌，没有多少人气，也没有太强的反弹性，这也是没有机构参与这类弱势股的原因。优秀股票的表现都是在每一轮大盘下跌时跟着下跌，随后以更强的弹性反弹出更好的价格。在同样的表现里，它们应该在大盘下跌时抗跌，起码表现出一种较为强烈的购买力来维持股价，并且在大环境表现好时提前走出一个标准的底部行为。就在这时大环境变好，大盘开始走多头，板块迎来了一些利好，股票在业绩等多重利好因素的刺激下走出量价齐升的突破行为，这样的股票恰恰就是我们要寻找的。

一只业绩不错的股票在大盘下跌时表现出非常弱势的行为，就算此时股票业绩表现得不是很好，也应该引起我们的警惕。也许市场不能百分之百正确，但是我们需要考虑这样的逻辑：一只股票不会轻易走弱或者提前走空，肯定是出了什么问题才会如此的。同一板块里的两只股票业绩类似，但是我们有理由选择价格行为更加强势的股票，而不是在那里盘整不动或走空的股票。比如家电板块里九阳股份和海尔智家的股价对比，如图3-52所示。我们能够看出，在海尔智家的股价到达高点之前九阳股份提早掉头，并且在海尔智家的股价开始下跌时九阳股份的股价下跌得更多，随后两者一起进入下跌趋势，在公司的业绩披露里面看到九阳股份的业绩同比出现下滑。

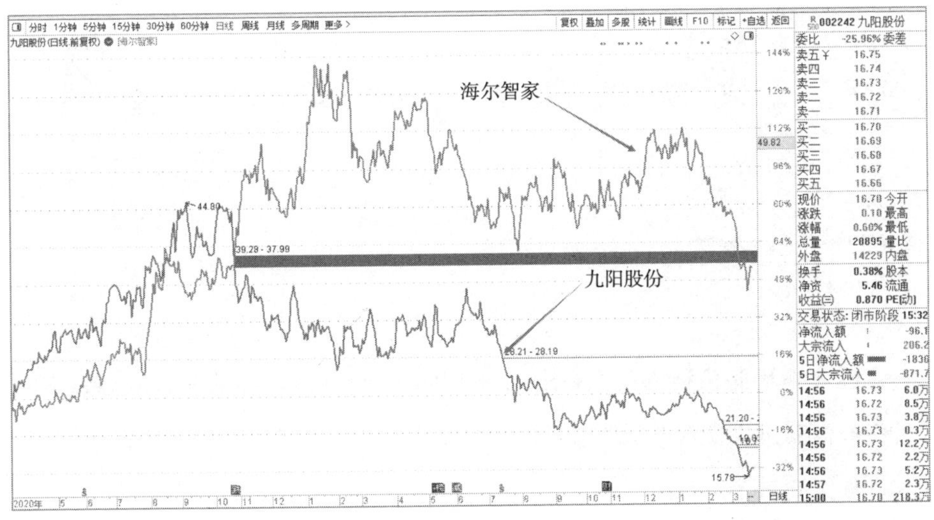

图3-52

图3-53为九阳股份的年度净利润同比增长率图表。可以看出，九阳股份在2021年业绩出现了较大幅度的下滑，同比下滑20.69%，股价在业绩公布之前已经展开了下跌行情。

指标\日期	2021-12-31	2020-12-31	2019-12-31	2018-12-31	2017-12-31	2016-12-31 »
审计意见	无保留意见	无保留意见	无保留意见	无保留意见	无保留意见	无保留意见
每股基本收益(元)	0.9700	1.2300	1.0700	0.9900	0.9000	0.9100
摊薄每股收益(元)	0.9721	1.2254	1.0740	0.9827	0.8976	0.9090
每股净资产(元)	5.5588	5.5839	4.8912	4.9645	4.6573	4.4868
每股经营性现金流量(元)	-0.0454	2.6191	1.6330	0.5325	0.0637	1.3116
每股未分配利润(元)	2.7894	2.8200	2.1741	2.3556	2.0598	1.7620
每股公积金(元)	1.2198	1.2172	1.1566	1.0986	1.1679	1.2186
营业总收入(未调整)(元)	105.40亿	112.24亿	93.51亿	81.69亿	72.48亿	73.15亿
营业总收入(调整后)(元)	--	112.24亿	93.51亿	81.69亿	72.48亿	73.15亿
利润总额(元)	7.90亿	10.63亿	9.40亿	8.71亿	8.18亿	8.54亿
归属于母公司净利润(未调整)(元)	7.46亿	9.40亿	8.24亿	7.54亿	6.89亿	6.98亿
归属于母公司净利润(调整后)(元)	--	9.40亿	8.24亿	7.54亿	6.89亿	6.98亿
扣非净利润(元)	5.97亿	6.80亿	7.54亿	5.69亿	6.05亿	5.97亿
摊薄净资产收益率%	17.49	21.95	21.96	19.80	19.27	20.26
销售毛利率%	27.79	32.05	32.52	32.13	33.01	32.70
营业总收入同比增长率%	-6.09	20.02	14.48	12.71	-0.92	3.61

图3-53

图3-54为海尔智家的年度净利润同比增长率图表。可以看出，海尔智家在2021年的净利润同比增长率达到47.10%，非常亮眼。在公司公布业绩以后，海尔智家再次构筑了一个新的底部，而九阳股份的股价却在不断地创出新低。

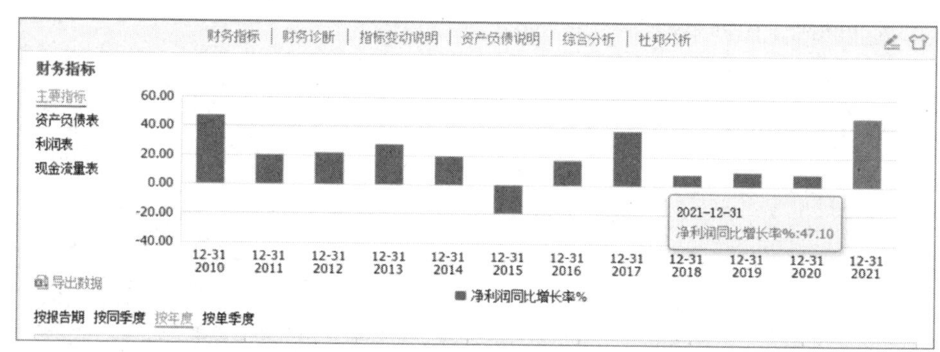

图3-54

通过业绩和股价行为可以看出，九阳股份的股价虽然提前下跌，但我们在收到业绩报告时才“马后炮”地知道背后的原因，这对判断目前的市场行情已经没有丝毫意义了。

又如消费板块里的两只股票——双汇发展和伊利股份，图3-55为双汇发展和伊利股份的股价对比图。两只股票的股价在2018年同步下跌；可是到了2020年，双汇发展表现出更加强势的价格行为，股价率先突破新高，伊利股份则延迟很多；到了2021年的高点，大盘进入调整期，双汇发展的价格行为开始展现出疲软之态，股价率先跌破一个平台的高点，此时伊利股份表现出延迟效应，股价更加抗跌；到了2022年3月，双汇发展的股价下跌幅度接近60%，而伊利股份的股价最高回撤不足30%。

图3-55

图3-56为双汇发展的每季度扣非净利润同比增长率图表。可以看出，双汇发展的业绩同比出现了加速下滑状态，主要受到2021年猪肉价格普遍下跌的影响，此时由于机构投资者对双汇发展的预期偏悲观，股价提前于业绩展开了下跌。

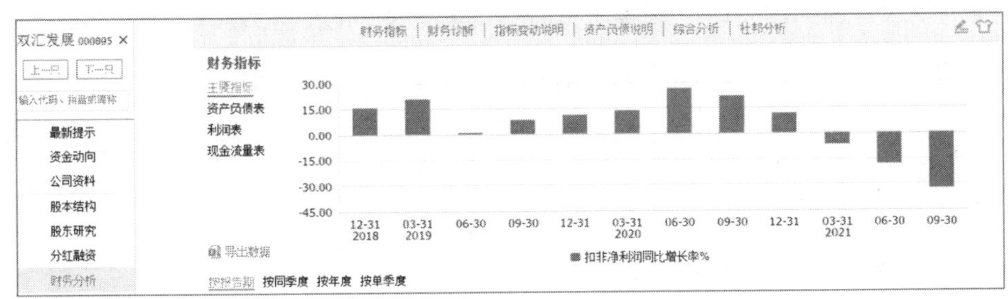

图3-56

图3-57为伊利股份的每季度扣非净利润同比增长率图表。可以看出，伊利股份无论是在2020年还是在2021年都保持较稳定的增速，牛奶价格在不断地提高，并且在2021年得到很多公募基金的增持。

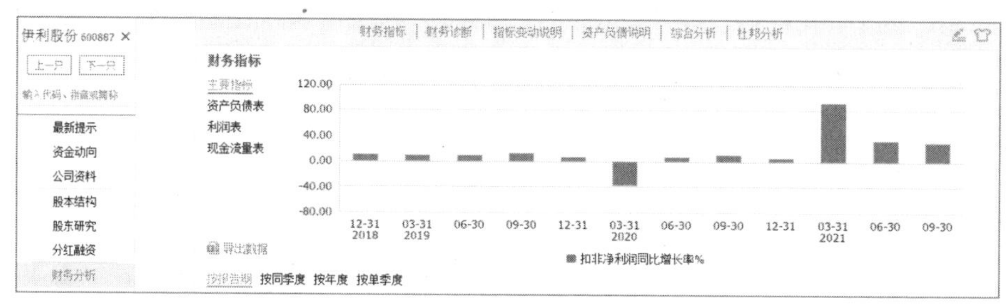

图3-57

由此我们可以得出结论：在业绩表现较预期变差之前，股价早就提前于业绩表现出来。所以，在选择股票时，第一条规则就是买入强势股，淘汰弱势股。当然，这是基于大盘指数、板块指数和公司业绩综合考虑的，而不是单单由一张图表决定的。

虽然个人投资者无法达到机构投资者的专业水平，但是个人投资者可以利用船小好掉头的优势来集中狙击一些大行情，利用技术优势来辅助提高选股的成功率，并且在大盘指数处于高位时把股票卖掉。对于大的熊市行情，机构投资者几乎是无能为力的，但是个人投资者可以通过自己的技术多角度分析做到高点套现，提高自己的交易成绩。

下面我们介绍成长股的买卖规则。

虽然每个人都渴望找到解决所有波动的秘诀，可是很遗憾地告诉大家，世界上没有一本万利的图表可以解决所有股票买卖点的问题，因为股票价格的波动受到机构投资者、市场大环境、行业属性等各种因素影响，表现出来的特点也是千差万别的。但是，股价波动都是基于一些基本原理的，我们只需要知道这些原理并在此基础上找到一些适合投资的品种就可以了。

1. 股价波动的基本原理：*N*字结构

按照威科夫的理论解释，股票价格的波动是综合人的行为结果，即一只股票之所以会进行一些大的行情波动，是因为股票提前进行了一些准备工作，我们习惯称之为吸筹码过程。一只股票要进行一波拉升，就要进行前期的建仓，这个建仓过程往往会出现放量，从而逆转前期下跌的趋势，然后进行一波缩量的洗盘下跌，接着继续放量突破高点，我们称之为量价的*N*字结构。

图3–58为海通证券2018年11月的周线图。该股在从*a*点到*b*点的拉升过程中出现了巨大的放量结构，并且突破了*m*点，说明一个新的趋势可能会展开；随后一路缩量调整到*c*点，然后进行一波缓慢的拉升放量过程到达*d*点，此时突破了*b*点，继续放量展开了一波飙升行情。

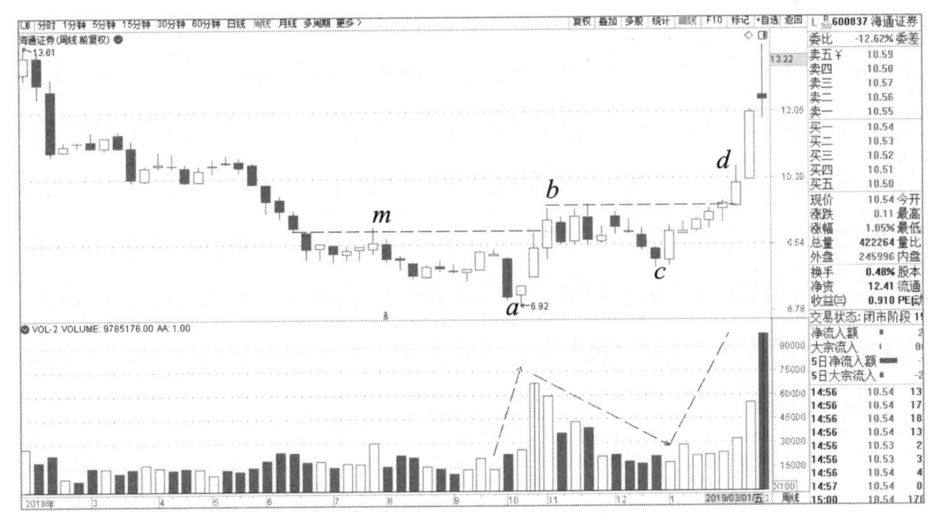

图3–58

这些原理是固定的吗？答案是否定的。成交量的放大代表市场的做多意愿强烈，也代表主力有不断做多的意愿，这往往会让一只股票运行得更加持久。一只强势股在一段多头趋势运行中，我们更加乐意看到它在拉升过程中出现一个跌幅不大（这时板块和大盘可能会陷入调整）的缩量调整过程，这时行情会进入一个较为积极的结构里面，投资者需要关注市场的动态及股票的表现，活跃的股票用不了多久就会有新的需求来刺激股价拉升，股价拉升伴随着放量则意味着一个新的趋势就要开始。

我们已经知道了股价波动的基本原理，也知道了选择股票的基本原则，那么，如何进行具体股票的交易呢？

有意思的是，无论是在日线图上还是在周线图上，股价都会出现重复的波动规律，可以将其理解为波浪理论或缠论，但是我建议大家使用周线图或月线图对股票进行分析。下面就是我要说的股票交易规则：箱体理论。

箱体结构是众多调整结构里面最常见也是最容易分析的一种结构，我们可以把箱体结构理解为一只股票建仓以后的洗盘结构。股价进行一波拉升后缩量调整，随后再次到达这个高点但是不突破，接着再次下跌，此时我们就可以确定箱体高点成立，后期再次突破箱体顶部则视为新的趋势开始信号。

图3-59为华统股份2019年的周线图。该股在*a*点出现放量结构，随后缩量洗盘到达前期低点（注意，这时价格一直是缩量的），然后再次放量到达*b*点，*b*点虽然到达*a*点的区域但是并没有突破，随后机构再次进行洗盘，通过这个过程我们就可以确定该股构筑了一个箱体结构。但是在股价没有突破*b*点形成箱体高点之前，我们仍然无法确定这只股票处于多头趋势中，虽然股价看起来还在震荡并且还很便宜，但是直到*c*点突破了箱体，我们才确定一个新的趋势已经开始了。此时注意在*c*点临近突破箱体时，在大的箱体里会有一个窄幅的调整，我们可以在日线图中看出这样的结构。

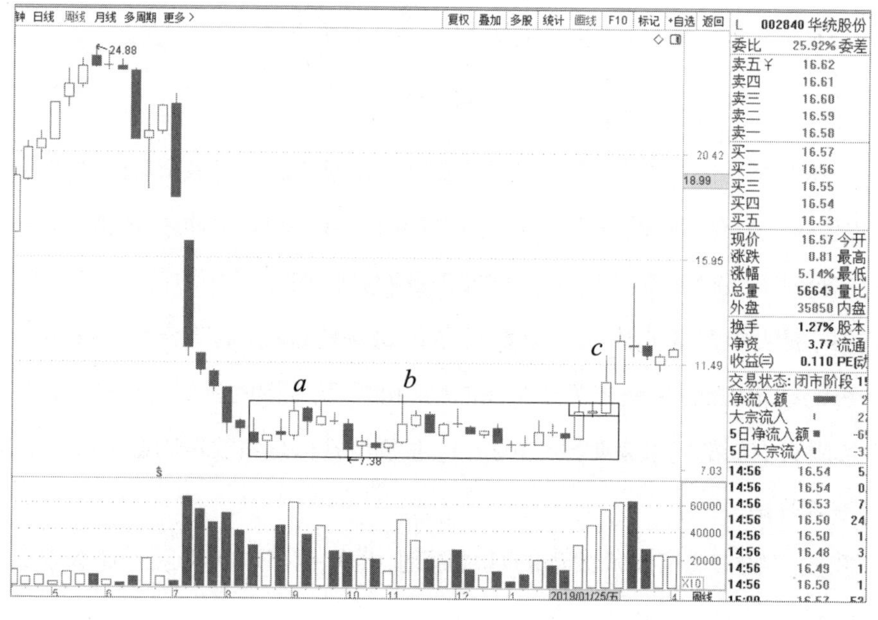

图3-59

图3-60为华统股份的日线图。在华统股份日线临近突破高点时会有一个小的箱体，这个位置是交易股票的关键，我们可以称之为口袋支点。这个小箱体可能会出现在临近突破大箱体的时候，也可能会出现在突破大箱体以后回踩的过程中，还可能会出现在大箱体的中间区域。我们可以将这个小箱体理解为威廉·欧奈尔杯柄结构，还可以理解为利弗莫尔六点转向法则里面的一个关键识别区域，详情可以参考《股票大作手操盘术》一书。

图3-60

这个小箱体的一般特点是股价处于一个高度压缩的小箱体里，这个点位一般是机构建仓拉升之前的一次震荡行为，一般都是标准的量价关系，股价进行很小的回撤缩量调整，然后进行一波强势的飙升行情。所以，在通常情况下，我们在介入后都会以口袋之前的低点作为止损依据。

国内有些人喜欢把这几种结构称为天品、上品和下品结构，也十分形象。下面我们结合常见的几种结构进行综合分析判断。

1）在箱体之上形成的口袋支点

图3-61为2020年初晨光文具形成的口袋支点截图。该股从*a*点开始放量突破箱体高点，可是从最低点到突破过程中没有一个标准高的小箱体结构可以参与，直到突破了新的高点后才展开了一波缩量调整结构，行情再次创出新高，这个

小的箱体就是我们寻找的口袋支点。

图3-61

图3-62为中国电建的周线图。中国电建在2019年进行一波放量建仓后，进入长期的缩量洗盘过程，在大基部的下半部分形成一个标准的箱体结构，可是直到股价创出新高后才在高位形成一个可以参与的区间，这个位置的特点是缩量洗盘，价格窄幅调整。当时推动这只股票的逻辑主要是2021年国内缺电现象，该股一度成为电力板块中的一只龙头股。

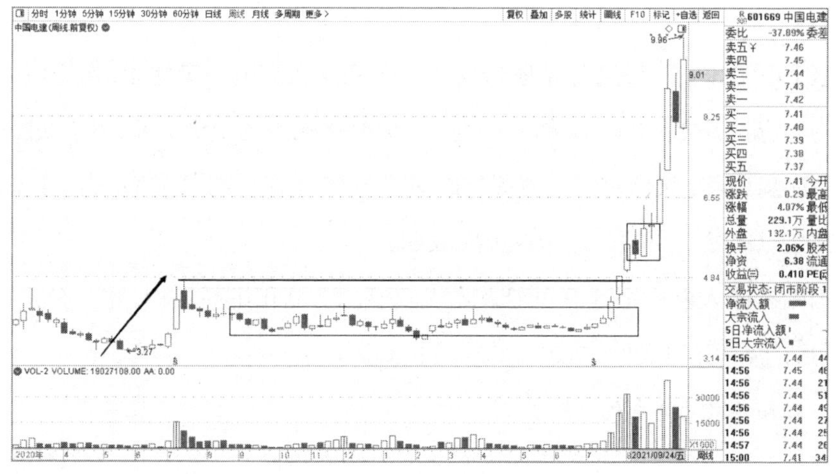

图3-62

2）在箱体上沿形成的口袋支点

图3-63为云天化在2021年年初形成的箱体结构。云天化在2021年业绩大幅增加，主要是因为磷的价格在2021年进入大幅拉升行情，整个资源股迎来了爆发期。云天化的股价在2019年进行一波拉升后进入一波长期的底部横盘结构，期间量价结构特别规则，是一个很规则的箱体结构。在云天化的股价快要飙升前，也就是第三次触及前期高点时，形成了一个标准的小箱体结构，这个结构的量价结构十分完整，也是一个非常标准的口袋支点，随后股价在2021年年初触及前期高点，进行一波大的调整以后继续飙升。

图3-63

图3-64为云天化的月线图。可以看出该股，在杯柄大基部形成了一个大的圆弧底结构，在临近突破时形成了一个小的调整结构，这个位置被威廉·欧奈尔称为杯柄。一般投资者要在股价放量突破这个小杯柄结构时买入，在这个小杯柄或小箱体的底部区域止损。

图3-65为滨化股份在2021年形成的箱体突破结构。这个箱体是在已有的箱体上沿形成的一个标准小箱体结构，并且在临近突破时出现放量结构，在突破箱体后又形成一个新的箱体结构。

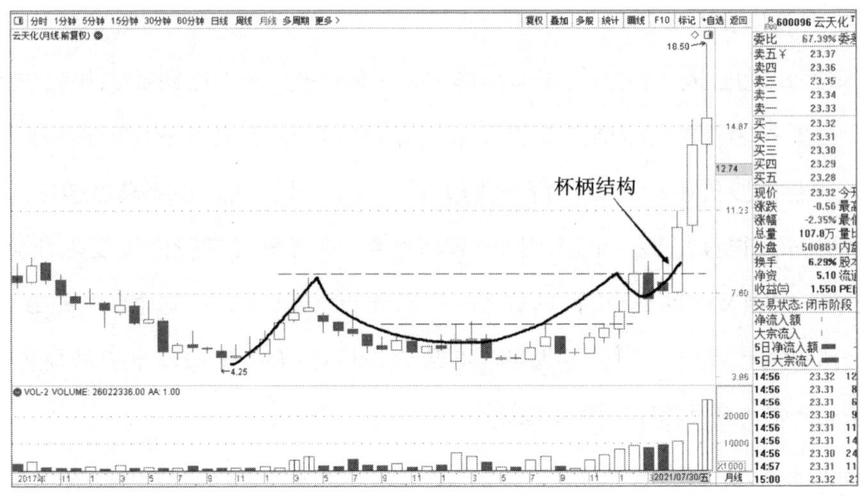

图3-64

图3-65

3）在箱体里面形成的口袋支点

图3-66为万华化学的周线图，万华化学在没有突破大的三角形调整区间之前一直在做规则的价格调整，在股价第三次触及大的下跌趋势线之前我们看到这里出现了一个小的突破结构，在价突破的时候作为买入测试点。我们把止损放在这个小的突破结构底部（如图标注第一个止损点）。当股价放量突破大的下跌趋势压力线之时，我们以这个位置作为一个加仓点，止损放在这个小的K线底部（如

图标注第二个止损点）

图3-66

图3-67为玲珑轮胎在2020年形成的箱体结构。可以看到，这个大箱体里的口袋支点出现在大箱体的中间区域，并且是一个标准的量价结构模式，放量突破视为介入信号，我们把止损点放在小的箱体底部。

图3-67

我们可以对这些结构的形态进行总结，方便以后投资者进行识别。我们操作股票一般都是顺势交易的，所以在这个策略里大家会发现，在熊市的初期及中期很难找出适合操作的股票，并且我们的操作一般以底部起涨的类型（下–横–上结构）或者多头横盘继续冲高的模式（上–横–上结构）为主，都以股价突破口袋支点作为介入信号。但是，在购买之前，我们需要判断股票的价格行为是箱体调整的哪种类型，还是更加复杂的三角形调整等结构。下面介绍我们经常会遇到的操作模式。

【上–横–上结构】

图3–68为康辰药业的周线图。这种调整属于一种标准的箱体结构，在该股的基部被拉升后进行了长时间盘整，随后突破新高点。

图3–68

图3–69为山东路桥的周线图。山东路桥属于建筑板块，公司在2021年的净利润同比增长58%，该股属于上–横–上结构，我们依旧可以找到该股的口袋支点。

图3–70为永艺股份的周线图。这只股票的调整结构不算是标准的箱体结构，而属于三角形调整结构，但是我们依旧可以找到它的口袋支点。

图3-69

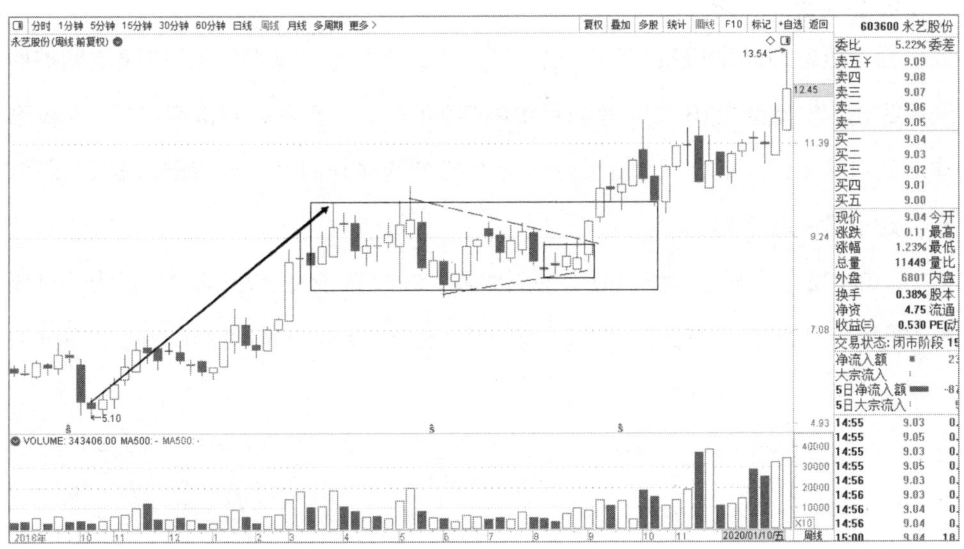

图3-70

【下-横-上结构】

图3-71为引力传媒的周线图。这类结构的股票都是从周期股变为成长股的，所以会有一段长时间的横盘过程，这个过程越长，股价后期的拉升潜力就越大。“横有多长，竖有多高”描述的就是这类形态，但是这类股票里面往往都有一些大资金，所以在股市里没有多少下-横-上结构。

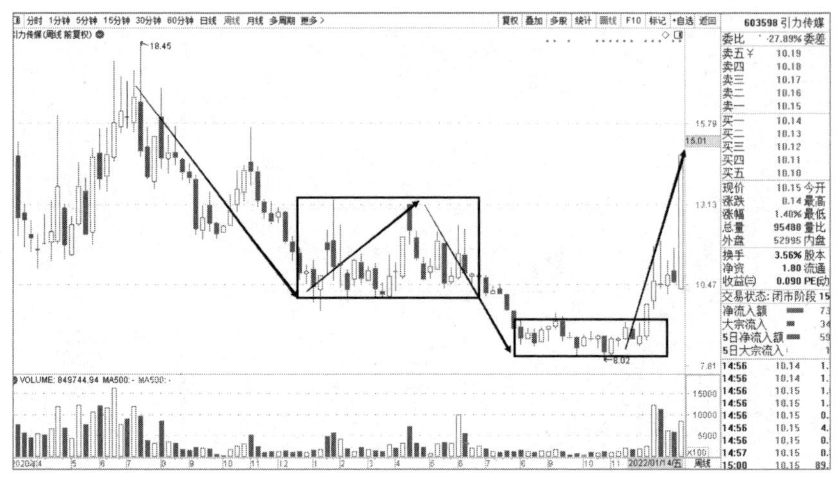

图3-71

2. 多空线：181周线

为了更好地辅助投资者识别出这类形态，投资者可以把EMA均线周期扩展到周线，参数调整为181（或者把月线调整为50），只要后期股价突破181周线形成的高点区域，则视为一只股票新一轮大趋势的展开信号。我们操作股票一般以股价处于周线之上为主。

图3-72为索通发展2020年的周线图。该股股价在2020年3月触及181周线，随后突破高点，进行了一波长周期的横盘，在突破新高后宣布真正的主升浪到来。

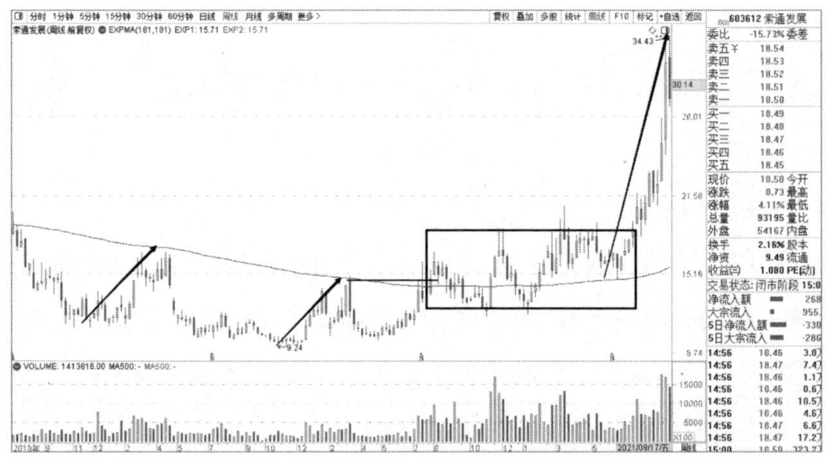

图3-72

图3-73为华谊集团历年走势的周线图。华谊集团只有在股价突破181周线时才宣布长周期的周期行情结束，整体进入顺周期阶段。

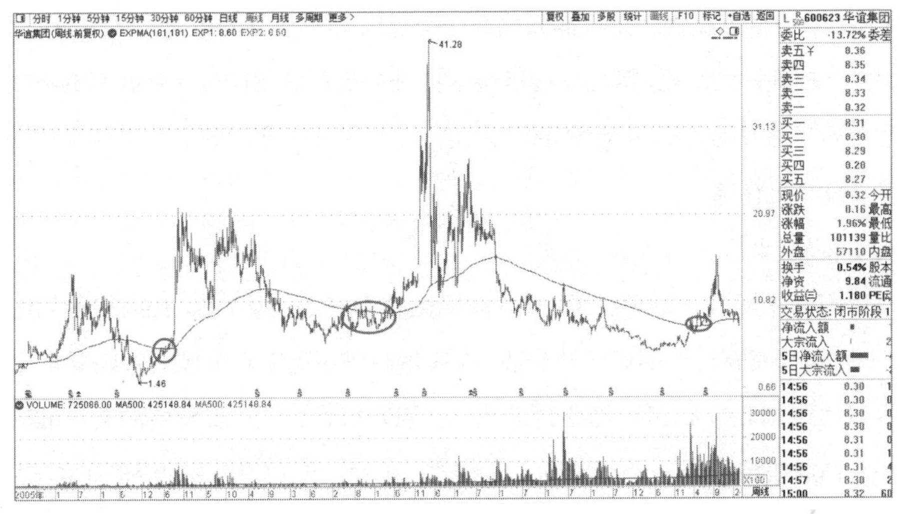

图3-73

图3-74为中远海控的周线图。当时港口运输板块中最出名的龙头股是中远海控，它在2019年的净利润就出现爆发式增长，公司净利润同比增长449%，订单爆满。与此同时，公司股价于2020年7月放量创出一年新高，并且构筑了一个标准的口袋支点，此位置也是一个标准的缩量结构。投资者假如能够通过这种研究规则进行记录，则是完全可以买到这类牛股的。

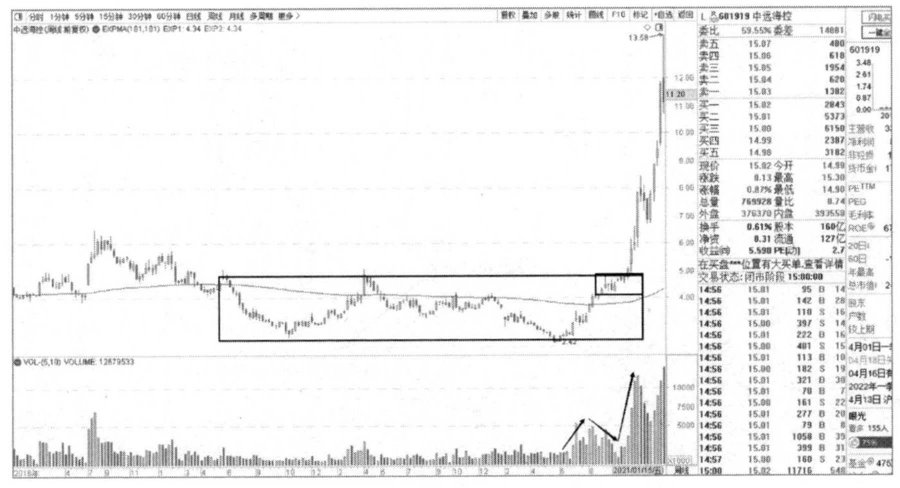

图3-74

说完了买点，我们应该如何选择卖点呢？

牛股不是独立存在的，它们都是扎堆出现的，所以对于股票的买卖点问题，大家不仅要研究股票规则，更需要站在一个板块乃至全局的角度去观察研究，才能得出比较确切的结论。因为一些板块的拉升多受行业周期变化等因素的影响，这种大周期的波动是很多大财团参与的结果，所以在一些时候研究整体往往比研究单只股票更有意义。

【破线卖出】

我们可以把股票的周线图EMA指标调整为15、50和181。15周线称为生命线，一只基本面驱动力很强的成长股，在股价突破了历史新高或者突破长期横盘箱体到达181周线以上时，往往会进入一段飙升行情，这时该股会沿着标准的周线——15周线持续走一个标准的多头结构。注意，当一只股票的价格在181周线长期横盘，突破50周线创下新高时，基本上可以确定这只股票的价格进入飙升期，后期只要这只股票的价格跌破了15周线，我们就可以寻找机会卖出。

图3-75为华银电力的周线图。华银电力在股价突破了181周线构筑的大箱体后，进入一波主升浪行情，此后一直沿着15周线拉升，直到最后跌破生命线，宣布趋势结束。

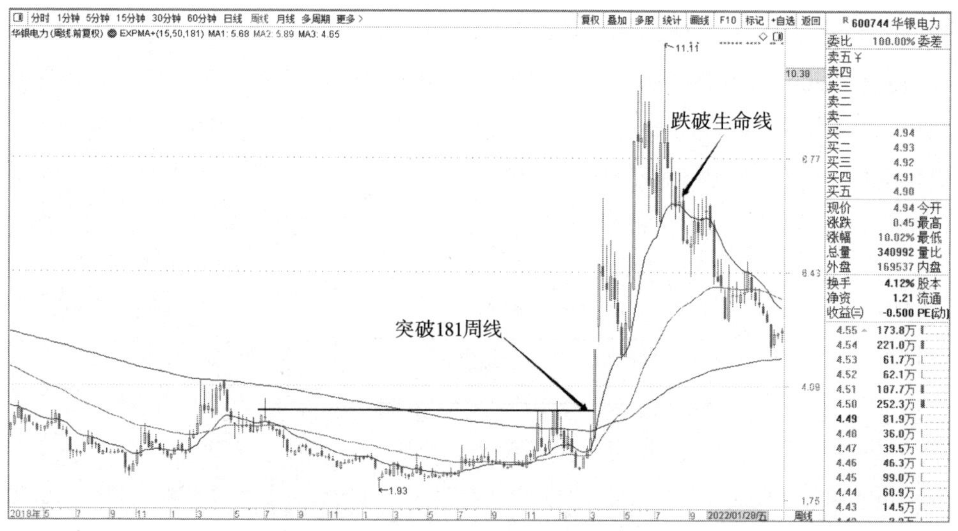

图3-75

图3-76为紫金矿业的周线图。紫金矿业在进入主升浪行情后一直沿着15周线运行，直到最后股价跌破15周线，才宣布行情进入大的调整期。

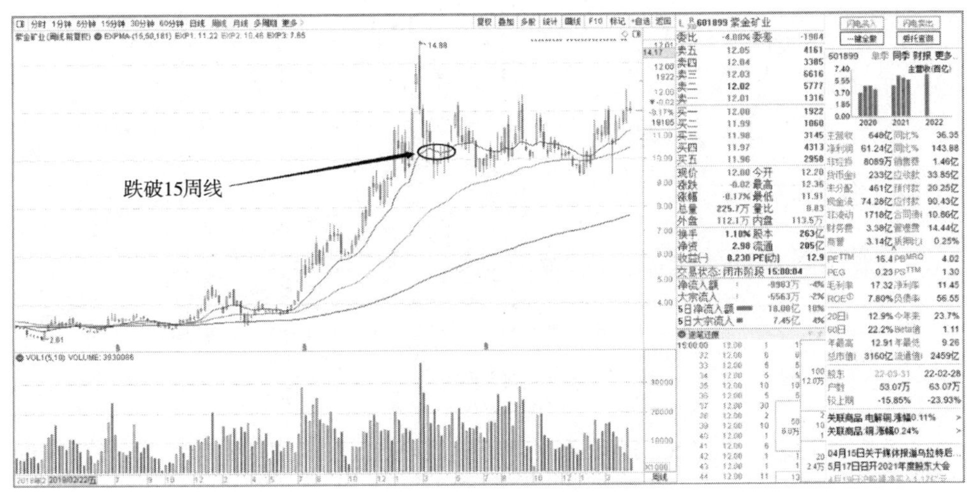

图3-76

当然，大家还可以参考趋势线规则来绘制趋势线，辅助确定趋势信号，该原理和均线的原理类似。

【高位背离卖出】

一般股票的高位都是一个大的派发结构，尽管派发模式不一样，但是它们整体存在一些类似的效应。一只股票在一个常规的拉升节奏里面，忽然有一天急速拉升，然后开始转入下跌趋势，容易引起价格的背离，一般理解为一种高位派发模式，表现在股价上就会呈现出高位震荡，原先紧密的拉升结构变得松散，并且出现大起大落，主要是为了引起投资者热炒追捧而设计的，因为在这一期间投资者容易赚到快钱，动辄在一两周内赚到20%以上的利润。成交量也会表现出一些异动，比如出现高位放巨量，也有一些股票会出现价格创新高但成交量萎靡不振的现象，这主要是因为没有持续的购买力导致的，这种趋势是不能持续的。

图3-77为三一重工在高位的背离结构。

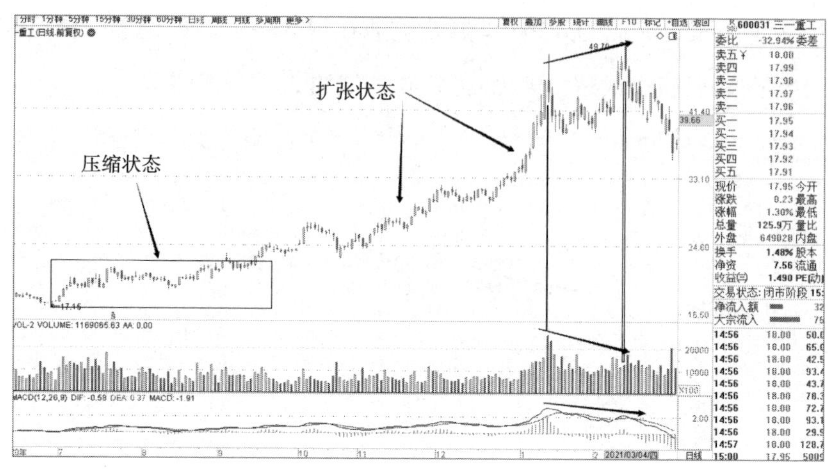

图3-77

三一重工的股价在2021年2月到达历史最高点，在这之前的2020年该股呈现出一步一个台阶式的拉升结构，到了2021年1月股价开始加速拉升，成交量也开始放大，并且在2021年1月13日高位形成一根历史天量的吊线（上影线特别长的阴线），此后股票开始缩量下跌，当再次拉升创下新高的时候成交量跟不上，说明此时购买力已经开始缩水，价格是虚高的，MACD明显跟不上节奏，处于背离状态；随后形成了一个最高点，此后股价从49.70元/股一路暴跌到16元/股附近。

【大盘变坏，同板块出现分歧，择机卖出】

假如投资者十分耐心地观察大环境，就会发现同板块股票之间在历年大的牛市行情里面总会呈现出惊人的相似性：在大盘走空时总会有板块提前走空，在板块走空时总会有个股提前走空，在一个明显的牛市结构末期总会出现一些基本面不够优良的板块由于购买力不持续导致股价提前掉头，而这恰恰是我们在大行情面前需要特别注意的事情。

图3-78为四大白酒龙头股的叠加图。可以看出，在四大白酒股里面，洋河股份的股价提前下跌，假如投资者十分耐心地观察市场行为，就能明显感受到在随后的日子里洋河股份明显走势疲软，在2021年1月除洋河股份以外的其他白酒股的股价都创下新高，而此时洋河股份并没有出现什么基本面问题，仅仅在一次小反弹后股价再次创出新低。大家应该知道整个白酒板块即将到达高位，这时耐心

观察行情的动态，找机会慢慢减仓是最明智的选择。此后，白酒板块开始进入漫长的调整期。

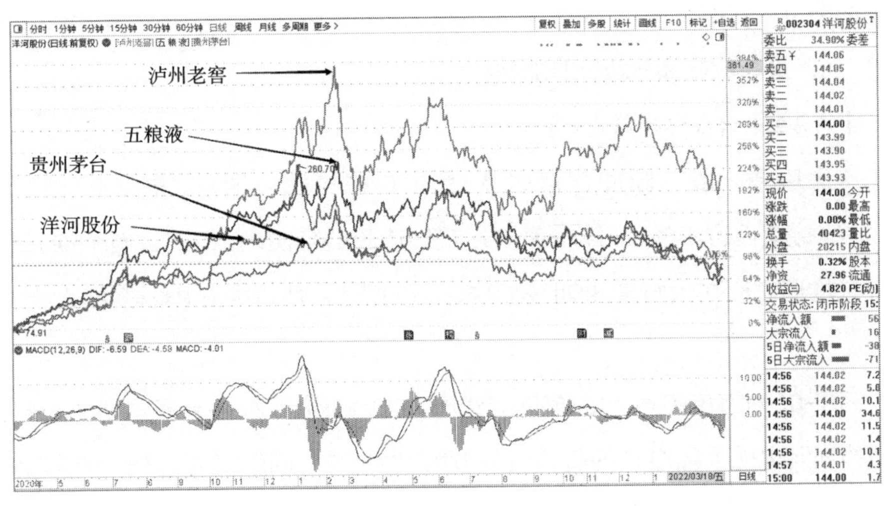

图3-78

【到达预期目标择机止盈】

对于任何一只股票，我们在买入时都应该有一个大概的预期目标位，就好比打仗，战而先胜，制订好计划，在具体交易时存乎一心就可以了。

图3-79为新集能源的周线图。

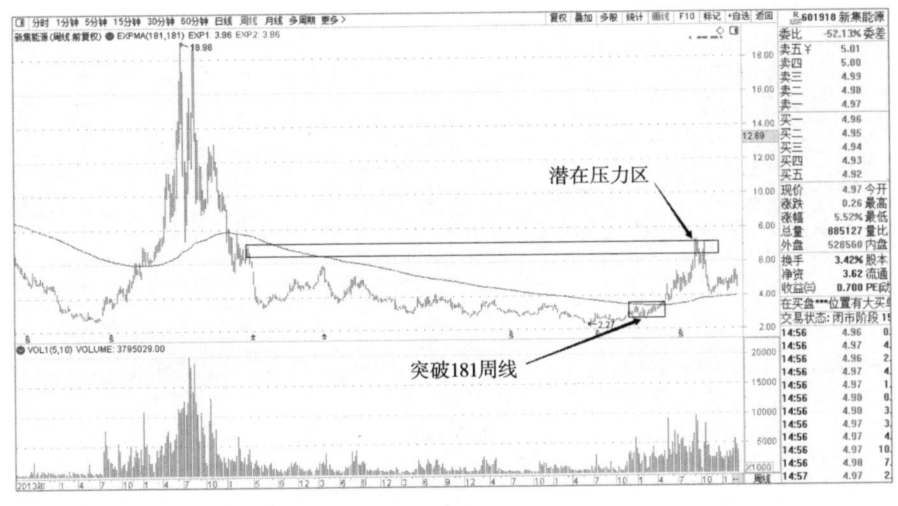

图3-79

股价到达我们预期的目标区域，这时就需要观察整体的动态，找出潜在的卖出信号，逐步撤退。在煤炭价格一路飙升时，国家开始出手管制，查处疯狂炒作煤炭价格的行为。这时是一个高位派发区域，投资者遇到这类行情靠的应该是大的策略，而不是股价在某一两日的涨跌。

【偏离生命线太远择机卖出】

这类股票一般以脉冲行情居多，所以往往持续性很差，多见于一些题材股，业绩持续性也不怎么好，一般不在我们选股的范围内，但总会有个别股票出现被机构遗忘而在大行情末期被炒作起来的情况，所以在这里需要给大家补充说明。

图3-80为海南矿业2021年的周线图。2021年资源股处于爆发期，并且上市公司的利润出现大幅增长的趋势，此时股价经过长时间的筑底过程，突破箱体进入拉升期，在飙升的开始阶段股价进行常规回踩，可是到了末期股价开启疯狂的赶顶过程。这是需要我们特别注意的危险信号。此时我们打开日线，就可以看到股价出现了巨大的背离现象。

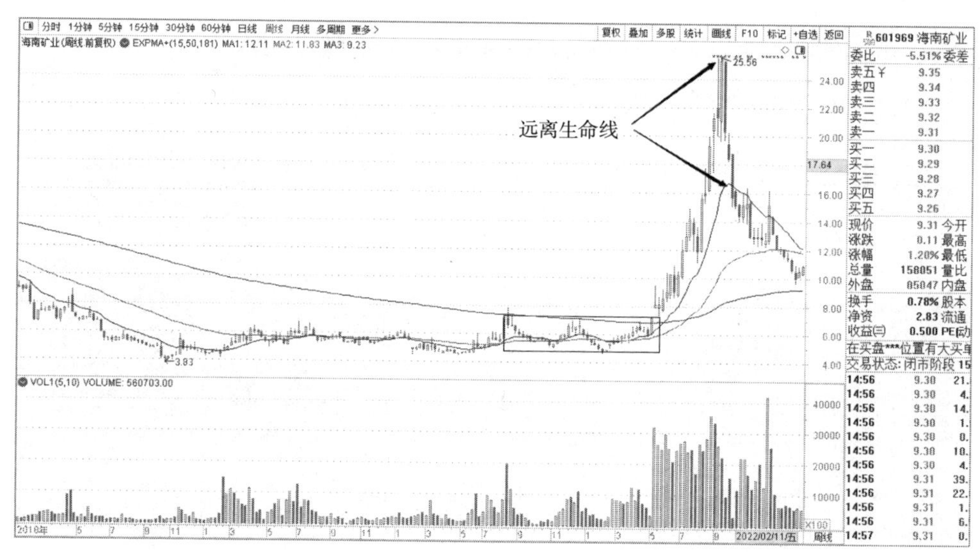

图3-80

图3-81为海南矿业的日线图。日线图中的量价结构呈现出严重的背离，价格

在高位震荡，MACD开始背离，这种信号需要投资者特别警惕。

图3-81

【大股东减持，公司基本面恶化择机卖出】

一般在股价被拉升到某一高位时，上市公司的大股东都会选择把手里的部分股票卖出套现，再选择在一些大的底部找机会买回来。由于十大股东买卖股票都需要提前披露，所以对这类股票释放的信号投资者需要留意。当然，并不是所有的大股东减持都是利空的，但是在一个明显的高估值区域出现这种信号，投资者就需要格外注意了。还有一些企业由于虚增利润，导致公司的利润大幅增加。只要投资者去研究公司的利润表，就能看出其利润的一大部分来自营业外收入，比如变卖资产或投资，这些利润都是暂时的，不具备长期的价值。又如一些医药企业面临集采，这些政策会直接影响公司的长期业绩，这些信息都可能导致股价进入长期的下跌趋势；再如某某公司股权质押，由于在规定时间内无力偿还债务，导致银行卖出行为等。

2019年金正大由于公司财务等问题，控股股东持有的金正大股权被司法冻结，董事长万连步持有的股权也被依法冻结。在这之前，公司董事长牵头鼓励公司高管大量增持这家公司的股票，即便如此也没有改变颓废的股价，最后股价一落千丈。

在2019年该股进入空头趋势后，基本面恶化，股价最低跌到1元/股附近，如图3-82所示。

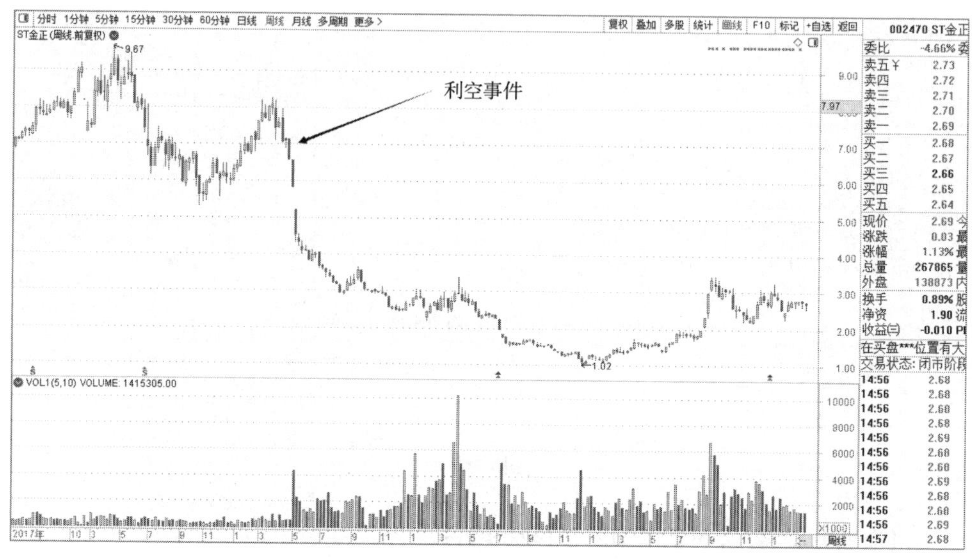

图3-82

下面是证监会官网的公告，大家可以对照参考。

证监会官网日前披露了2022年“一号罚单”——山东知名肥料企业金正大因财务造假等问题受到证监会处罚，时任董事长万连步被罚10年市场禁入。经查，2015年至2018年上半年，金正大及其合并报表范围内的部分子公司通过与其供应商、客户和其他外部单位虚构合同，空转资金，开展无实物流转的虚构贸易业务，累计虚增收入230.73亿元，虚增成本210.84亿元。证监会决定对金正大及其实际控制人等8位相关责任人合计罚款755万元，同时采取市场禁入措施。

3.2.6 具备一些想象力的故事

在选择企业时我们需要学会展开联想，当然，这个联想是基于一些逻辑判断的，而不是胡乱想象。这就需要投资者进行一番学习和实践，逐步培养这个意识。

我见过不少人喜欢追捧一些有魔力的行业，可是，假如行业景气度不够，在进入下行周期时你会发现，原先那些想象出来的东西都会变得一文不值。所以，希望大家在对一些新兴行业进行预期时尽量多搜集一些资料，然后通过市场行为佐证自己的判断。

当然，讲故事、讲题材是股市特有的现象，股票代表的更多的是关于未来的东西，这就需要投资者展开联想：整个行业的未来会如何？有多大的成长空间？企业的未来会如何？

一些企业虽然现在处于发展阶段，但是未来的成长空间却显得非常大，比如高瓴资本、京东、百济神州等一大批具备巨大潜力的企业。

一些企业虽然现在看起来非常具有吸引力，但是过了一段时间后业绩就很难持续下去，最典型的是证券股、周期股。这就要求投资者除了具备一些调研能力外，还需要展开一些想象力。

对于个人投资者而言，除了购买一些性价比高的指标股、成长股外，通过自己的研究也可以寻找到一些市值虽小但成长性不错的好企业。在A股市场中，除非是成长性特别强的企业，大部分小型成长股都会有三年的市场消化期，在这期间如果公司业绩具有不错的成长性、经营优良，同时股票没有太多的套牢盘，则不会存在太长时间的筹码压力，股票在板块、题材、大盘的多重作用下一旦形成多头趋势，价值被市场发现，它便可以以很快的速度成长。目前由于企业的各方面还处于成长期，不确定性伴随其中，但是只要认真研究，总会发现一些值得我们投资的地方。因为市场对于一些基本面优良、具备想象力空间的小市值股票都会有很高的溢价，虽然我们事后去看一些企业实际并没有实现较高的利润增长（仅仅是一个“噱头”），但是只要大家愿意相信有资本炒作，股价就会被持续拉升。

比如，2020年对口罩、消毒液和橡胶手套等产品的需求导致英科医疗（从事塑胶手套、橡胶手套、隔离衣、一次性口罩、洗手液、湿巾的生产和销售等）的股价在一年内涨了接近30倍。图3-83为英科医疗的季度净利润同比增长率图表。

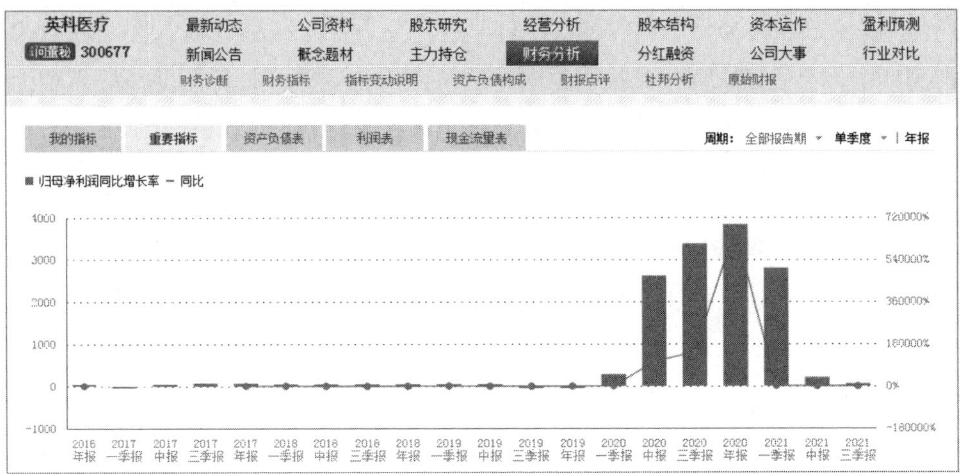

图3-83

英科医疗的净利润在2020年一季度同比增长281%，到了二季度同比增长2611%，呈现出一种阶梯式增长态势，与此同时股价一路飙升，如图3-84所示。

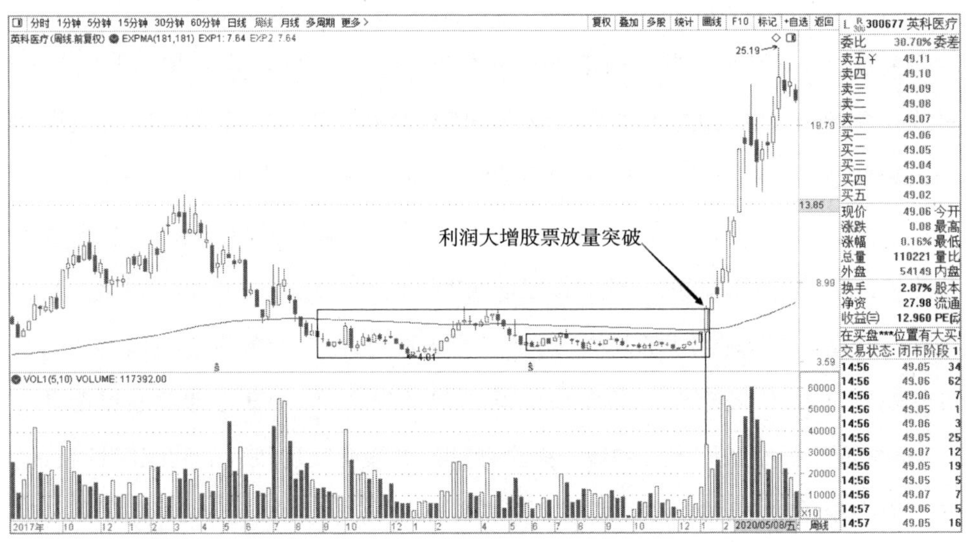

图3-84

股价在突破181周线以后，再次突破历史高点，此时成交量突然放大，说明在此处迎来了史无前例的购买力量，从此股价进入长达一年的飙升行情，如图3-85所示。

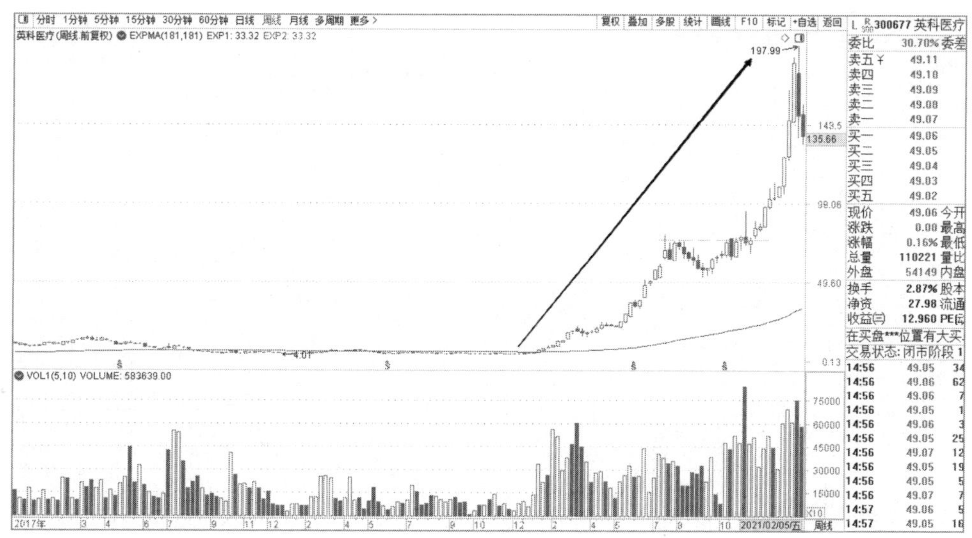

图3-85

当时正逢疫情初期，英科医疗接到的订单不断，就连市场分析师也无法给出准确的预期，这种需求对于大部分人而言都具备足够大的想象空间，因为谁也无法预计疫情会持续多久。

一些周期股或者因发生一些本质变化从原先的周期行业变为持续增长性的行业，这些企业的利润点主要受下游原材料的供需关系影响，导致公司潜在的收益变化。比如2022年特别有名的九安医疗，由于企业收到了大量的海外新冠检测试剂盒订单，导致股价一路飙升，而这些信息并没有完全反映到基本面上。这就需要投资者具备一些基本的投资思维，能够展开联想，尤其在面对一些突发的大事件时，能够认真评估这些事件对未来股价造成的极端影响。图3-86为九安医疗的周线图。

可以看到，九安医疗在股价突破大箱体时出现了历史天量，说明有很多机构集中介入拉升股价。

类似的案例还有很多，我相信随着社会不断地发展，会有新的产业出现，也就会有新的具备较大想象力空间的成长股出现，这时投资者需要发挥自己的想象力，自己动手搜集资料，通过独立判断找出下一只潜在的黑马股。

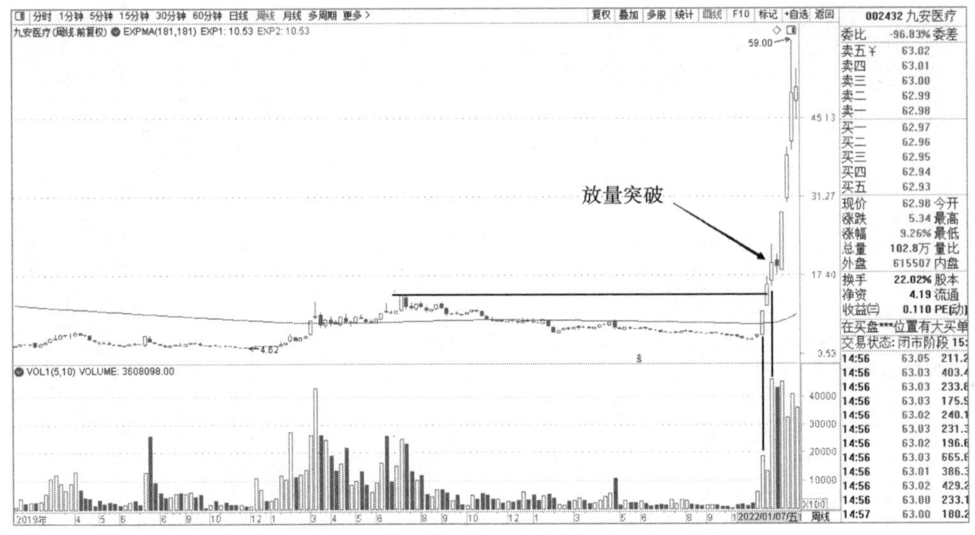

图3-86

3.2.7 股本的供需关系

成长股形成的背后是基于企业不断增长的利润，以及企业在市场中体现出来的价值。但是，再有价值的企业也需要投资者的认可，如果不买入企业的股票，那么这家企业的股价也是涨不起来的。因为市场除了价值的一面还有博弈的一面，也就是人和人的竞争。价值投资研究的是企业，而博弈研究的是人的心理和预期。

要想实现获利，就需要通过在一个位置买入，然后在一个更高的位置卖出。为了达到这个目的，我们需要学会研究市场的供需关系，也就是市场博弈的一面。

什么是供需关系呢？也就是市场的供给方（卖方力量）和需求方（买方力量）相互较量。我们买股票就是为了买在一只股票的成长期，因为一家有价值的企业可能由于种种原因，它的扩张期还没有到来，会长期地进行筑底，即使买入也可能白白浪费时间，除非你对这家企业特别了解，否则一般投资者是很难如此坚定地持有股票的。我们买在成长期也就是买入因市场供需失衡而导致需求大于供给进而导致股价飙升的那一大段行情，所以研究股本的供需关系特别重要。在这里，我主要提及二级市场股本的供需关系。

1. 公司对企业的股本回购

由于股市整体处于调整期或者熊市阶段，公司为了彰显对自己的信心，或者出于对公司的股权激励政策会进行大量的回购，这些回购的股票会进入公司的专门回购账户，可能被直接注销，也可能作为股权激励奖励给表现优秀的员工。公司回购自己的股票肯定不是短期投机行为，所以在很长一段时间内是不会卖出的，并且回购股票的直接后果就是导致股票的流通性降低，也就是在外流通的股票数量减少，这对公司而言也是一种利好。

比如，美的集团在2018年7月发布公告称，拟以自有资金不超过40亿元回购公司股份。美的集团表示，本次回购是基于对公司未来发展前景的信心，综合考虑公司近期股票二级市场表现，并结合公司经营情况、主营业务发展前景、公司财务状况及未来的盈利能力等因素进行的。而在业绩方面，根据当时美的集团发布的2018年二季报，公司前两季度实现净利润同比增长19.66%。图3-87为当时美的集团的净利润同比增长率截图。

按报告期　按年度　按单季度　显示同比

科目\年度	« 2019-06-30	2019-03-31	2018-12-31	2018-09-30	2018-06-30	2018-03-31 »
成长能力指标						
净利润(元)	151.87亿	61.29亿	202.31亿	179.00亿	129.37亿	52.56亿
净利润同比增长率	**17.39%**	**16.60%**	**17.05%**	**19.35%**	**19.66%**	**20.76%**
扣非净利润(元)	145.56亿	60.85亿	200.58亿	172.52亿	125.00亿	50.78亿
扣非净利润同比增长率	16.44%	19.84%	28.46%	23.49%	26.37%	19.11%
营业总收入(元)	1543.33亿	755.00亿	2618.20亿	2074.05亿	1437.36亿	702.88亿
营业总收入同比增长率	7.37%	7.42%	8.23%	10.46%	15.02%	17.17%
每股指标						
基本每股收益(元)	2.3200	0.9400	3.0800	2.7200	1.9700	0.8000
每股净资产(元)	13.34	13.57	12.47	12.47	11.97	12.03
每股资本公积金(元)	2.69	2.34	2.77	2.67	2.61	2.44
每股未分配利润(元)	9.38	9.83	8.82	8.67	7.95	8.03
每股经营现金流(元)	3.14	1.79	4.18	2.95	1.15	0.67

图3-87

2018年，美的集团的回购区域基本处于股价下跌的中后阶段，在出现底部反转形态以后，股价继续创下了新的历史高点，如图3-88所示。

一般比较优质的公司都会在市场整体处于底部时大量回购自家的股票，因为那时大量的优质资产都很便宜。

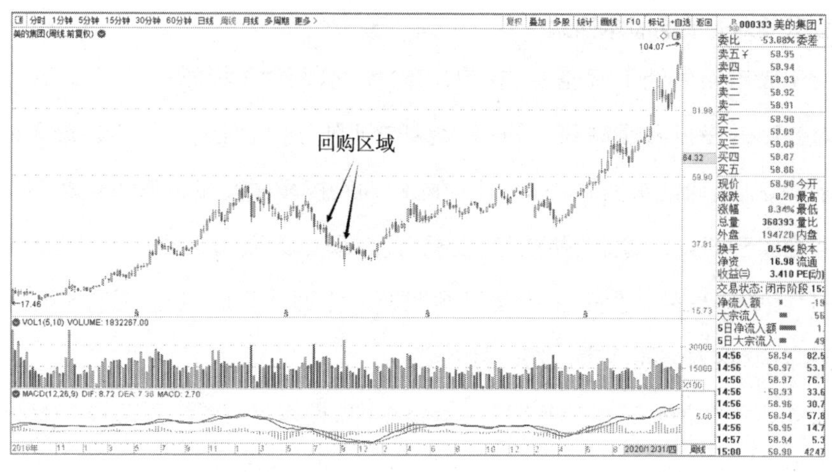

图3-88

又如，利亚德在2018年12月出示过一次回购公司股份预案的公告，利亚德光电股份有限公司拟使用自有资金和自筹资金以集中竞价形式回购部分公司股份，回购总金额不低于人民币15000万元（含）且不超过人民币30000万元（含），回购股份价格不超过人民币10元/股。若按最高回购价10元/股计算，则最高回购金额30000万元约占总股本的1.18%。拟回购的股份将用于员工持股计划或转换上市公司发行的可转换为股票的公司债券。回购股份期限自董事会审议通过之日起不超过12个月。图3-89为利亚德回购公司股票的价格区间截图。

图3-89

在利亚德回购公司股票之后，股价一直在成本线以上徘徊，最终在2020年进入一波巨大的反弹行情。

但是，回购股票以后股价就一定会上涨吗？未必。但是，对于一些看好企业的投资者而言，可以把上市公司集体回购现象作为一个机构投资者关注的信号看待，对中长期投资会起到辅助作用。但是，指望这些回购来扭转原本下跌的趋势不太可能，在一些公司发出回购计划以后股价继续创新低也是屡见不鲜的事情。

2. 研究持有股票的股东人数

股票价格通常与股东人数成反比，股东人数越少，则代表筹码越集中，股价越有可能上涨。这一点很容易理解：股东人数越多，代表着散户越多，筹码越分散，所以在一般情况下，股东人数剧增对企业而言并不见得是好事。比如2020年的京东方A，图3-90为京东方A股东人数变化图。

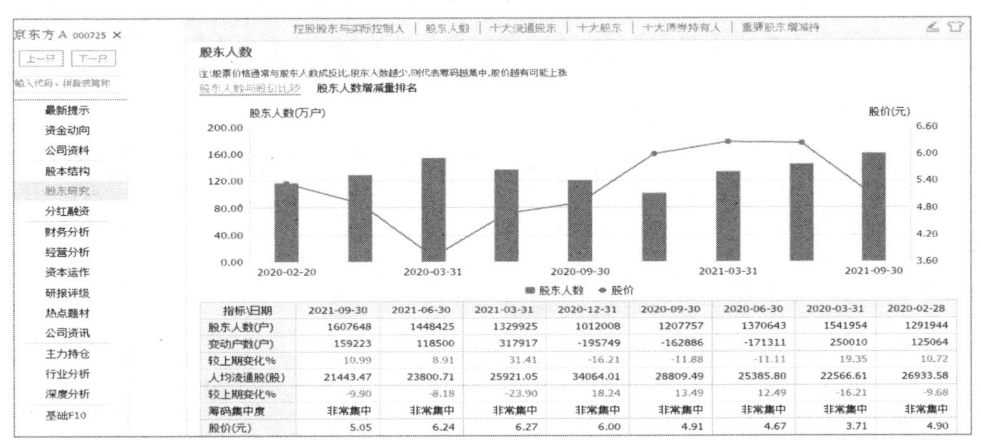

指标\日期	2021-09-30	2021-06-30	2021-03-31	2020-12-31	2020-09-30	2020-06-30	2020-03-31	2020-02-28
股东人数(户)	1607648	1448425	1329925	1012008	1207757	1370643	1541954	1291944
变动户数(户)	159223	118500	317917	-195749	-162886	-171311	250010	125064
较上期变化%	10.99	8.91	31.41	-16.21	-11.88	-11.11	19.35	10.72
人均流通股(股)	21443.47	23800.71	25921.05	34064.01	28809.49	25385.80	22566.61	26933.58
较上期变化%	-9.90	-8.18	-23.90	18.24	13.49	12.49	-16.21	-9.68
筹码集中度	非常集中	非常集中	非常集中	非常集中	非常集中	非常集中	非常集中	非常集中
股价(元)	5.05	6.24	6.27	6.00	4.91	4.67	3.71	4.90

图3-90

从图3-90中可以看出，2020年一季度股东人数大约是154万户，随着股价的拉升，股东人数到2020年12月骤减到约101万户，到2021年三季度股东人数又增加到约160万户，而股价也在一路下跌。这说明很多人（注意：每个股东人数对应一个股票账户，也就相当于一个人）都在高位买入了股票，而就在京东方A的股价下跌途中很多散户选择抄底买入。图3-91为京东方A在散户大量买入以后股价的表现。

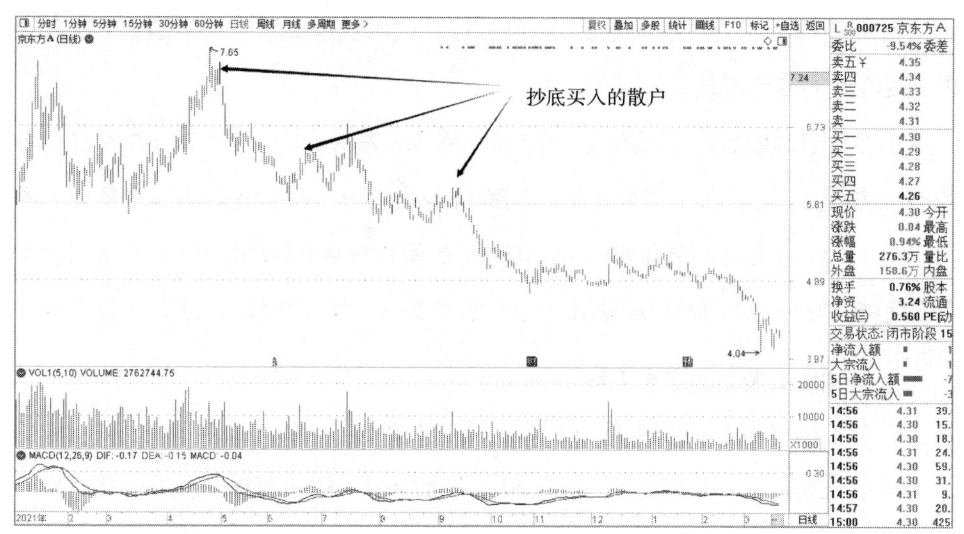

图3-91

从图3-91中可以看出，很多人一厢情愿地根据京东方A业绩好且股价低的特点大量买入，结果陷入越买越跌、越套越深的尴尬境地。这说明市场在大部分时间都是逆着散户的行为来运行的。

类似的案例还有三一重工，图3-92为三一重工的股东人数和股价对照图表。

指标\日期	2021-09-30	2021-06-30	2021-03-31	2021-02-28	2020-12-31	2020-09-30	2020-06-30	2020-03-31
股东人数(户)	1150286	981435	690670	586723	334604	261727	302223	278780
变动户数(户)	168851	290765	103947	252119	72877	-40496	23443	24545
较上期变化%	17.20	42.10	17.72	75.35	27.84	-13.40	8.41	9.65
人均流通股(股)	7382.71	8645.73	12283.81	14460.07	25338.93	32383.80	27982.37	30240.33
较上期变化%	-14.61	-29.62	-15.05	-42.93	-21.75	15.73	-7.47	-8.70
筹码集中度	非常集中	非常集中	非常集中	非常集中	非常集中	非常集中	非常集中	非常集中
股价(元)	25.44	29.07	34.15	41.11	34.98	24.89	18.76	17.30

图3-92

从图3-92中可以看出，三一重工在2020年前一直是一只默默无闻的股票，可是在2020年以后股东人数突然间大幅增加，到了2021年2月股东人数从之前的约33万户增加到约58.67万户，接近翻倍。而就在2021年2月股东人数飙升时，股价也迎来了历史最高点，此后一路下跌，股民一路抄底；到了2021年三季度，股东人数达到约115万户，股价一路直线下跌，很多股民资金回撤超过50%。图3-93为三一重工在2021年2月股东人数开始增加以后股价的具体表现截图。

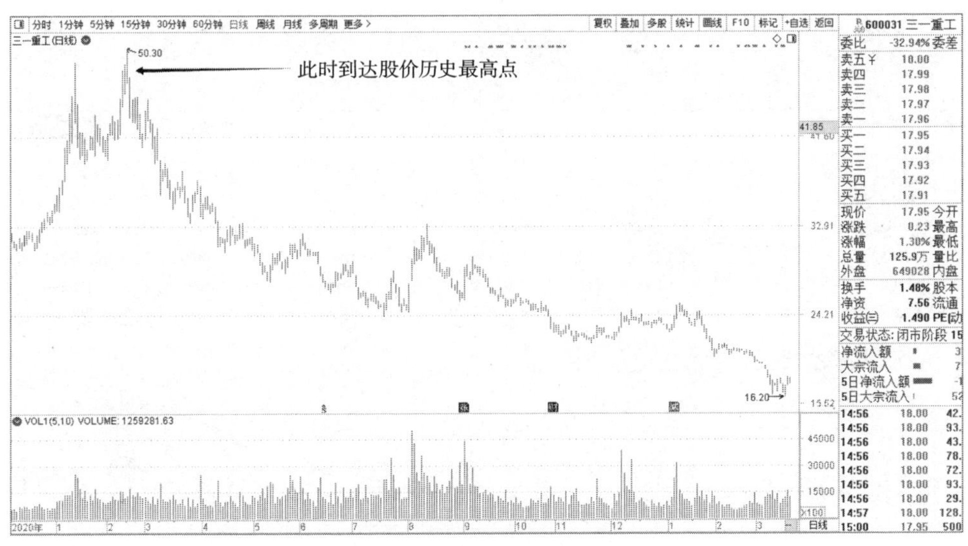

图3-93

股价最后跌到了16.20元/股，回撤超过66%。而就在股价达到31元/股时，网络上有大量的股评家纷纷评论“请珍惜三一重工跌回31元/股的机会”，大量投资者因为轻信这种所谓的价值投资而遭受了毁灭性的打击。

投资具有博弈的一面，所以在有些时候我们不仅要看股票眼前的表现，更需要看它未来的业绩。除此之外，还要思考大众在想什么，假如你是机构投资者你会怎么想。大众一般都是错的，因为他们的想法太一致，就算一家企业有良好的业绩支撑，但是投资者大量购买，这个本身有潜力拉升的股票就可能不涨反跌，这就是市场的反身性。

3. 公募基金和私募基金对股票的增持

目前国内基金的体量越来越大，它们在市场里面也成为推动企业长期发展的主力军之一，所以保持对这些TOP基金的关注总会让我们找到市场风口的一些蛛丝马迹。不仅如此，我们还可以通过近期基金和主力增减持来辅助判断这家企业的质地。

比如牧高笛，大家在持续关注企业基本面和股价的同时，也要留意基金对企业的增减持情况。图3-94为牧高笛的基金持仓情况截图。

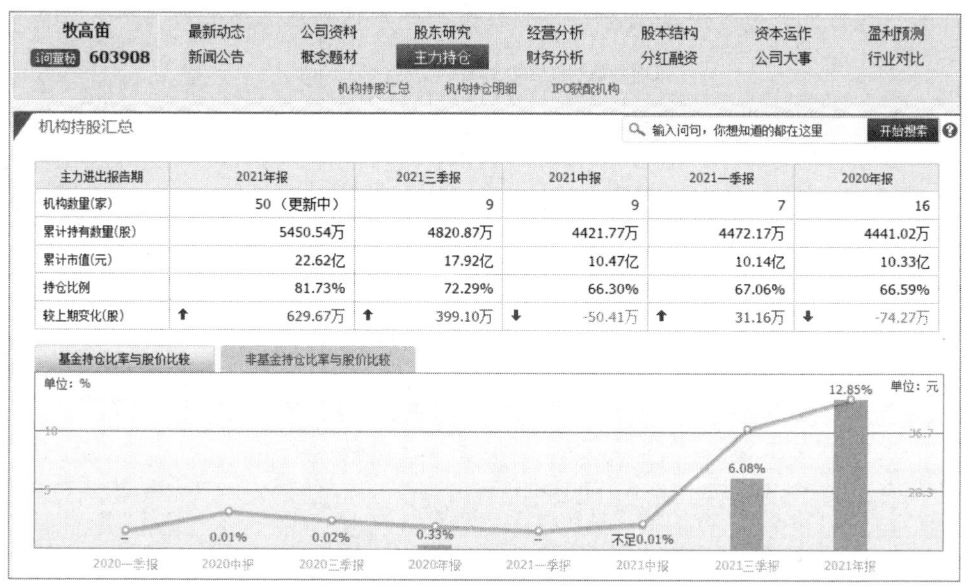

主力进出报告期	2021年报	2021三季报	2021中报	2021一季报	2020年报
机构数量(家)	50（更新中）	9	9	7	16
累计持有数量(股)	5450.54万	4820.87万	4421.77万	4472.17万	4441.02万
累计市值(元)	22.62亿	17.92亿	10.47亿	10.14亿	10.33亿
持仓比例	81.73%	72.29%	66.30%	67.06%	66.59%
较上期变化(股)	↑ 629.67万	↑ 399.10万	↓ -50.41万	↑ 31.16万	↓ -74.27万

图3-94

大家可以明显看出，2021年三季度基金开始不断增持牧高笛的股票，最终在2021年基金持仓占比流通股本12.85%。此时，牧高笛发布了公司的年报，公司净利润同比增长70.99%。图3-95为牧高笛历年的净利润同比增长率图表。

牧高笛在2020年业绩开始扭转，到了2021年业绩开始加速增长，与此同时，公司的股价也展开了主升浪行情。

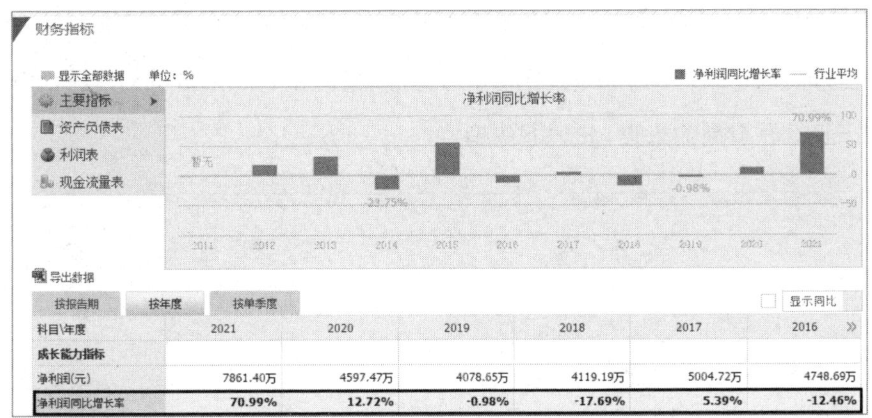

科目\年度	2021	2020	2019	2018	2017	2016
成长能力指标						
净利润(元)	7861.40万	4597.47万	4078.65万	4119.19万	5004.72万	4748.69万
净利润同比增长率	**70.99%**	**12.72%**	**-0.98%**	**-17.69%**	**5.39%**	**-12.46%**

图3–95

又如，温氏股份2021年二季度报告公布公司大幅亏损，股价在消息公布以后大幅低开，过了一段时间以后展开了强有力的反弹自救行情。图3–96为温氏股份的扣非净利润图表。

指标\日期	2021-09-30	2021-06-30	2021-03-31	2020-12-31	2020-09-30	2020-06-30
审计意见	未经审计	未经审计	未经审计	无保留意见	未经审计	未经审计
每股基本收益(元)	-1.5273	-0.3932	0.0856	1.1752	1.2995	0.6541
摊薄每股收益(元)	-1.5273	-0.3919	0.0853	1.1651	1.2931	0.6516
每股净资产(元)	5.5266	6.5757	7.2268	7.1842	7.3404	6.9755
每股经营性现金流量(元)	-0.2310	-0.4254	-0.2677	1.3282	0.9272	0.6232
每股未分配利润(元)	3.1809	4.3003	4.9758	4.8905	5.0146	4.6729
每股公积金(元)	0.8653	0.8362	0.8115	0.8485	0.8643	0.8592
营业总收入(未调整)(元)	465.76亿	306.34亿	168.18亿	749.39亿	554.56亿	359.68亿
营业总收入(调整后)(元)	--	--	--	--	554.56亿	359.68亿
利润总额(元)	-94.62亿	-22.78亿	5.95亿	79.72亿	85.75亿	40.67亿
归属于母公司净利润(未调整)(元)	-97.01亿	-24.98亿	5.44亿	74.26亿	82.41亿	41.53亿
归属于母公司净利润(调整后)(元)	--	--	--	--	82.41亿	41.53亿
扣非净利润(元)	-107.95亿	-31.52亿	5.39亿	63.81亿	75.56亿	42.17亿

图3–96

2020年公司的扣非净利润大约是63.81亿元，每股基本收益大约是1.17元，此时股价一路下跌，很多人都觉得该公司的股票是一只高分红的绩优股，并且是沪深300成分股，该公司于2020年6月11日发布分红，每10股派息10元，每10股转增2股。可就算如此优秀的一只绩优股依旧难逃下跌的命运，股价于2020年大盘还在拉升阶段不断地创出新低。图3-97为温氏股份和大盘指数的对比图，可以看出温氏股份严重跑输大盘，进入下跌趋势。

图3-97

此后股价更是一路下跌，公司在2021年7月18日晚公布公司业绩后开始大幅亏损，周一开盘股价放量暴跌，很多投资者都进行了止损，然后股价进行了一波筑底，再次洗盘后进入了一波强势的反弹行情，从12.14元/股一路飙升到22.72元/股。在一些散户恐慌性杀跌时，上海高毅资产出现在前十大股东里面，如图3-98所示。

温氏股份 300498

控股股东与实际控制人 | 股东人数 | 十大流通股东 | 十大股东 | 十大债券持有人 | 重要股东增减持

十大流通股东

2021三季报 2021中报 2021一季报 2020年报 2020三季报 2020中报 2020一季报 2019年报 2019三季报 2019中报

前十大流通股东累计持有:8.86亿股，累计占流通股比18.34%,较2021-06-30变化:3245.58万股

股东名称	持股数(股)	占流通股比(%)	增减情况(股)	股东类别	持股详情	股东进出
黎沃灿	1.57亿	3.26 A股	不变	自然人	查看详情	--
温木桓	1.26亿	2.62 A股	不变	自然人	查看详情	--
香港中央结算有限公司	1.11亿	2.30 A股	994.45万	其他机构	查看详情	查看详情
黎洪灿	1.01亿	2.08 A股	不变	自然人	查看详情	--
上海高毅资产管理合伙企业(有限合伙)-高毅邻山1号远..	7150.00万	1.48 A股	新进	基金资产管理计划	查看详情	查看详情
温耀光	7003.88万	1.45 A股	1.00万	自然人	查看详情	--
中国证券金融股份有限公司	6967.56万	1.44 A股	不变	其他机构	查看详情	查看详情
温鹏程 名誉董事长	6499.09万	1.35 A股	不变	自然人	查看详情	--
张琼珍	6461.92万	1.34 A股	不变	自然人	查看详情	--
冯冰钊	4956.09万	1.03 A股	不变	自然人	查看详情	--
较上个报告期退出的前十大流通股东						
黄玉泉	4899.87万	1.02 A股	退出	自然人	查看详情	--

最新提示 资金动向 公司资料 股本结构 股东研究 分红融资 财务分析 经营分析 资本运作 研报评级 热点题材

图3-98

从图3-98中可以看到，高毅资产是在2021年三季度开始布局温氏股份的，我们可以计算出高毅资产买入该股的大概区域，如图3-99所示。

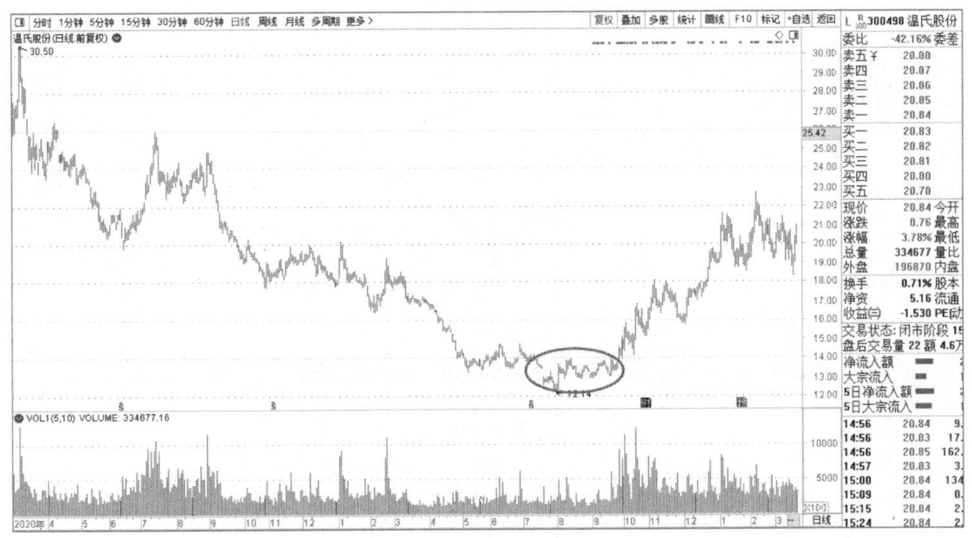

图3-99

可以看出，高毅资产买入该股的位置基本上处于股价的历史最低点附近。

4. 公司可转债赎回及公司内部增发等公告

有些公司的可转债由于达到了强制赎回的条件，可能会面临转股或者强制赎回。由于可转债在赎回时每张面值是100元，而大量可转债的每张面值高于100元，所以被大量抛售，而此时债券转为正股可能显得很便宜，而正股也会面临着抛压压力，股价也会随着可转债下跌。并且在公司发行太多的可转债转股后会导致公司发行在外的股本增加，也会增加股票的供给，导致股价以后的拉升潜力受到限制。比如，厦门国贸可转债在强制赎回后一路暴跌，正股股价也伴随着可转债一路下跌。图3-100为可转债临近赎回时期股价的下跌行情（标注的位置）。

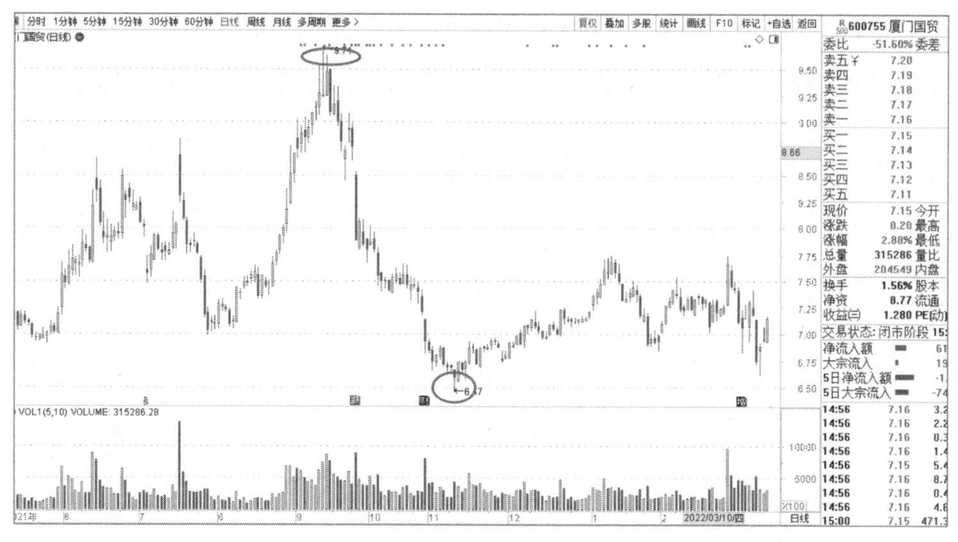

图3-100

除此之外，一些公司为了扩大融资比例，还会选择增发流通股本。增发有定向增发和非定向增发两种形式，其中非定向增发是指面向全体股东增发，要求所有投资者在规定时间内缴纳一定的资金以确保其持股比例不变，否则投资者可能会遭受损失。一些投资者可能不知情，莫名其妙地就遭受了一个跌停板的损失。

这类公司一旦发布公告，二级市场都会表现出对企业的担忧。这种情况频繁发生于券商股，比如中信证券就因为公开配股导致股价严重下挫。东方证券也发布公告，称公司准备按照每10股配售2.8股的比例向全体股东配售股票，消息一出股价直接跌停，如图3-101所示。

除了以上影响因素外，还有其他影响因素，比如公司的大股东减持等因素也会导致股票的流通性增加，进而导致股票出现更多的供给，股价往往都会发生较大幅度的下跌。比如久吾高科，有投资者在2021年12月买入该股，他们最开始赚到了一些钱；随后机构人员致电投资者，让他们继续加仓买入该股，理由是该股已经被庄家控盘，随时准备拉升，于是他们又投入了一大笔资金，可是股价不涨反跌。投资者随后才看到该公司有大股东的解禁公告，并且该公司的净利润很大一部分来自非主营业务。在正常情况下投资者应该存疑，但部分投资者对那些所谓的“机构”深信不疑，结果导致自己越套越深。

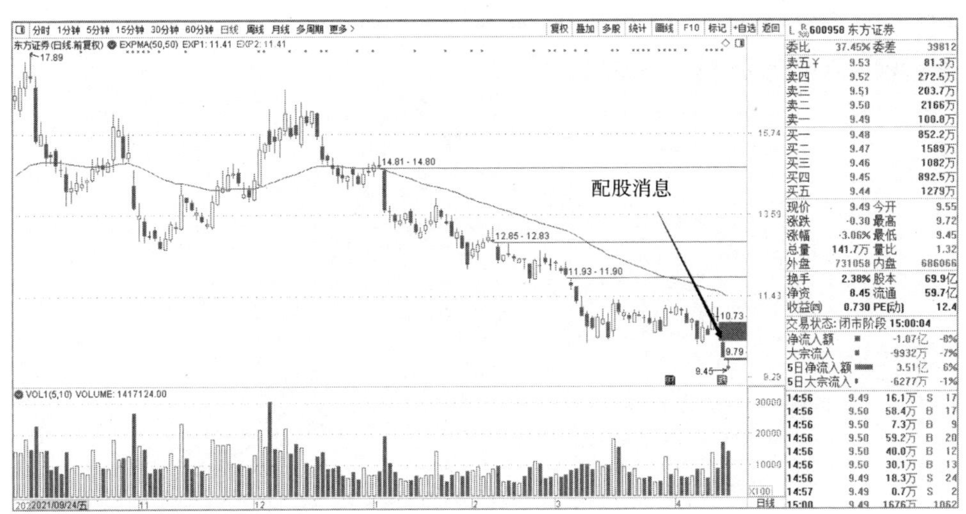

图3-101

图3-102为投资者买入该股的大概位置。

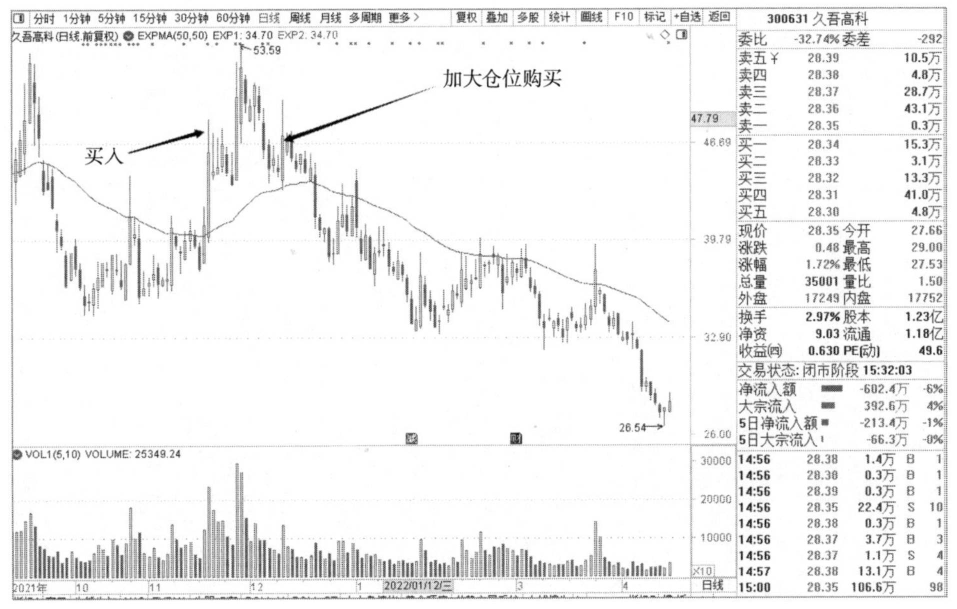

图3-102

这样的情况也许每天都会发生，但是，如果投资者能够耐得住性子，对那些看不懂的股票保持一分敬畏之心，不胡乱买卖，则会减少很多不必要的损失。可惜，大部分人总会盲目迷信所谓的“机构”，更何况市场里有这么多陷阱，你难免会被别人利用，钻进另一个圈套。

第4章

如何实现长期的稳定复利收益

在股市中看待市场的角度不同，就会得出不同的结论。假如你天天看短线，你就会忽略企业价格的长期涨跌与价值的关系，只能看到一大堆不停跳动的K线，正如古诗所言“横看成岭侧成峰，远近高低各不同”。比如你看一只股票的趋势，月线可能是一个稳步攀升的多头趋势，而60分钟线则可能是一个标准的下跌趋势。又如上证指数，有人看指数是一个多头结构，而有人看指数却是一个横盘结构。本章主要讲解大部分投资者对指数的认知偏差及由此造成的后果，并分享一下破解之道。

4.1 对上证指数的错误解读

上证指数相比于道琼斯指数而言经常被广大股民误解，主要原因还是美股已进入成熟阶段，无论是上市机制还是退市机制都很健全，同时美股是由机构主导的，并且大部分个人投资者都热衷于投资指数基金。在伯克希尔·哈撒韦2021年的股东大会上，面对股东提问，巴菲特再度推荐标准普尔500指数基金，他指出：对于不懂选股的普通投资者而言，只要投资低成本的标准普尔500指数基金，其成绩就很有可能超越很多职业投资者。

美股涨跌不受限制，一些股票由于基本面遭遇恶化可能在一天内股价跌幅高达40%，这对于不熟悉基本面、只懂一些纯技术的投资者而言几乎是致命的，同时还有各种对冲机构、做多做空、加杠杆及高度智能化的程序化交易，这些都不利于散户的短线交易，在美股去散户化几乎成为一种共识。设想一下，由于你选股不慎，股价在一天内跌幅超过40%，要知道一些基本面恶化的股票在美股跌起来是要命的。可现实情况却是这样的：大量的投资者只关心股价明天的涨跌，而不是企业的好坏。

显然，A股机构投资者的占比还不是特别大，个人投资者依旧是市场最大的存量体。据腾讯证券2020年年初发布的报告：截至2020年，散户投资者仍然是A股的主流，自然人投资者占A股总数比例达99.78%。同时，A股没法做空，由于实行T+1交易制度让A股的节奏很慢，当然，这也有利于股民控制风险，但对于没经过系统学习的股民而言仍然相当于慢性自杀。目前A股还没有一个明确代表经济的指数出现，造成投资者对股市的信心不足。上证指数在2008年以后一直横盘在3000点附近，如图4-1所示。

上证指数在2007年达到最高点6124.04点，此后就开始走下坡路，2008年10月跌到1664点，跌幅超过70%。这是什么概念？这意味着你随便买一只股票的潜在亏损都可能会大于这个跌幅。提到2008年的大熊市，我估计很多老股民都心有余悸，尤其是在中国石油上被套的老股民。

图4−1

图4−2为中国石油的月线图。中国石油上市即巅峰，因此，股价的每一次上涨都是为以后的下跌做准备的，套住了一批新的散户。

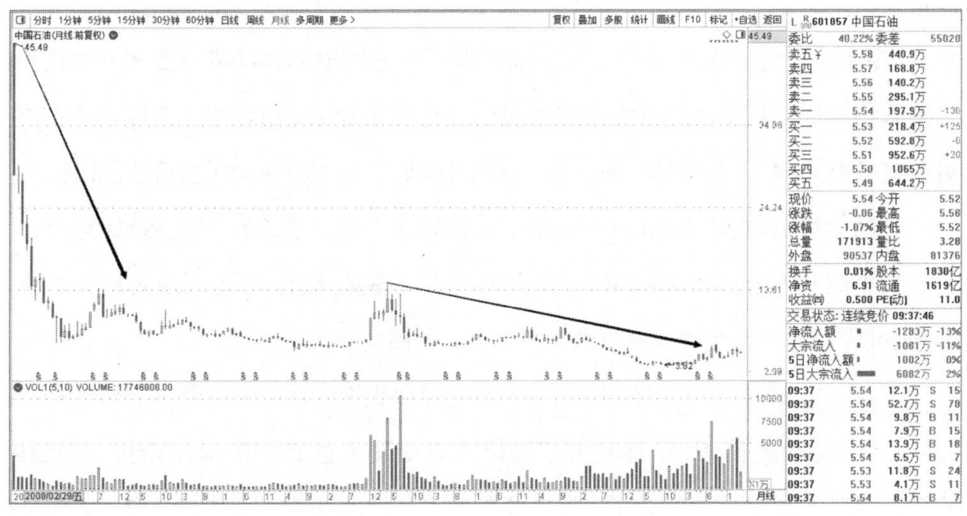

图4−2

到目前为止，一些市值较大的蓝筹股还有一部分没有收复2008年的“失地”，比如中国联通、中国神华、中国人寿等股票的价格距离2008年的高点仍是遥遥无期。所以，一旦选股不慎，就算是大企业的股价也可能10年或20年不涨，虽然不会全部亏损，但是对于一般人而言是无法忍受的。

上证指数在2015年再次冲击到5000点，不过很快就展开了新一轮的熊市，最终于2019年1月跌回2440点，到了2022年再次回到3000点附近，似乎总是无法脱离这种震荡的宿命，给人一种错觉：长期投资的结果总会回归原地。投资者看到这样的现状不免失望。可是，另一个可悲的结果是：就算大盘如此震荡，根据券商统计，大多数个人投资者连最弱的大盘指数都跑不赢，因为大部分个人投资者的账户都是亏损的。

既然大盘指数长期横盘，是不是采取短线交易会让投资者的成绩变好呢？答案是否定的。

很多散户投资者都有投机行为，据统计，在上海证券交易所2016—2019年交易期间，散户贡献了约80%的股市交易量，约占券商客户75%的小额投资者平均每年亏损2000元，账户市值10万元以下的散户平均每年亏损2457元，其中，因选股不慎亏损1532元，因择时不当亏损774元，还交了151元的交易费用；机构投资者每个账户每年平均盈利1344.77万元，选股盈利1807.48万元，但因择时不当亏损417.69万元，交易费用45.02万元。国内股票市场的整体换手率远高于成熟市场的整体换手率，不同类别投资者间的换手率分化也较大。市场中个人投资者存在明显的风险分散不足的现象，平均持有股票仅两只，远低于其他类别的投资者。

看到这样的数据，投资者心里是不是顿感悲观呢？那么我们认真思考一下，大盘真的是这样的吗？假如我们用2008年以后的行情作为基础来对比分析大盘，则很容易得出这个令人感到悲观的结论，如图4-3所示。

大盘在2008年以后一直进行一个大的周期震荡，似乎从来没有突破过这个结构。站在这个角度思考，其实很容易让大家看到大盘长期的横盘走势，并且伴随着里面很多题材板块的轮动，尤其是在大家一致地认为A股要走进慢牛走势的2021年，谁知道2022年大盘却发生了中概股集体暴跌事件，上证指数再次跌回

2016年的原点。

图4—3

假如我们把大盘上市以来所有的走势图重新看一遍，也许就会有新的发现。图4—4为上证指数1990年以来的季线图。

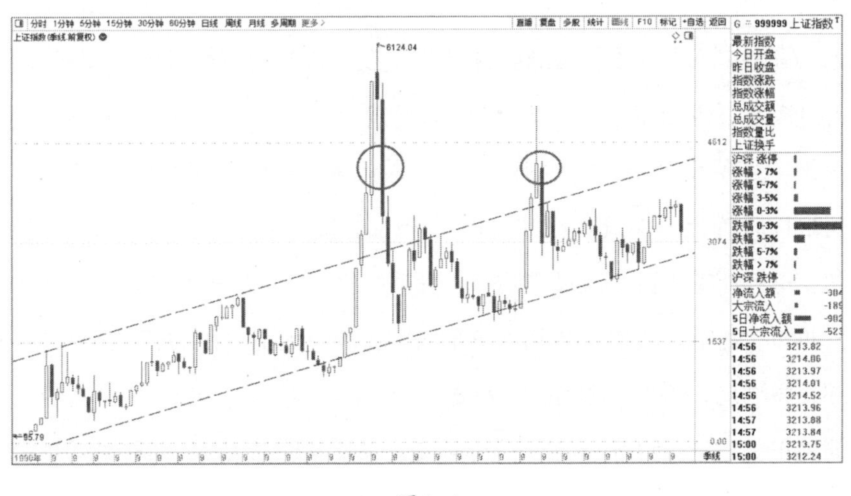

图4—4

假如我们把大盘2015年的杠杆泡沫去掉，把2008年的泡沫去掉，则会发现大盘其实长期运行在一个上升通道里面，它的低点是不断被抬高的，合理估值的高点也在不断被抬高。

杠杆是酝酿危机的潜在因素，一个人把10元当成100元消费，等到过度透支时只能以破产的方式收尾。股市也是如此，股市过度透支业绩，并且垃圾股满天飞，等到资金链断裂时注定是一地鸡毛。现在上市公司的数量越来越多，对资金也会起到稀释效应，上市当天破发的现象也是屡见不鲜。越是这样，过度透支的杠杆运作无疑是雪上加霜。国内股市资金流入以及资金使用的方式决定了股市的长期发展趋势，我们应该理性地看待股市，不要在股价被高估时参与泡沫行情，也不要轻易相信所谓幸存者效应的胡话，因为为这些声音买单的都是中小散户。国家正在有效地防控杠杆，在2020年的小牛市行情里就没有出现过度的杠杆泡沫，更多的是白马股的估值泡沫，说明股市在稳扎稳打地走慢牛行情。关于这一点，我相信投资者以后一定会看到成效。

4.2 为什么大部分人跑不赢指数

A股为什么十多年在3000点徘徊不前呢？这是因为股市本身的退市机制不健全，假如A股每年以100家为标准进行退市，我想A股运行得会比现在好很多。一是个人投资者不敢随意买卖股票，他们会把精力集中到业绩稳定的绩优股身上，或者直接购买基金；二是机构投资者会陷入竞争，让大家不再关注博弈，反而参与到更加优质的企业中，也能为优质的上市企业提供更多的资金支持来创造更大的价值。既有一些垃圾股长期存在于A股市场里面，又有一些有价值企业的长期发展的推动，才形成大盘指数目前的形态；或者说大盘之所以没走出长牛市，很大一部分原因是一些垃圾股拖累了指数。

遗憾的是，在我们身边经常听到某某人说某某股票多好，却总是对那些优秀的企业视而不见，反而对那些业绩不怎么好、偶尔一两次价格飙升的股票表现出特别大的兴趣。根据大众情绪分析，羊群效应往往促使大家在牛市最高点区域也就是最热闹时传播那种疯狂的赚钱效应，这种赚钱效应越夸张，传播的速度越快，参与人数越多，筹码也就越分散。

这时候市场就会强化这种意识，所谓的价值投资在这里也遭到了市场的抛弃，垃圾股、题材股、黑马股就成为人们衡量成败的标准，甚至包括那些估值极高的白马股，因为人只会对眼前账户波动的数字感兴趣。在每一轮大牛市里，新股民或者认知不够清晰的投资者都会难以抵抗这种市场效应的诱惑，这种强化意识最终只会导致更加疯狂的混乱。

一旦购买力减弱，资金流就会中断，整个系统也会崩塌。而广大中小投资者由于缺乏认识，往往都会认为指数下跌是新一轮牛市启动的机会，进而被套在了最高位。由于投资者意识不到风险，操作不慎，加上波动的股价以及满是泡沫的股市，很容易引起心理不适，也就容易导致混乱的交易行为出现。一些股票的快速波动可能是为了自救，却被解读为牛股的启动，此时换股也许会让投资者遭受双倍的损失。再加上市场的分歧加大，那些随机波动的股票也会让投资者幻想自己回本的机会来临，从而导致新一轮风险操作。据统计，在新一轮熊市中只有一小部分板块会在下一轮调整期以后崛起，这些新的领头羊板块的出现可能会随着政策等不确定因素而改变，而投资者购买的股票由于业绩不明朗，可能十多年都不会涨起来，尤其是在未来可能推行注册机制后，上市公司越来越多，很多股票可能一辈子也见不到出头之日，过去那种死拿的策略可能面临永久失效的局面。

我们正处在一个概率的世界里面，有很多东西都是不确定的。机构会想尽办法让投资者在高位买入一些股票，比如制造一些题材故事、营造赚钱效应等；也会想尽办法把投资者磨下去，比如长期横盘，从来不会有一个延续的趋势，只会让投资者从短线出发做差价，从而让投资者的成本不在一条水平线上，就算拉升也会使用各种洗盘模式把他们淘汰出局。尤其是一些不伦不类的股票，业绩时好时坏，这也容易被机构利用信息差制造一些行情，再加上投资者情绪的影响，你会发现，在股市里就算遇到一个震荡的指数，投资者也很容易在里面亏钱，还会亏掉大量的时间。这些亏损就像一根绳子拴着投资者，不仅导致投资者赚不到钱，而且会让投资者想尽所谓的“技巧”来完善自己的炒股技术。也许就在此刻我告诉你投资是需要坚持的，可是大量的经历告诉我，就算我提前告诉了大家这个事实，总会有很多人这样做：一旦他的股票回本就会选择卖出以提前减少被套的痛苦。原因可能是他急着用钱，或者他觉得股价不会反弹而会继续下跌，可是到最后他们还是把一个完整的投资体系做得支离破碎。

有人说，既然如此，我直接买指数岂不是更好吗？假如你看到指数这10年来一直在3000点附近徘徊，那么你肯定会表现出较多的失望。假如你看到1990—2022年的指数走势，兴许还能看到一丝生机，因为在扣除了那些杠杆泡沫后，指数长期的大多头肯定能让一个人的财富不断积累。我们要做的只是趁大众恐慌时逢低买入一揽子核心资产就可以了。这种做法显得很愚蠢，因为它不计较股票谁好谁坏，哪只股票在下一年会变好或者变坏，可是这样做可以最大概率地不错过以后要到来的牛市行情。而在牛市启动时大部分人是不可能完全觉察出来的，就算觉察出来，也可能早早因为过多的预测而错过了为数不多的那一次大多头行情。

下面详细说明个人投资者跑不赢指数的原因。

4.2.1 指数是所有股票的加权值

从指数诞生的那一刻开始，就注定了至少一半的人跑不赢指数。有人曾经采访巴菲特，让巴菲特给股民一些中肯的建议，巴菲特语重心长地说道：建议大家多买一些能够代表一个国家经济发展的指数，不要预测涨跌，只管拿出自己的闲置资金坚持投资，老了会有一笔不错的资产。指数的编制都是基于加权值的，也就是权重大的股票往往会左右指数的涨跌。在每个板块里都会有几只权重股，指数长期涨跌更多的是被这些权重股决定的。比如，现在创业板里的宁德时代、东方财富、爱尔眼科等大市值股票基本上捆绑了创业板指数，这些股票价格的短期涨跌直接决定了指数的走势。除这些权重股以外，其余的股票由于没有什么成长性，所以在一些时候权重股的涨幅带动了指数上涨，同时大约有一半的股票是不会持续的。指数就是如此，谁的业绩好、谁的市值大，谁就能够影响指数，所以指数能更多地反映蓝筹股、大白马股的表现，而不是股市整体的表现。除这些大市值的股票外，大部分股票的表现都是很平庸的，一旦指数发生较大的回撤，很多投资者的实际亏损可能要比指数大得多；一旦进入了牛市，大部分股民也未必能跑赢指数。

由于指数是所有股票的集合，整体是不可能退市的，这也就避免了系统性风险。只要避免了这种大的风险，那么在下一次牛市来临时你就不会被落下。

4.2.2　指数里面的股票会被淘汰

大部分的指数一般每隔半年会有一次更新，即每隔半年左右，指数会新调入部分个股，同时也会把不太适合的股票剔除。就连上证指数每年也会把一些退市的股票剔除，这些临近退市的股票市值越来越小，不会影响指数的涨跌。这就意味着指数是不断地保持成长的，成分股指数在总体上都会代表该指数里面的龙头企业。比如，已经退市到三板市场的乐视，曾经是创业板100只成分股里权重排在前三的，但公司在2017年末被深交所调出创业板指数。

股市是随时变化的，过去占据主导权重的股票随着行业的没落（比如石油股）被剔除后，没人知道它要在一个偏僻的角落被冷落多少年，而“新鲜”的企业会不断壮大，它们的市值达到一定的份额就会越来越淡化过去那些权重股对指数的影响。假如我们坚定持有过去非常辉煌的某某股，而现在它的基本面已经彻底恶化，那么我们注定要被市场淘汰。

4.2.3　指数时时刻刻都是满仓交易的

指数时时刻刻都是满仓交易的，而在市场中的很多投资者很少天天满仓交易。投资者都觉得自己可以把握好周期节奏，可以非常正确地择时，可以超越指数取得满意的成绩。所以他们频繁地择时，想要高抛低吸，但往往是高吸低抛，并且在频繁的择时与仓位控制中踏空市场。我在前几章里面提到，在择时交易方面，无论是散户还是机构投资者的成绩都不理想。

比如创业板指数，自从2018年到达底部以后，开始了强势的大牛市行情，行情一直运行到2021年，时间跨度三年，涨幅接近190%，可是大部分投资者的成绩跑不赢这个数字。

4.2.4　指数没有交易成本

指数是没有任何交易成本的，而只要投资者在二级市场上交易，就要缴纳印花税，就要给证券公司贡献佣金。越是频繁的交易，被扣除的印花税和交易佣金越多。现在大部分券商的交易佣金都维持在万分之三左右，可是就算降低到万分之一点五，股民买卖股票，无论他投入的资金多少，都要被扣除起码5元的手续费，买卖一次的成本大约是10元。一个股民拿100元购买了100股1元/股的低价股，照样被扣除10元，相当于吃了一个跌停板。而指数交易是不用交印花税、佣金的。

4.2.5　很多人只能暂时跑赢指数

有的人选择股票，在某一阶段跑赢了指数，但在频繁地换股交易中没有及时地调整个股，从中长周期来看，跑输指数是十分常见的。这类现象我在本书中有大量的讲解，希望读者清楚市场中很难出现常胜将军，何况是普通大众投资者呢？

所以，你会看到大部分投资者几乎是很难跑赢上证指数的。也许你在某一段大的牛市行情里面赚了一些快钱，但是，一旦这种效应消失，进入漫长的熊市或者震荡市中，你就会以很快的速度亏损出局。这种现象已经被反复验证了无数次。当然，投资者的技术提高会降低他的时间成本，在股市里除价值成分外，还有很多的投机成分，而投机就是研究人的学问，看看谁更有耐心，看看谁更耐得住寂寞，看看谁眼光更加独特，看看谁更有纪律。但是，无论从哪个角度进行分析，所有的投机最终都会归零。投机本身不创造任何财富，相反只会造成少部分群体赚取大部分人的钱，这就是投机的本质。

那么，如何建立一个行之有效的投资规则，让大家在股市投资上面实现长期的复利收益呢？我在下一节里要给大家讲解。

4.3　组合化投资——中小投资者最容易复制的成功之路

假如让你长期投资大盘你愿意吗？我相信很多人看到上证指数十多年一直在3000点徘徊的现象后都会对此不屑一顾，可是投资者长期投资大盘里的整体股票就一定是这样的结果吗？你知道上证指数是怎么来的吗？你知道它采取的编制方法吗？假如你一开始对这些都不知道，那么你可能会对大盘的长期走势保持一种怀疑的态度；反之，我相信你的态度就会发生变化。下面我们一起看看真正的大盘指数规则。

4.3.1　看清真正的大盘指数规则

在前面我反复提及大盘指数的长期发展趋势是一个多头结构，并且是一个十分规律的多头结构，投资者可以利用上证指数的这一特点来赚钱。投资者其实不需要太聪明，只需要在每一轮大盘股灾时买入指数，到达高位时傻瓜式卖出就可以了，对于这种投资只需要匹配相应的投资规则就可以实现。由于投资的是指数，这些指数是由一揽子股票构成的，即使一些股票退市，也不会对市场造成什么影响。

那么，我们只需要确立大盘的相对底部区域，然后使用一个最简单的投资规则进行买入，再使用一个简单的规则进行择机减仓或者卖出，长期坚持这种操作规则，会得到什么结果呢？当然，在说明这个原理之前，我们在内心深处必须认识到，大盘之所以出现这样的走势，主要是因为在经济发展过程中有无数优秀企业的股价在做长期推动，加上不断壮大的优质机构投资者进行复利投资。

我们的指数是怎么编制出来的？也许很多股民都没有认真思考过这个问题，这个问题和投资存在关系吗？答案是肯定的，恰恰是指数编制方式本身在长期“误导”投资者的投资理念和眼光。因为我们的指数都是加权指数，是根据所有公司的总市值（流通股+非流通股）计算得来的，谁的市值大，谁占据的权重就会越大，它的涨跌就会直接影响股市的涨跌。那么，这些市值很大的股票基本上就可以决定指数的走势，我相信大家都可以理解这一点。

4.3.2　不同的加权规则得到的大盘指数结果

我们对上海证券交易所的所有股票进行加权（不包含B股），进行一次统计，“制造”出一个指数，和大盘进行对比。方法如下：

第一步：打开通达信软件，找到“功能板块”→“制定品种”→“组合品种管理”进行指数品种设置；然后把在上海证券交易所上市的所有股票加入组合品种管理里面，“品种代码”为“001”，“品种简称”为“上证”，“开始日期”为2001年8月8日（大家可以随便命名），“基准点位”设置为1，“加权类型”选择“总股本加权”，然后单击“添加”按钮，如图4-5所示。

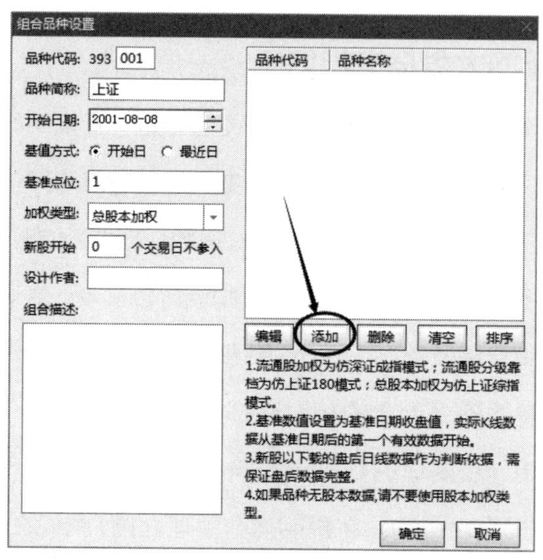

图4-5

第二步：在“分类”里面找到“上证A股”，然后单击“全选”按钮，如图4-6所示。

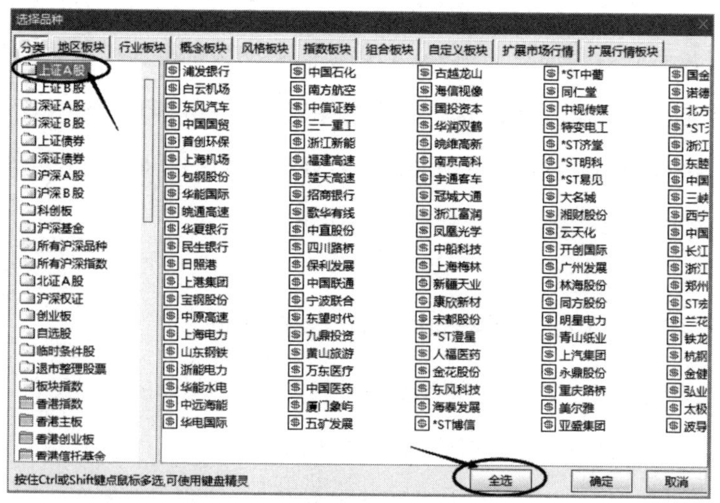

图4-6

第三步：可以看到所有股票都加入新编制的指数里面，然后单击“确定”按钮，如图4-7所示。

组合品种设置

品种代码：393 001

品种简称：上证

开始日期：2001-08-08

基值方式：开始日　最近日

基准点位：1

加权类型：总股本加权

新股开始 0 个交易日不参入

设计作者：

组合描述：

品种代码	品种名称
600000	浦发银行
600004	白云机场
600006	东风汽车
600007	中国国贸
600008	首创环保
600009	上海机场
600010	包钢股份
600011	华能国际
600012	皖通高速
600015	华夏银行
600016	民生银行
600017	日照港

编辑　添加　删除　清空　排序

1.流通股加权为仿深证成指模式；流通股分级靠档为仿上证180模式；总股本加权为仿上证综指模式。
2.基准数值设置为基准日期收盘值，实际K线数据从基准日期后的第一个有效数据开始。
3.新股以下载的盘后日线数据作为判断依据，需保证盘后数据完整。
4.如果品种无股本数据,请不要使用股本加权类型。

确定　取消

图4-7

第四步：软件会提示你需要下载专门的数据包，单击“是”按钮，如图4-8所示。

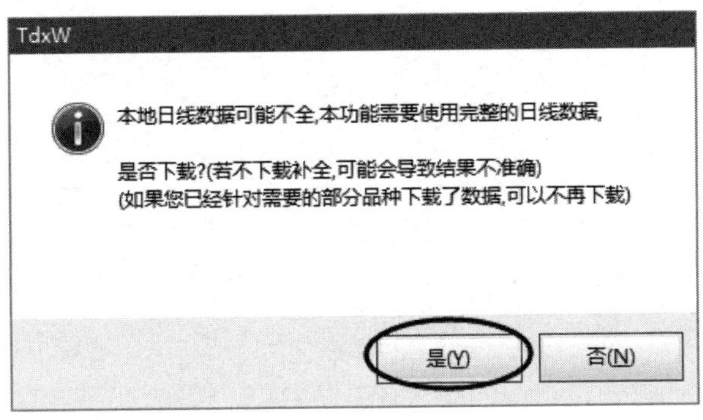

图4-8

第五步：随后电脑会自动下载相应的数据。

图4-9和图4-10分别为通过软件制作的上证指数走势图和真实的上证指数趋势图。可以看出，通过软件制作的上证指数在2001年8月8日以后开始上涨，在2008年最高涨了3倍多，随后一路下跌，它与真实的上证指数走势十分相似，当然，中间可能会有一些误差，主要原因是有企业不断地退市，我们无法统计在这个新的指数走势图里面。

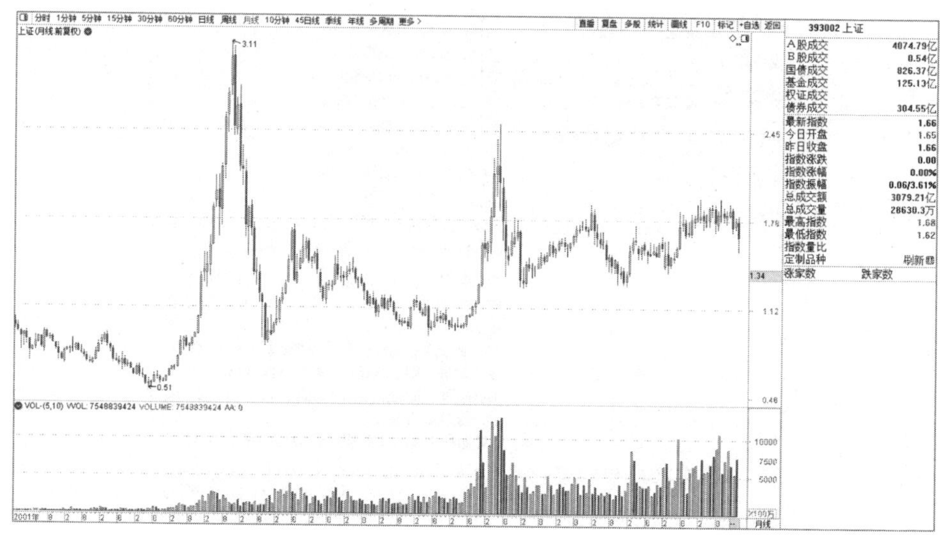

图4-9

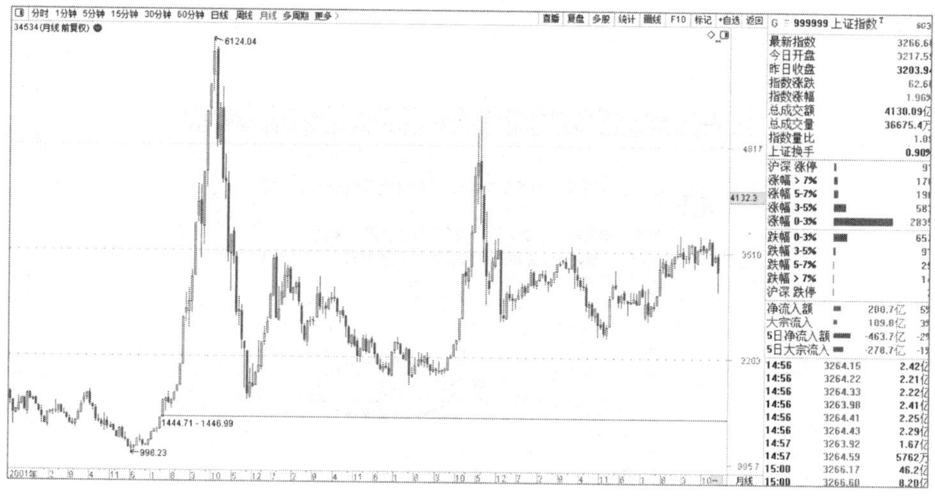

图4-10

通过上面的演示，我相信大家应该知道上证指数是怎么产生的了，可以明显看出它基本上是由所有股本的市值大小决定的。假如大家还是不能很好地理解这一点，那么我们还是按照原先的股票池做一个新的指数组合，但是这一次我们把指数加权类型的规则调整为流通股本加权，如图4-11所示。

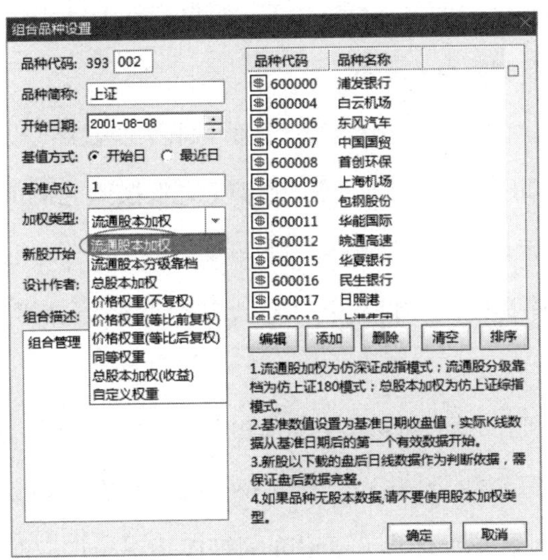

图4-11

于是我制作出一个新的上证指数组合，其走势图如图4-12所示。

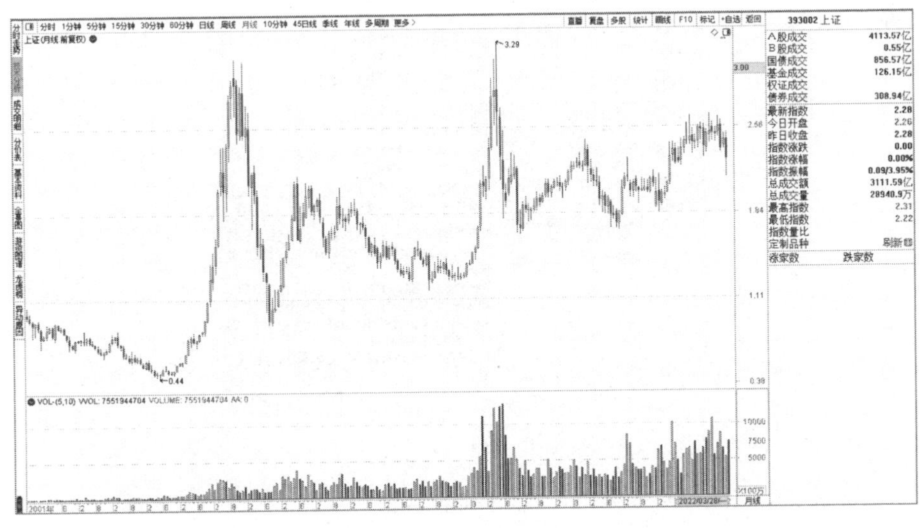

图4-12

这次制作的指数明显要比真实的上证指数强势很多，因为它在2015年突破了2008年的高点，并且在2020年突破了2017年的高点，而真实的上证指数在到达2017年的高点以后就开始下跌；同时，在2018年指数没有跌破2016年的低点，而真实的上证指数则直接跌破了2016年的新低。这个指数更加明确地反映出整个指数在一个大的箱体里面且不断被抬高，而真实的上证指数则更像在一个更大的不断缩小的三角形调整结构里面。

那么，明白这一点对我们的投资有什么价值呢？很显然，投资者投资股票不可能把贵州茅台、中国石油、中国工商银行等权重股按照它们的市值全仓购买，也不可能按照它们的流通市值全部购买。哪怕我们把所有的上证指数全买一遍，也只能按照资金情况把每只股票都买一点儿，这个策略更加接近真实的投资者不是吗？

下面我们使用新的（更加接近于真实的投资）规则对所有股票进行投资，每只股票投资一样的资金数量，进行新的指数绘制，看看能得到什么样的结果。如图4-13所示，我们对上证所有的股票采取同等权重进行加权制作指数。

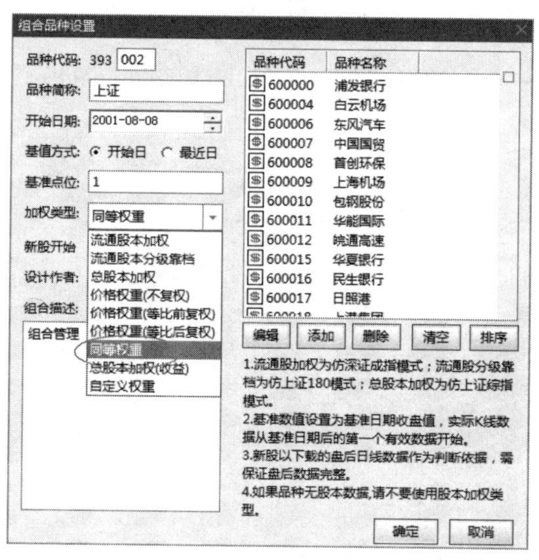

图4-13

然后我们得出一幅新的指数走势图，如图4-14所示。

图4-14

从长周期来看，这是一个标准的上升通道，而且指数不断地创出新高。自2001年以来投资所有的股票同等的资金量，我们能得到4倍的涨幅空间，并且是一个高点不断被抬高、低点也不断被抬高的上升通道。假如投资者买入这样的指数，那么我相信每个人都不会有什么怨言，因为大部分人都不会被套，你只需要坚持，尤其是在市场下跌时进行合适的“抄底”，坚持一条长期坚守的路线就可以了。面对这样的投资环境，大家可以投资一辈子，因为在这样的指数里面，它完全可以成为你的“印钞机”，大家要做的就是把闲置资金全部放入股市，随着时间慢慢增值。

为什么会这样呢？这主要是因为早期股市一大堆老牌又没什么持续价值的“权重”股在里面拖累了整体市场的表现，使用同等权重的规则会稀释它们对指数的影响。

我们还可以发现，在使用同等权重的规则进行指数化以后，指数的波动会变得异常平滑，不再是大起大落的。同时，它的波动幅度也开始变小，2008年的涨幅只有1.5倍，而其他类型的指数波动幅度则达到3倍。通过这种现象我们就可以知道，我们完全可以利用大盘的巨大波动来获得双倍的收益，通过平滑的曲线获得长期的投资稳定收益。不仅如此，通过上面的对比还可以看出，不管上证所有股票使用同等权重加权还是流通股本加权，它们的波动节奏几乎是一样的，区别仅仅在于它们在每一轮大的拉升时涨幅不一样，在每一轮大熊市来临时调整幅度不一样。根据这一点我们可以知道，无论大盘怎么波动，它的涨跌时间、周期和节奏是一样的，并且有很强的规律性，这就为我们确定大盘的重要转折位置提供了参考。

通过上面简单的案例，我相信大家应该能够看出，大部分股民的投资成绩应该是不断地赚钱，因为在同等权重的情况下最终大部分投资者的投资成绩是一个不断走高的趋势。就算我们的资产分配不够平均，起码也是一个不断震荡略微偏高的趋势，但为什么投资者的成绩往往不是如此，反而是大部分都在一直亏钱呢？一方面，大部分投资者不可能足够理性地进行分散化投资，尤其是投资的品种不够均衡，从而无法抵御风格化偏移所带来的周期性风险；另一方面，大部分投资者更加热衷于投资当下热门且已经涨起来的题材股，很容易陷入一种偏执的投资风格里面，就好像机构专门设置的圈套一样。

所以，此时投资者看似买到的是短期的利润，其实是一大堆风险而已。尽管会有一两只5倍大牛股出现，但是，就算出现了，投资者也只能是骑虎难下、忐忑不安，何况这样的股票万里挑一，而很多投资者总会在黎明前的黑夜里葬送自己大部分的头寸，或者在股票最后派发阶段把筹码留在了高点。其实，只要玩这种击鼓传花的游戏，你犯一次大错就会葬送自己多年的投资生涯。

同时，投资者由于自身情绪的原因，无法经受一段时间的回撤，一旦回本就会立刻卖出，或者在买入的某些股票终于迎来主升浪时过早地离场兑现，最终卖出了利润却买入了风险。但是，无论从哪个角度来看，既然同权的指数在不断地攀升，我们就能从概率上肯定：长期持有股票是具备赚钱效应的。由此我们可以做出一个新的假设：假如我们把中国石油等长年不稳定盈利却一直位于A股的权重股剔除，然后把这些资金配置在一些长期盈利的股票上，会得到什么结论呢？无论是加权还是同权，现在上证指数的走势应该比过去要好得多。投资就是如此，永远都是一个去弱留强、时刻淘汰弱势企业的过程。我们只有把弱势的、老弱病残的东西消除掉，才可以让血液时刻新鲜，充满源源不断的能量，让市场走得更远。大自然每天都在上演着这种残酷的淘汰机制，也正是这种生存法则才让生物更好地进化。假如规定A股每年淘汰100家不稳定盈利的企业，那么我相信现在的大盘指数一定会走得很好。虽然看起来残酷，但其实恰恰是投资之道。投资一家不会创造价值的企业完全是浪费时间，同时一只没能力长期拉升的股票只可能会拖累指数的长期发展，我们应该毫不留情地将其淘汰，也只有这样我们的投资回报才会越来越多。

为了让大家更好地体会到这种规则，我们可以对深圳证券交易所的指数及创业板的指数进行同样的处理，去感受一下不同指数长期以来给我们的投资所带来的不同影响。

我们对深圳证券交易所的所有股票进行流通股本加权，看看深圳证券交易所全部股票最终的指数趋势图，如图4-15所示。

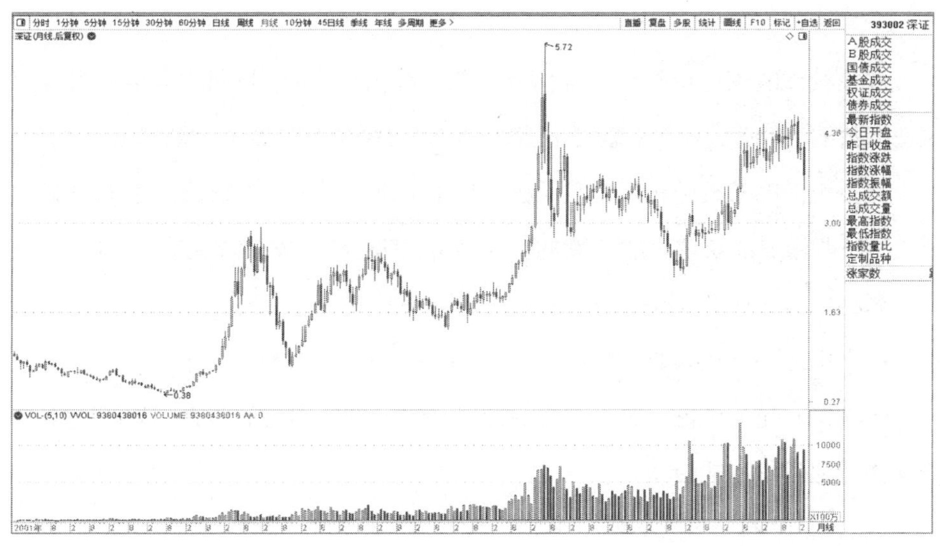

图4-15

我们知道，深圳证券交易所包含中小板和创业板，在过去创业板退市机制没有ST，即没有退市整理而直接退市，在2020年试点注册机制以后新增了ST、*ST风险警示。所以，在过去深证退市的股票要比上证退市的股票容易且快速。因此，上证指数的走势要比深证指数的走势强很多，尤其是2015年的行情，这主要是因为深证指数没有过多的“老旧”权重股。在把一些退市的企业剔除后，深证流通股本加权的指数走势还是一个整体的大多头行情，只不过振幅太大、时间周期漫长而已。然后我们使用同等权重规则制作指数，其走势图如图4-16所示。

图4-16

同等权重的深证指数和上证指数走势一样，也是一个长期的多头结构，但是深证指数的涨幅要比上证指数的涨幅大得多，具备更加强劲的上涨力量。

通过上面的假设分析和对比，我们基本上可以得出一个结论：投资者想要在股市里长期稳定地获得更加超额的回报，只能把注意力放在以下几点上面：

- 必须买入一些具备长期价值并且股价长期攀升的股票。
- 必须在一个较为合适的高位止盈，在一个相对的低位加仓。
- 在每一轮大的波动面前及时淘汰没有价值的、弱势的股票，保留强势的、能够持续提供价值的股票。

4.3.3 成长股加权结果

我相信通过前面两节内容的讲解，大家心里应该都会有一些感触，看待股市的眼光和角度相比于过去都会有所不同。因为在这个领域里并不是投资者不赚钱，而是投资者自己选错了方向，并且在一个错误的策略上做的错误投资。在股票市场中存活并不容易，无论是认知、执行力、心态还是资金管理都是一门高标准的综合学问。投资者在任何一点上出现差错，都可能让自己付出资金和时间。

既然我们看到A股长期的发展最终依靠的是上涨力量，那么我们需要研究到底哪些上涨力量是A股的擎天柱，从而引领大盘的持续上涨呢？单从指数的管理角度可以看出，周期股最终的结果只会让大盘趋于平稳而不会让大盘拉升，这说明就算一只不退市但长期业绩不稳定的周期股，它最终波动的所有部分都是归零的，投资最终的结果是靠一些优秀的企业长期带来回报。也只有长期的驱动力才能够影响乃至决定股市未来的长期走势。我相信大家不会寄希望于昙花一现的那种纸上财富。

那么，我们在此基础上可以对指数进行筛选，看看到底是哪些股票贡献了力量。为了更容易识别，我们可以对板块指数进行筛选。软件默认的是56个板块，我们可以对它们进行统计，分析这些板块的长期发展走势。由于板块太多无法逐一列举，在这里只展示几个有代表性的板块。

- 酿酒指数，走势如图4-17所示。

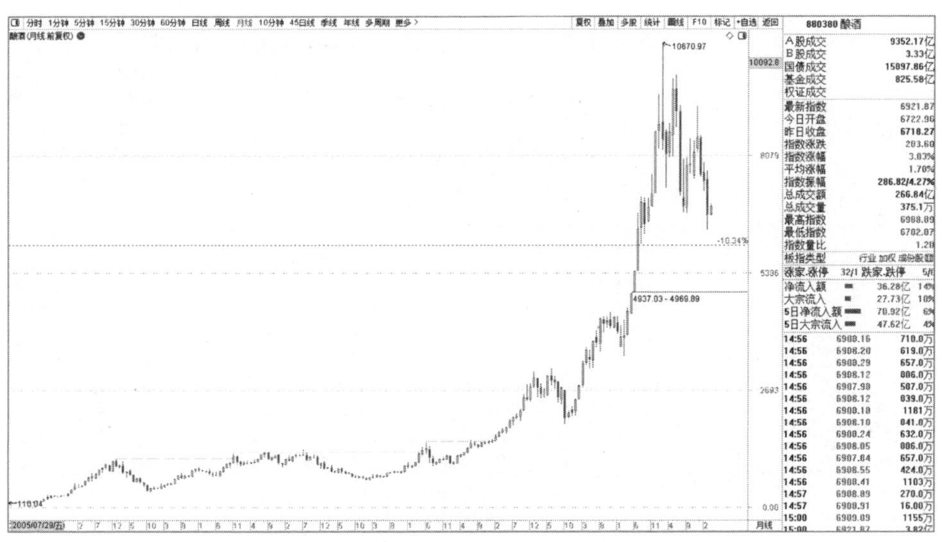

图4-17

- 医药指数，走势如图4-18所示。

图4-18

- 银行指数，走势如图4-19所示。

图4-19

• 电气设备指数，走势如图4-20所示。

图4-20

• 化工指数，走势如图4-21所示。

图4-21

• 半导体指数，走势如图4-22所示。

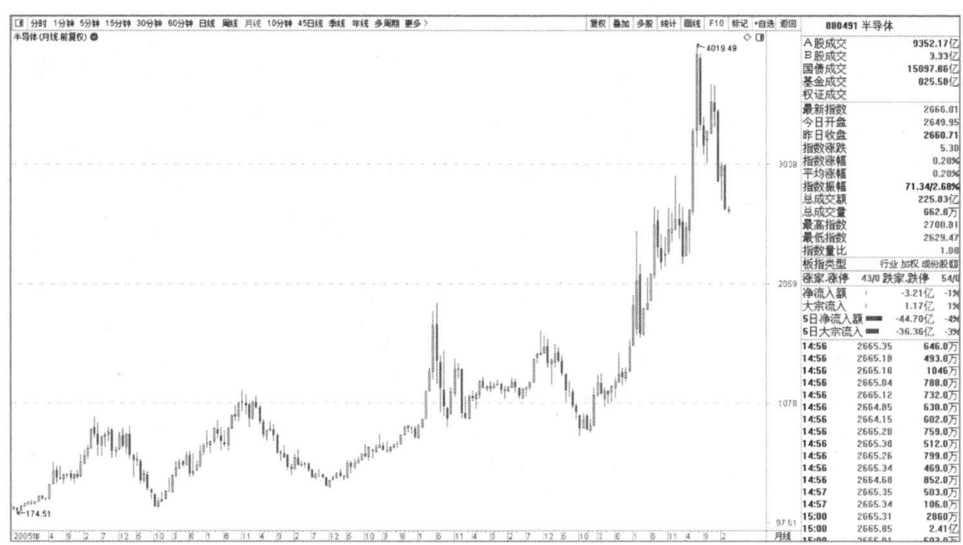

图4-22

• 保险指数，走势如图4-23所示。

图4-23

• 证券指数，走势如图4-24所示。

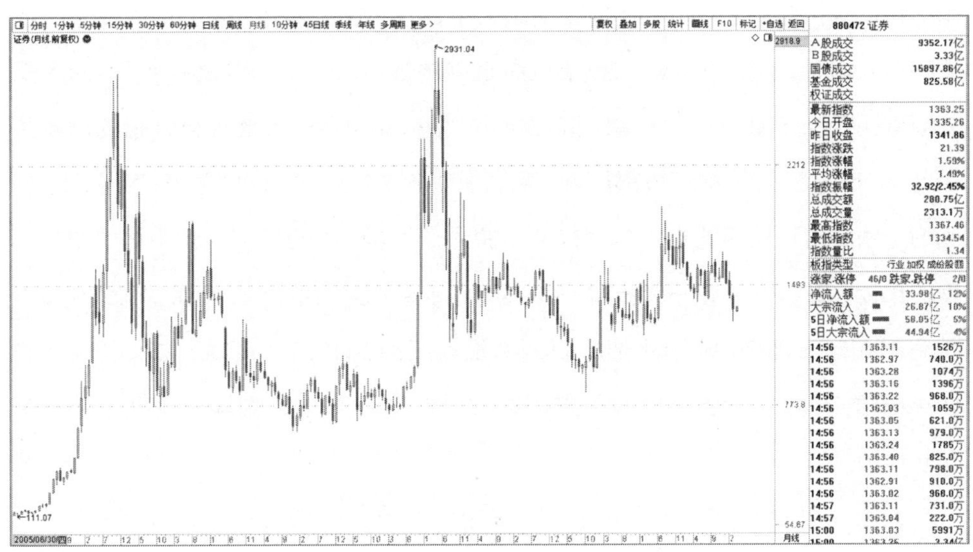

图4-24

• 有色指数，走势如图4-25所示。

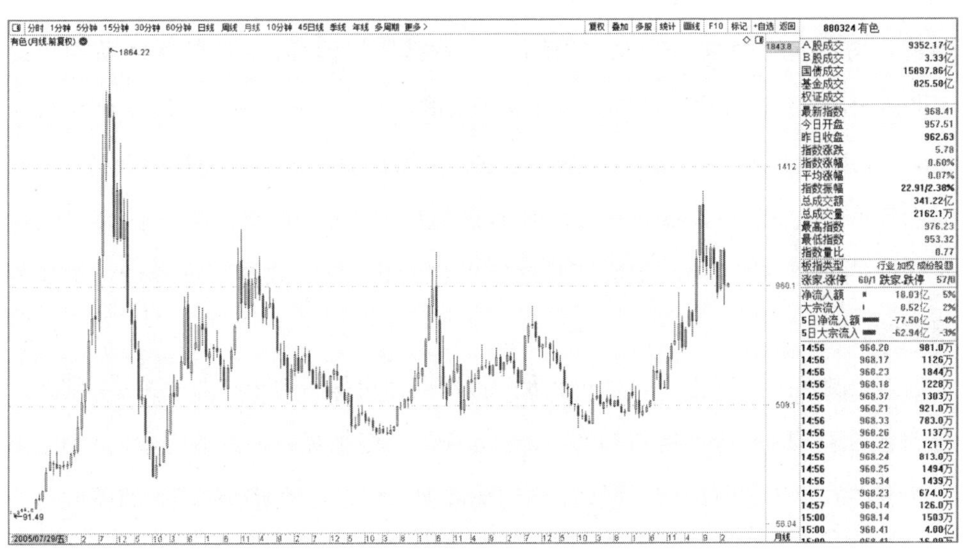

图4-25

通过这些板块能够看到，一些行业可能20年来几乎从来不会增长，比如证券、保险、有色；有的板块则一直在走长期大牛，比如酿酒和医疗；而另一些板块可能处在大周期的牛市，中间也有周期性。在每个板块里都会有一些龙头股在起作用，比如中国中免推动了旅游板块走大牛。而一些板块里面除了龙头股保持长期的增长以外，其他大多数的股票也在走震荡慢牛，比如医药板块除了广为人知的恒瑞医药、云南白药、片仔癀、同仁堂，广誉远还包括一大批走势强劲的创新药企业，大部分股票长期走势都很好。酿酒板块除了我们熟知的“茅五泸”以外，其他的一些白酒股长期的走势也同样非常惊人。家电板块的长期走势由格力电器、美的集团、海尔智家等一大批龙头股推动。证券板块中的大部分股票在2015年以后都在走大熊市，因为大部分股票都没有回到2015年的高点，之所以现在的证券指数走得好，主要是因为东方财富、中信证券、广达证券等一大批头部券商在起作用。

大家可以看到，每个板块可以持续走大牛的背后都有一些经济因素，比如酿酒板块多年来一直保持比较平稳的增长，产量和价格都在不断地提升。医药行业涉及人的生老病死，自古以来就是一个不可能消亡的行业，顶多是企业的轮换，或者换一家龙头，或者改变经营模式，而不可能影响整个行业的增长。随着人均收入的提高、原材料的涨价、研发费用的提高，后期的医疗费用也会不断地升高，并且背后的市场是在不断开拓的，而不是在逐步紧缩的。证券行业由于人均体量有限，牛市红利期一旦过去，大部分投资者的交易热度会降低，此时为了扩张利润，各大券商都会陷入激烈竞争，尤其是熊市的到来就会导致很多企业的理财产品业绩下滑，面临赎回的压力等，这就决定了证券行业本身的周期性。

这也说明指数行业之间对一个大的指数而言也是不均衡的力量关系。那么，我们是不是可以进行一番新的尝试，即选择一个更加具备前景的行业，从中选出一些潜在的龙头进行组合化投资，我们能够得出什么结论呢？我们先简单地对一些行业进行初步筛选，然后选择一些行业标的，再对这些股票进行长期的均衡投资，会得到什么结果呢？下面是我尝试的一个简单持仓组合，精选27个比较稳定的行业标的（其中不包括新型成长股），如图4-26所示。

	代码	名称	涨幅%	现价	细分行业↓	涨跌	买价	卖价	总量	现量	流通市值Z	涨速%	换手%	今开	最高	最低	昨收	利润同比%	市盈(动)
1	601888	中国中免	6.02	174.26	旅游服务	9.89	174.25	174.26	193001	1466	1588.96亿	-0.01	0.99	162.64	177.30	162.22	164.37	168.35	30.05
2	600436	片仔癀	-0.21	316.57	中成药	-0.66	316.56	316.57	22338	222	806.01亿	-0.03	0.37	315.20	321.80	313.10	317.23	51.36	71.21
3	000538	云南白药	-1.00	81.00	中成药	-0.82	81.00	81.01	35395	237	377.43亿	0.00	0.58	80.90	81.45	80.00	81.82	-49.17	37.06
4	603259	药明康德	-2.95	109.07	化学制药	-3.31	109.07	109.08	197214	1779	2033.80亿	-0.11	0.77	110.05	110.95	107.39	112.38	72.19	63.25
5	600276	恒瑞医药	-0.11	36.78	化学制药	-0.04	36.77	36.78	374431	5368	1430.03亿	0.14	0.59	36.60	37.07	36.07	36.82	-1.21	41.82
6	600196	复星医药	3.45	55.17	化学制药	1.84	55.17	55.18	990000	12928	591.90亿	0.36	4.92	51.85	56.86	51.85	53.33	29.28	29.86
7	600660	福耀玻璃	-0.73	35.32	汽车配件	-0.26	35.32	35.33	156303	1203	494.14亿	0.00	0.78	35.21	35.79	35.10	35.58	20.97	29.30
8	002594	比亚迪	2.68	235.96	汽车整车	6.16	235.95	235.96	182948	2267	1915.28亿	0.00	1.58	226.79	239.56	226.60	229.80	-28.08	225.57
9	600519	贵州茅台	3.55	1780.01	白酒	61.01	1780.01	1780.02	44862	925	9791.72亿	0.34	0.36	1729.94	1793.00	1721.69	1719.00	12.34	42.62
10	000858	五粮液	3.12	159.90	白酒	4.84	159.89	159.90	287495	3627	2803.27亿	0.06	0.74	155.00	162.23	154.45	155.06	19.13	26.87
11	000568	泸州老窖	2.59	190.70	白酒	4.82	190.68	190.70	69048	1040	1360.17亿	0.06	0.47	183.70	193.50	182.82	185.88	30.32	33.54
12	603288	海天味业	1.13	88.41	食品	0.99	88.40	88.41	38739	1169	954.41亿	0.26	0.09	87.60	89.87	86.00	87.42	4.18	55.83
13	600305	恒顺醋业	0.19	10.73	食品	0.02	10.73	10.74	50510	480	59.69亿	0.09	0.50	10.65	10.76	10.57	10.71	-41.73	59.94
14	002507	涪陵榨菜	0.89	32.80	食品	0.29	32.80	32.81	70273	511	105.21亿	0.46	0.80	32.29	33.45	32.21	32.51	-4.52	39.24
15	000895	双汇发展	0.55	29.22	食品	0.16	29.22	29.23	102447	1302	300.21亿	0.14	0.69	28.90	29.55	28.67	29.06	-22.21	20.81
16	600887	伊利股份	1.22	37.34	乳制品	0.45	37.33	37.34	297259	4858	2024.48亿	0.19	0.50	36.84	37.69	36.61	36.89	31.87	22.56
17	600460	士兰微	-1.48	47.78	半导体	-0.72	47.77	47.78	255485	2683	380.93亿	0.04	1.92	48.30	48.80	47.52	48.50	2145.25	44.58
18	601318	中国平安	1.05	48.96	保险	0.51	48.96	48.97	473677	9055	4832.33亿	0.08	0.44	48.30	49.11	48.11	48.45	-28.99	8.81
19	300059	东方财富	2.96	26.09	证券	0.75	26.09	26.10	279.1万	34820	2171.34亿	0.08	3.02	25.21	26.39	25.14	25.34	79.00	33.59
20	600036	招商银行	0.64	47.10	银行	0.30	47.09	47.10	476139	8878	5519.35亿	0.15	0.23	46.49	47.47	46.28	46.80	23.20	9.91
21	002415	海康威视	0.51	41.21	电器仪表	0.21	41.20	41.21	170418	1622	1538.40亿	0.05	0.19	40.50	41.65	40.42	41.00	29.94	26.59
22	603899	晨光股份	0.39	49.07	文教休闲	0.19	49.07	49.08	28854	283	158.55亿	0.04	0.31	48.50	49.80	47.81	48.88	20.90	29.99
23	300760	迈瑞医疗	-0.42	305.96	医疗保健	-1.29	305.96	306.00	28204	503	1231.18亿	0.03	0.23	303.50	312.00	300.38	307.25	24.23	41.76
24	300015	爱尔眼科	1.71	32.09	医疗保健	0.54	32.08	32.09	641484	4416	707.03亿	0.12	1.44	31.20	32.76	30.43	31.55	29.59	64.94
25	600690	海尔智家	2.81	23.75	家用电器	0.65	23.74	23.75	562995	3419	879.18亿	0.13	0.09	22.98	24.09	22.56	23.10	47.10	17.17
26	000651	格力电器	2.23	33.02	家用电器	0.72	33.02	33.03	468241	6549	1477.16亿	-0.05	0.80	32.10	33.08	31.86	32.30	14.21	9.36
27	000333	美的集团	2.81	58.60	家用电器	1.60	58.60	58.61	457752	3315	2735.88亿	0.03	0.67	56.50	59.24	55.81	57.00	6.53	13.11

图4-26

这个组合主要包括消费、医药、银行、证券、保险、家电和电气设备等多个板块。先对公司的净资产收益率及企业的成长性进行简单的评估，再对行业所占比重和品牌力量进行简单的选择，然后使用同等权重的分配规则，对它们进行组合化的指数处理，其走势如图4-27所示。

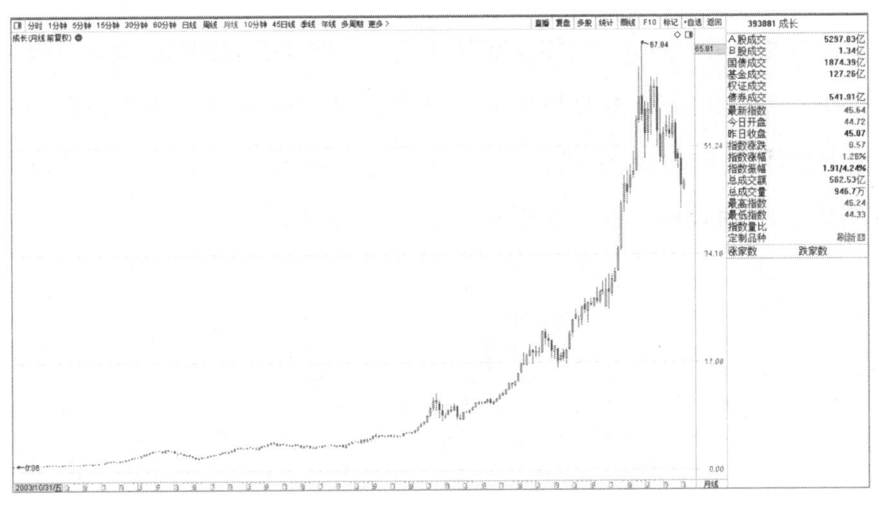

图4-27

从图4-27中可以看出，图表运行曲线特别稳定，没出现过大起大落，并且整体是一个多头向上趋势。该指数自2001年以来共涨了接近68倍，也就是21年的时间涨幅达6800%。这种投资方式也不需要进行波段操作，只需要长期持有。甚至在每一轮大盘下跌时加仓买入，然后继续长期持有就可以了。当然，这是精选的结果，但是我认为这样的精选对于大部分人而言只要具备投资常识基本上都可以做到。巴菲特在一次演讲中说过：从现在开始你投资一个人，你就去选择一个未来你认为比较有希望成功的人。我相信，大部分人只要对同学比较熟悉基本上都可以选对，当然，也会有一些运气不好或者才学被埋没的人，但这是小概率事件。因为你可能会选择一位学习能力优秀的尖子生，还可能会选择一位比较有商业头脑的人，总之，起码在你心里默认这个人早晚会在某个领域有出息，只要他愿意努力而不是消沉堕落就行。大家可以把这些研究规则运用于股市，你认为5年甚至10年以后哪家企业还会存活？会比较成功？现在企业的市值有100亿元，10年以后市值是多少？只需要使用一个最简单的组合化投资方式就可以帮你实现这个理想，哪怕是一般的投资成绩，你一年的平均收益也能达到1倍。

有些投资者发现自己看好的企业在未来几年带来的长期净值表现还是不能达到预期。在这里，我建议大家再增加一个选股标准——企业10年的ROE都达到15%，然后对一些企业的资产情况进行评估，做成一个股票池，每年使用严格的规则进行股票剔除和纳入。比如，我们从2015年股市最高点跟踪这些2015年当选的股票进行组合化管理，包括贵州茅台、万华化学、格力电器、双汇发展、科华生物、兴业银行、广电运通、荣盛发展、石基信息、江铃汽车、鱼跃医疗、九阳股份，可以看到对这些股票进行组合化投资以后得到的结果，如图4-28所示。

图4-28

在股市大幅下跌的情况下，我们在2020年的收益依旧接近30%。当然，这是一种静态的程序化投资，但起码证明了长期持有优质企业股票的好处，如果期间还有一些企业按照规则被淘汰并纳入新的行业龙头，我们的收益还会更高。那么，我们在对股票进行初步筛选以后，想要获得更高的收益，我们需要把自己想象成一名基金经理兼顾操盘手的角色进行投资。

4.3.4　如何实现长期的复利收益

如何实现长期的复利收益呢？答案是：选择优秀的成长股。

投资要想获得收益，最终依靠的是什么？是最后的赢家。因为经济周期行业不断迭代更新，同行业及里面的企业也是有成长期和衰落期之分。过去风靡一时的好企业到了未来未必就是好企业，时代发生变化，一些企业转型不成功，或者一个行业的变化，都会导致一家明星企业走向没落，最后退市。当然，也会有一些企业逆转，从低谷期逆袭，一跃成为一家成长型企业，比如2020年工程机械板块中的大部分企业都是从周期走向成长的标准案例。为了分散风险，我建议大家进行组合化投资，也就是建立自己的股票池，选择优秀的企业，淘汰落后的企业。具体怎么选择和管理呢？我们以三个角度作为标准：股价强度表现、公司的基本面和企业的经营地位。

1. 股价强度表现

在每一轮大盘进行调整时，我们都要对股票进行评估，尤其是对同板块里的优质股票进行研究，选择那些在每一轮大盘进行下跌调整时依旧抗跌的且股价强度表现优良的股票，淘汰那些股价强度表现弱势的股票。比如，在2021年的家电板块中我们淘汰了格力电器，保留了美的集团和海尔智家。图4-29为格力电器、美的集团和海尔智家的股价对比图。

从图4-29中可以看出，2021年2月格力电器的股价明显跑输了美的集团和海尔智家的股价，在周线级别提前掉头进入熊市，并且跌回2019年的低点，美的集团和海尔智家的股价表现却十分抗跌。

图4-29

我们为什么要使用这个规则?

股票中期的股价变化主要是市场供需关系导致的结果，而这个结果很大一部分受到基本面的影响，一只股票的基本面发生变化一般都会先在股价上有所体现，然后公司才会公布相应的消息。大众很少能够及时地获取关于企业经营的资料，而股票中期的表现往往是一些大机构买卖的结果。这些大机构是不可能无缘无故做空一家优质企业的，它之所以跑输，很可能是因为企业的经营出现了问题，或者业绩出现了下滑，只是我们还不知道而已，因为公司公布年报都是三个月以后的事情了，等到公司公布消息，市场早就把这些消息消化完了。

格力电器的扣非净利润从2019年以后就出现了负增长，2020年同比下滑16%，加快了速度，如图4-30所示。

股票的强弱变化还表现在启动时机上，强势股总会比板块和同板块股票率先启动，突破历史新高或者突破长期的箱体底部。比如白酒板块里的泸州老窖和洋河股份，其股价对比如图4-31所示。

指标\日期	2020-12-31	2019-12-31	2018-12-31	2017-12-31	2016-12-31	2015-12-31
审计意见	无保留意见	无保留意见	无保留意见	无保留意见	无保留意见	无保留意见
每股基本收益(元)	3.7100	4.1100	4.3600	3.7200	2.5600	2.0800
摊薄每股收益(元)	3.6862	4.1053	4.3557	3.7238	2.5634	2.0833
每股净资产(元)	19.1482	18.3109	15.1814	10.9039	8.9538	7.8995
每股经营性现金流量(元)	3.1981	4.6368	4.4784	2.7193	2.4702	7.3771
每股未分配利润(元)	17.0954	15.5916	13.6209	9.2657	7.3266	6.2731
每股公积金(元)	0.0203	0.0155	0.0155	0.0173	0.0305	0.0309
营业总收入(未调整)(元)	1704.97亿	2005.08亿	2000.24亿	1500.20亿	1101.13亿	1005.64亿
营业总收入(调整后)(元)	--	2005.08亿	2000.24亿	1500.20亿	1101.13亿	1005.64亿
利润总额(元)	263.09亿	293.53亿	312.74亿	266.17亿	185.31亿	149.09亿
归属于母公司净利润(未调整)(元)	221.75亿	246.97亿	262.03亿	224.02亿	154.21亿	125.32亿
归属于母公司净利润(调整后)(元)	--	246.97亿	262.03亿	224.00亿	154.64亿	125.32亿
扣非净利润(元)	202.86亿	241.72亿	255.81亿	211.70亿	156.01亿	123.14亿
摊薄净资产收益率%	19.25	22.42	28.69	34.15	28.63	26.37
销售毛利率%	26.14	27.58	30.23	32.86	32.70	32.46
营业总收入同比增长率%	-14.97	0.24	33.33	36.24	9.50	-28.17

图4-30

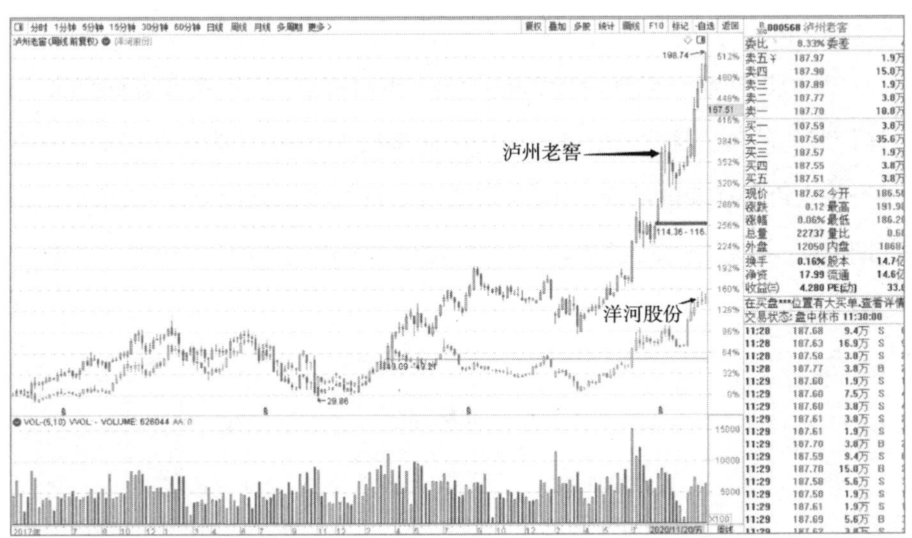

图4-31

白酒板块经过2018年的大调整后，泸州老窖的股价在2019年5月创出新高，此时洋河股份还在一个大的箱体里面运行；2020年泸州老窖高位横盘，股价跌到前期大箱体顶部，此时洋河股份的股价跌到了2018年的低点附近；2020年7月，泸州老窖的股价再创新高，此时洋河股份的股价刚好触及前期高点附近。至此，泸州老窖已经实现了87%的利润，而洋河股份还没有什么利润兑现。此后二者的表现更是天差地别，如图4-32所示。

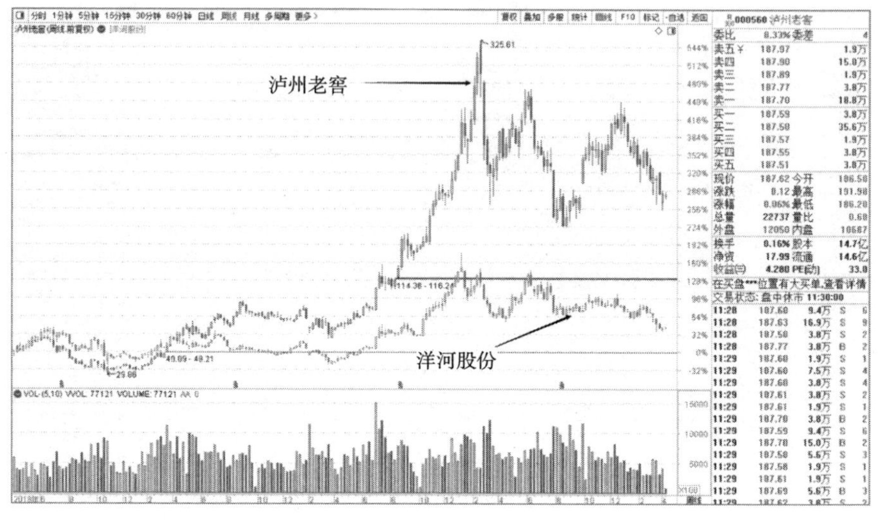

图4-32

从2020年疫情低点开始计算到本轮牛市最高点，泸州老窖的股价涨了4倍多，洋河股份的股价涨了约2.5倍。市场往往是很聪明的，因为这些股价表现背后都是一些大机构买卖的结果，他们的行为会表现在股价强度上，所以价格在一个长时期里往往都是基本面的体现。比如，安防领域海康威视和大华股份的股价对比如图4-33所示。

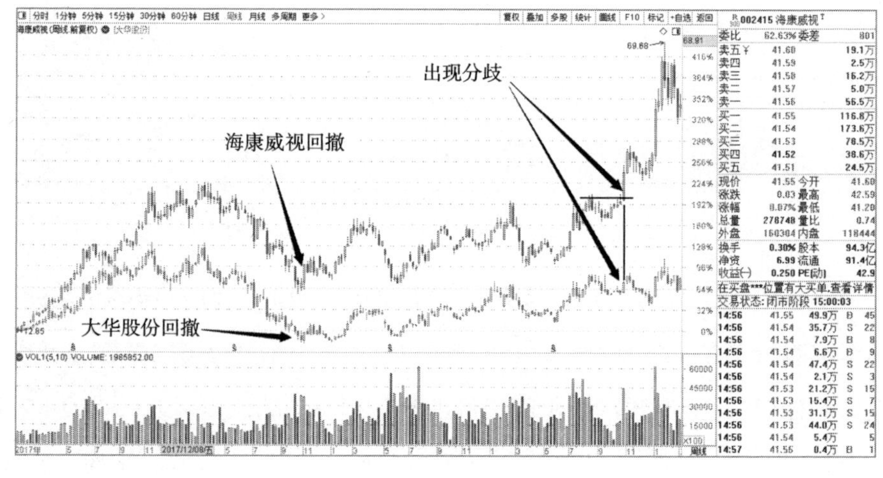

图4-33

两者都从2017年开始计算，2018年两股都发生了较大的回撤，可以明显看出大华股份的回撤更大，达到65%，海康威视回撤50%；随后两股走势十分类似，但大华股份从2018年下跌以来一直在底部震荡，而海康威视则在上半部分震荡。两家公司的股价在2020年11月发生了更大的分歧，此时上海高毅资产进行了增持，海康威视放量突破小箱体结构展开了主升浪，大华股份则开始了高位震荡。

作为投资者，在2018年年末的行情里应该优选哪只股票作为投资标的呢？毕竟两家公司的基本面都挺好，可能会有人选择跌幅最大的大华股份，因为该股跌幅越大，价格越低，风险越小。可是事实却不是这样的，跌幅越大代表企业“水分”越多，起码二级市场是这样定价的。机构投资者往往给那些成长性更好的股票以更高的溢价，这些企业的价值在慢慢反馈给价格时，投资者应该在大盘处于多头时选择那些更加强势的股票，因为这些股票往往会聚集多方资金的优势成为新的龙头。

2. 公司的基本面

除股价强度表现外，我们还需要对公司的基本面进行评估，这里的评估主要是对公司的业绩进行评估，尤其是公司的净利润增速及财务状况。因为推动股票长期发展的动力主要还是基于业绩的变化，但是一些优质的企业受制于行业的变化，整体出现一定幅度的下滑，这就需要我们留心观察，尤其是在整个行业都不景气时。此时我们优先使用技术分析策略，再进行企业基本面的评估，然后分析企业的行业地位以便灵活配置。在一般情况下，我们买股票肯定是在优质股票里选择业绩更加优良、持续高增长的股票，然后兼顾防御。

一只股票的业绩增速一旦放缓，或者有放缓的迹象，市场投资者就会认为一只股票的未来增速太小，无法提供太多的利润空间而选择性卖出，从而寻找更好的股票进行配置。比如，2021年市场普遍预期潍柴动力和中联重科等股票会受房地产影响增速放缓，工程机械和机械相关企业的销量也会随之放缓，整个行业可能会进入下行周期，企业也会进入漫长的周期行情，众多的散户不断买入导致股价一跌再跌。我们要知道，股价和基本面在一段时间内会存在背离现象，有时公司的基本面下滑但遇到了好的题材股价也会被拉升，或者一些公司的基本面很好可是股价却出现了下跌，这种情况经常会困扰投资者。对于个人投资者而言，基本上以技术分析作为决策买卖依据，以基本面研究作为基础。

现在证券市场基本上没有太多的漏洞可言，一个很好的基本面遇到了一个很低的价格，在大部分时期里这种现象很少发生。更多的是股价早就把基本面消化了，等投资者知道了基本面后，股价所剩下的利润也就没有多少了。其实这恰恰能考验投资者的投资认知，能不能综合考量一家企业，能不能把市场当成一个总体去看待，然后在关键的时刻做出决策。

来看一下啤酒领域的青岛啤酒（图4-34）和燕京啤酒（图4-35）的净利润对比。

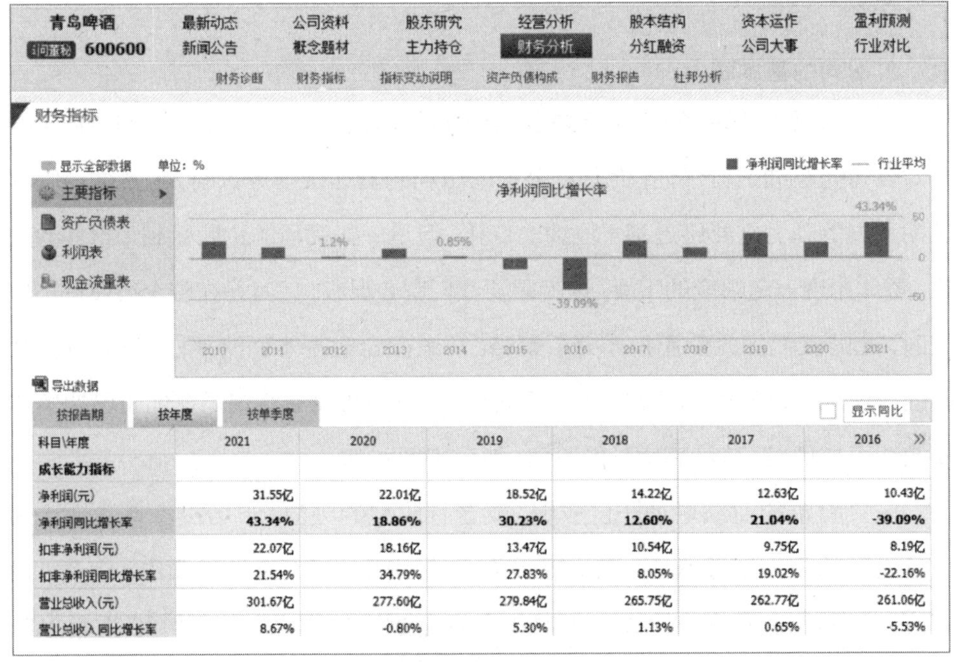

科目\年度	2021	2020	2019	2018	2017	2016
成长能力指标						
净利润(元)	31.55亿	22.01亿	18.52亿	14.22亿	12.63亿	10.43亿
净利润同比增长率	**43.34%**	**18.86%**	**30.23%**	**12.60%**	**21.04%**	**-39.09%**
扣非净利润(元)	22.07亿	18.16亿	13.47亿	10.54亿	9.75亿	8.19亿
扣非净利润同比增长率	21.54%	34.79%	27.83%	8.05%	19.02%	-22.16%
营业总收入(元)	301.67亿	277.60亿	279.84亿	265.75亿	262.77亿	261.06亿
营业总收入同比增长率	8.67%	-0.80%	5.30%	1.13%	0.65%	-5.53%

图4-34

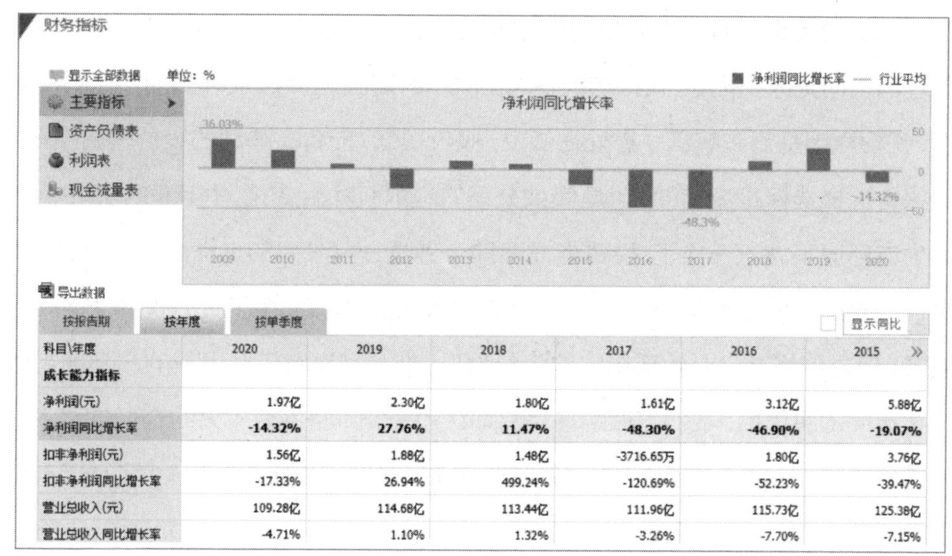

科目\年度	2020	2019	2018	2017	2016	2015
成长能力指标						
净利润(元)	1.97亿	2.30亿	1.80亿	1.61亿	3.12亿	5.88亿
净利润同比增长率	**-14.32%**	**27.76%**	**11.47%**	**-48.30%**	**-46.90%**	**-19.07%**
扣非净利润(元)	1.56亿	1.88亿	1.48亿	-3716.65万	1.80亿	3.76亿
扣非净利润同比增长率	-17.33%	26.94%	499.24%	-120.69%	-52.23%	-39.47%
营业总收入(元)	109.28亿	114.68亿	113.44亿	111.96亿	115.73亿	125.38亿
营业总收入同比增长率	-4.71%	1.10%	1.32%	-3.26%	-7.70%	-7.15%

图4-35

投资者很容易看出，青岛啤酒的净利润增速明显比燕京啤酒的净利润增速强势很多，在同板块里我们肯定优选业绩爆发力更强、经营更好的企业，而不是同一时期公司股价便宜且一直不涨的弱势股票。图4-36为两家公司的股价对比图。

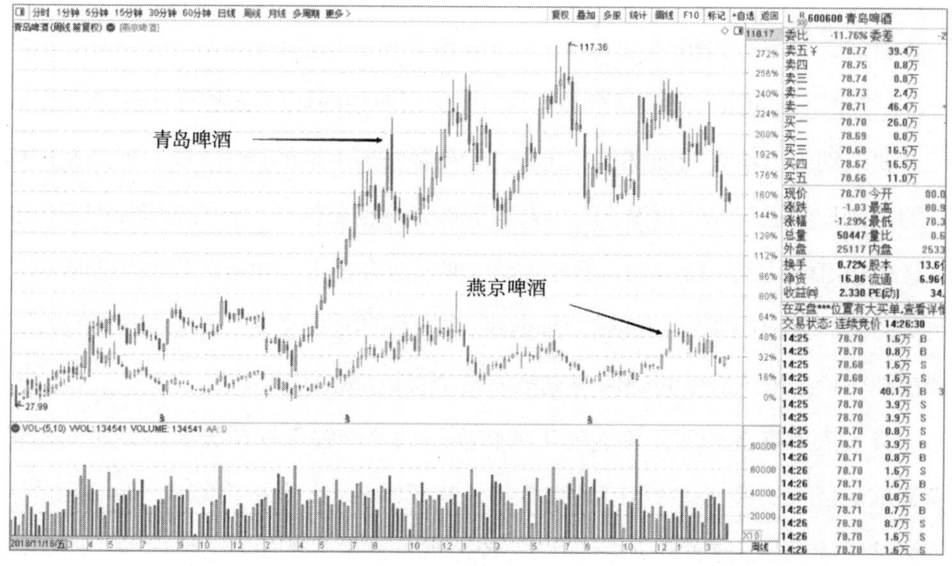

图4-36

从股价上也能看出青岛啤酒的爆发力比燕京啤酒的爆发力要强，并且提供的利润空间更大。但是，我相信很多人在同一时期会选择燕京啤酒而不是青岛啤酒，主要原因是燕京啤酒一直处在低位，股价很低，而青岛啤酒的股价很高。按常理来讲这样选择是没错的，可是假如公司的基本面发生变化，并且同样是在一个大牛市环境里就不一样了，投资者需要综合考量一只股票的上涨潜力大小，而不是目前的股价高低本身。也许会有一些低价股的基本面发生了质的改变从而走向复苏，但是价格并没有体现出它的强势地位，在公司没有研发出新的产品或者做出更英明的决策前，我们怎么能够轻易地认为一家本身不温不火的企业就是下一只明星股呢？从很大概率上说，一只股票之所以长时间平庸，主要是由多种因素决定的，一时半会很难发生重大改变。

除对选股有要求以外，我们更应该注意市场大的顶部和底部。如果投资者只知道进攻而不知道防守，是很容易在熊市里面把赚到的大把利润回吐的，尤其是一些股票在透支了多年业绩以后出现长时间回撤，这个过程对于投资者而言是非常难熬的。虽然我们提倡长期持有，但是并不代表我们会对市场视若无睹。投资者应该利用好自身的优势，尤其是散户掉头快的优势，进行利润锁定和风险控制。

目前证券市场投机成分不少，这就导致价值投资里面会掺杂很多的投机成分，一些股票的回撤可能会达到50%以上，这很容易破坏投资者的心态。所以，我们需要识别出市场大的顶部和底部，一旦大盘处于中期的调整，我们就要使用标准的记录规则进行风险规避。因为大盘下跌时期也是新一轮洗盘时期，很多行业或者板块可能从此一蹶不振，新的高景气度板块会在下一波巨大行情里面崛起，我们需要有充足的观察时间窗口来记录，与此同时还需要进行一些仓位配置，以便在新一轮牛市行情里面确保有充裕的资金买进那些明星股。

其实大家在经历了几轮大的牛熊转换以后才能够重视市场大的调整对投资者造成的巨大伤害，因为当市场完全陷入疯狂以后，大众都会陷入一种盲目的乐观情绪之中，正是这种乐观导致投资者愿意拿出更多的资金参与进去，越是这样，市场在一番转头后往往会跌得更惨，直到大部分股票普遍下跌50%以后才意识到在一年半载的时间里股价是不会有起色的。无论是在美国股市还是在中国股市，似乎都存在这样的现象。我们是投资者，不是算命先生，一般人是不可能把一家企业乃至某个行业看得那么长远的，但是我们可以做大概率的事情，只要看懂几只股票或某个行业就可以。在大众陷入贪婪时我们慢慢地兑现，在新一轮行情快要启动时我们找机会介入，或者买入几只更加具备长期确定性的股票，这才是投资者能做到的事情。

3. 企业的经营地位

社会的变革、行业的更替都会有数不清的新龙头企业诞生，甚至包括那些赛道足够长的行业里面处于垄断地位的企业，对他们的投资往往都会带来丰厚的回报。

个人投资者对于企业的了解大多都是通过公司公告，年报以及券商的研报等公开资料，而还有不少投资者对于一只股票的了解也许仅仅停留在他最近的股价表现上面。基金公司和券商都会有自己的调研团队去实地考察整个行业以及行业对标的企业，但是我们个人投资者却很少能有这样的资源。于是关于企业的了解大多都是停留在“纸”上，很多时候看看公司的【F10】你会看到到处都是什么“第一”“首家”各种好的修饰词于一身。哪怕是财务报表有些公司还可以通过特殊的手段来修饰，比如最简单的就是公司的扣非净利润，很多企业通过变卖资产来使得公司的净利润提高，以迷惑投资者。所以为了更好地规避这些不必要的“业绩地雷”我们有必要为企业做一些筛选，那么最安全可靠的就是从我们熟知的企业里面进行寻找。一般情况下，那些市占率很高的企业我们一般都会接触到它们的产品，对于它们的产品口碑以及近期的销售情况都会有一个感性的认识。比如你还可以从维修师傅、电梯修理工、超市售货员、汽车销售员等朋友那里了解关于企业的一些基本信息，在朋友聚会上各自谈论自己的工作圈子也可以了解关于行业尤其是企业，由于是行业内人士，他们对于企业的了解多少都会给你提供有价值的信息。对于那些行业地位优势明显、口碑良好的企业我们最应该留心注意。

伟大的才是好的！而在给一个公司做潜在投资估值的时候，一般我们先选好公司，再考虑管理层。如果我们只投资好的管理层，但是公司不是很好的话，我们不会取得太稳定的长期收益，就像茅台，我们经常看到某某高管被调查，但是你仍会看到，它的盈利能力依然很好。

我发现直到现在自己身边的一些股民还在津津乐道的谈论一些业绩不怎么样的题材股，他们似乎从来不讨论公司的基本面和行业地位，只在乎股价的表现、有没有庄、有没有涨停之类。其实最开始进入证券市场时我也是这样的，但是回顾这么多年的证券经历我似乎只看到了那些被别人不屑一顾的优秀企业在给为数不多的投资者提供丰厚的回报。想一下我们经常看到的一些好企业，自从我们接触它们到现在它们的股价表现，哪怕你把它们作为一个周期股来投资，成绩也不会太差吧？每年起码也还有不错的收益，但是现在呢？各大互联网媒体平台争着宣传那些涨幅超前的“黑马股”，这些企业业绩糟糕透顶却总是不缺乏追随者。

但是这并不意味着只要是知名的都是好的，因为还要牵扯到估值和盈利的情况。“根据常识来投资”一直是彼得·林奇提倡股民使用的投资理念。这一块大家可以结合我说的股价行为、公司盈利情况等维度进行判断，相信每个人都会找到属于自己的投资机会。

基 金 篇

基金篇分为两章，主要讲解如何认知基金、如何投资基金和如何根据自己的情况制定基金投资策略。这些知识对于刚接触基金或投资基金有一定年限的投资者有非常强的借鉴意义，没有空洞的理论，都是老基民积攒的经验。本篇将从理论和实战两个角度进行讲解，让投资者一目了然地掌握基金的相关知识，并且可以直接运用于实战。

我相信读者在阅读完本篇内容后，一定能制订出令自己满意的基金投资计划，通过提供源源不断的现金流，使用合理的理财渠道增加自己的被动收入，早日实现自己的投资梦想。

第5章

基金投资理念

基金对于大部分投资者而言并不陌生，但是多数人都是泛泛而谈，对于基金的认识仅仅停留于浅显的理解层次，甚至有很多人只是看到朋友买基金赚了钱也想跟着一起买，但对于为什么要投资并没有很明确的概念。假如大家想把基金做好，就需要具备相应的知识，意识到通过基金能获得回报预期，找到适合自己的投资基金。下面我们来一起认识基金。

5.1 基金的解读和释义

在这里我不打算给出官方的严肃解释来说明基金的定义，因为对于大部分人而言了解那些定义对投资理财的用处不大，我将更多地告诉大家基金有什么用，以及如何使用基金帮助我们理财，实现我们的财富梦想。买基金，就是把我们的钱交给一些专门进行投资的机构进行打理，他们把你的钱投资到股票、期货、资产证券化和债券等其他投资品种里去。从整体而言，机构投资者长期的战绩碾压散户，这些机构一般指公募基金、证券公司资管计划、券商自营、基金公司资管计划、基金公司管理的养老金、期货公司资管计划、私募基金。一般基金以货币市场基金、债券基金和股票基金（包含混合基金）为主，还包括体量不太大的QDII。基金投资的对象比较多，包括股票、基金、各种债券、银行票据、银行、期货、金融衍生品、大宗商品、公司原始股、房地产及诸多的资产证券化产品等。目前我国基金资产管理总规模为67.87万亿元，基金发行数量总数为167 961只。图5-1为国内基金一览表。

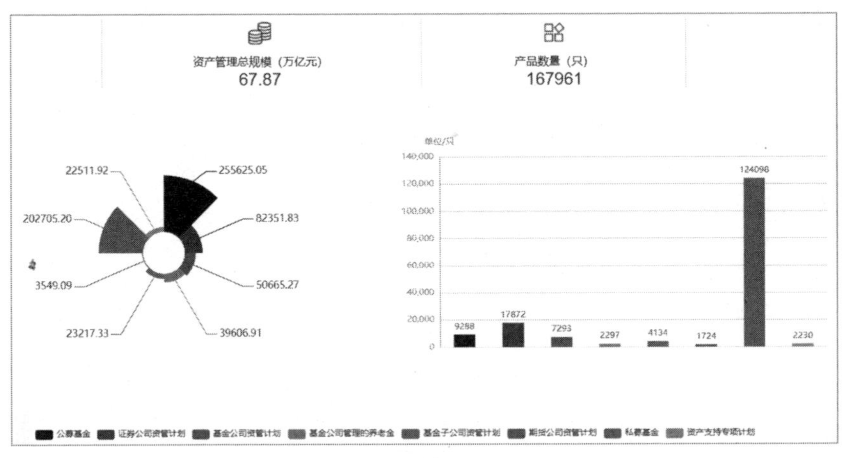

图5-1

目前，公募基金资产管理规模为26.34万亿元，由152家基金管理人共同管理，公募基金产品数量为9491只。其中，货币市场基金的资产管理规模最大，大约有10万亿元的体量；其次是混合基金，资产管理规模大约为5.6万亿元；再往后依次是债券基金，资产管理规模大约为4.5万亿元，股票基金的资产管理规模大约为2.45万亿元，QDII的资产管理规模大约为2409亿元。目前，在所有公募基金公司里，易方达基金管理有限公司的规模最大，资产管理规模大约有10万亿元。图5-2为各公募基金排名情况。

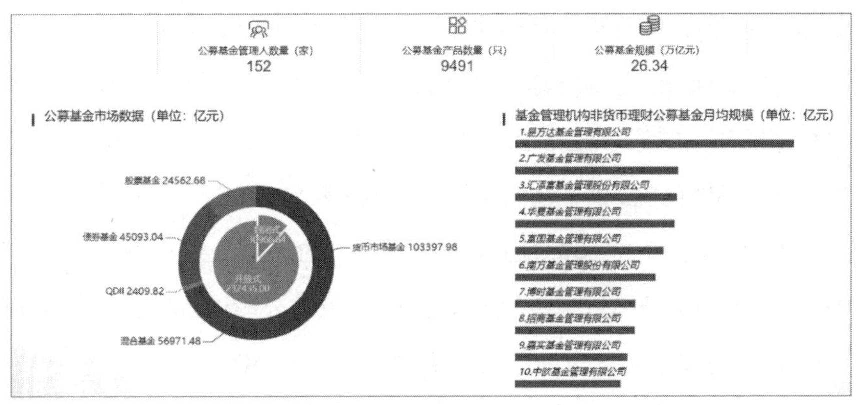

图5-2

私募股权基金资产管理规模为20.37万亿元，私募基金管理数量为24 683家，私募基金产品数量为127 954只，是基金数量里面最多的。私募股权基金资产管理规模和管理人数量最多的地方主要集中在北京、浙江和广东三个地区，资产管理规模都在1万亿元以上。

根据中国基金业协会出具的信息可以知道，目前，在所有公募基金里资金量最大、大众投资最多的是公募基金，私募基金只能面向“合格投资者”——个人投资基金最低100万元作为起步门槛，不公开发行。所以，有人让你出资几千元购买他家的私募产品都是骗人的。私募基金又称私募股权基金，一般人很难买到企业“原始股”，但是通过私募股权基金可以在企业融资时买到企业的“原始股”。证券公司一般都有自营盘，也就是证券公司自己“炒股”。不仅如此，证券公司还可以给一些高净值用户提供专项的理财业务，我们称之为证券公司的资管业务。目前，国内券商资管资金总量为8.2万亿元。

上面提到的所有机构基本上都是由资金实力雄厚的券商、金融机构或者企业法人等成立的，他们聘请专门的分析师、调研团队和操盘人员进行操作，其专业性和实力是个人投资者无法比拟的。

基金由于资产管理规模大，所以为了规避系统性风险，他们买的都是一揽子股票。比如，股民都觉得白酒行业非常好，但是这并不代表一些白酒企业不会退市。假如投资者不会选择，那么他们很有可能买到几只退市的股票，到时可能亏得一塌糊涂。但假如投资机构购买整个白酒行业所有的股票，那么，即使有几家公司退市也不影响赚钱。尽管基金投资的是一揽子股票，至于买哪些、如何买卖则是由基金经理决定的，所以，在一个风险可控的市场里，买基金其实就是买基金经理及其背后的团队。由于他们买的是一揽子股票，所以不存在整体的退市风险，所谓的机械价值投资、逢恐慌越跌越买的规则在基金上效果更加明显。

但是，无论基金最终是赚钱的还是亏钱的，基金公司都会收取基金管理费和买卖赎回费用。所以，除非市场进入了漫长的熊市并且没有太多的投资者持续投资基金，否则基金公司都是能够持续赚到所谓的“管理费”的。同时，一些公募基金证券有要求，购买投资标的的仓位不能低于规定的比例，所以公募基金在没有对冲的情况下一旦遇到了普遍的熊市，是没有任何防御措施的，而只能跟着大势一起下跌，除非他们能够选到更好的抗跌品种，但是这个概率很小，因为一般大型的公募基金不像散户或者游资那样买了就走，他们的头寸都很大，在流通性不好的时期买股票确实很难在确保股价不被拉升的情况下一次性购买太多流通股。

加之一些基金经理的投资风格比较确定，因此他们很难逃脱某一类型风格化所带来的市场风险，比如医药股的集体采购就必然导致医药基金发生巨大的回撤，一旦遇到这种情况，基金经理也束手无策。所以，这也是大众对基金不够信任的主要原因。由于早期股市经常大起大落，加之很少有一些长线资金参与，导致基金的成绩很大一部分是靠个人的能力来维持的，这就决定了那段时期的大部分基金投资的成绩都不太理想，都是跟着大盘起起伏伏的。这也引起了大部分投资者对基金的质疑和不信任。在这样的环境里，投资者很难有所谓的投资坚持，因为不仅基金成绩不怎么样，大盘指数走得也不怎么样，一切都是涨多了下跌、跌多了再上涨的循环，从而让投资者陷入纯投机思维里。直到2020年迎来了一个爆发期，首先各个行业的龙头股在2017年开始崭露头角，酿酒板块在2008年金融危机后盘整了接近10年，最终在2017年突破大的箱体结构，如图5−3所示。

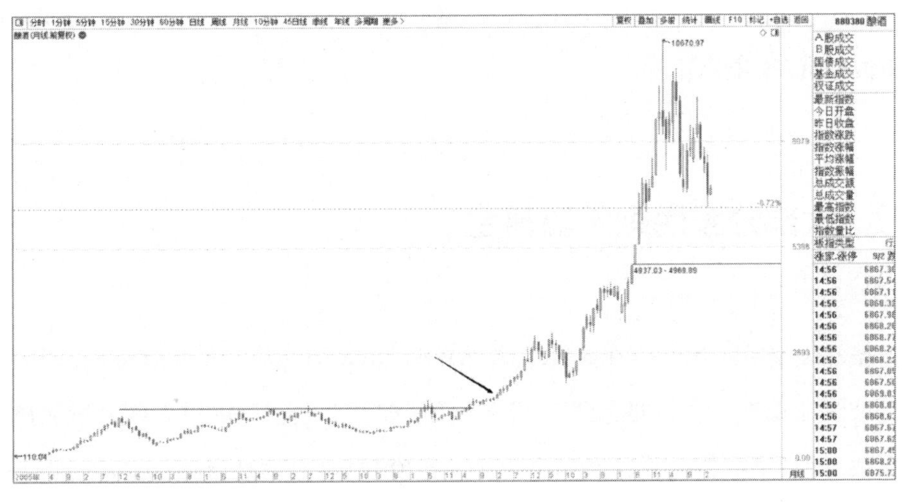

图5−3

随后进入长时间的牛市行情，与此同时，光伏、工程机械、保险、家电、医药、消费、银行、券商等权重板块也迎来了一波巨大的牛市，由于都是绩优股，并且被大量的公募基金所持有，最终在2020年到达巅峰。由于很多投资者在家无法出门，网络上各种倡导投资基金的宣传铺天盖地，无论是基金发行量还是投资者开户量都达到一个高峰期。据统计，自2017年以来，大部分公募基金的收益都实现了翻倍，有的基金甚至涨了300%之多，这时投资者才明白原来基金还可以赚钱。

当然，基金也分很多类，大家只需要知道一些主流的基金就可以了，一般大众接触的都是开放式公募基金，常见的包括货币市场基金、债券基金、股票基金、混合基金。2020年，国家试点推行了REITS基金（房地产信托投资基金），相当于把房地产的租金和地产升值部分打包卖出去，收益共享。

随着证券市场的不断成熟，基金在A股所占据的份额会越来越大，随着体量的增加也会慢慢地把投资市场引入一条更加长期稳健增长的道路上，从而形成良性循环。在大概率上优秀的企业会越来越受到市场资金的青睐，而垃圾企业会被市场冷落，再叠加国内程序化交易的普及，散户投资者在对企业的基本面、政策、消息、技术分析等都不专业的情况下很容易亏损，去散户化也会慢慢成为一种共识。当然，这是一个缓慢推进的过程，在这个过程中，一些优质的企业和基金会成为每位投资者的标配。

5.2 大部分股民跑不赢基金

虽然投资基金也会存在这样或者那样的问题，但是从某种角度来说，基金的长期成绩比指数的长期成绩要好得多。我在前面的内容里讲过大部分股民跑不赢指数，尤其是主流的沪深300。据统计，自2004年12月31日沪深300成立以来，其每年的平均收益在10%附近（是一个比较合理的收益），假如我们用机械投资规则进行投资，那么收益可以更好一些。下面我们来对比公募基金和沪深300。我们以景顺长城鼎益混合LOF基金（代码为162605，属于公募开放混合类基金）为例。图5-4为景顺长城鼎益混合和同类别公募基金以及沪深300净值的对照图。

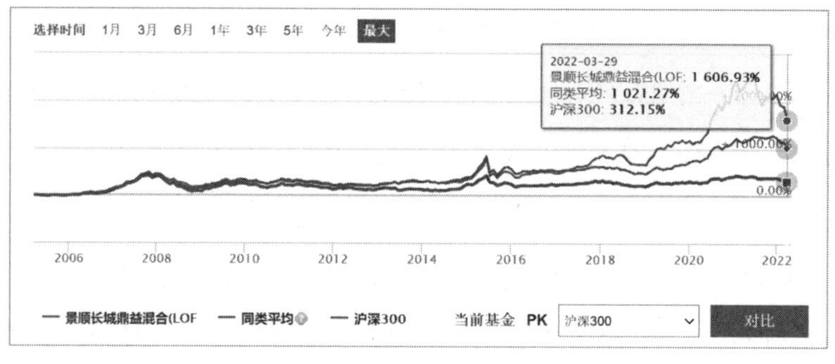

图5-4

可以看到，自2005年3月开始到2022年3月为止，景顺长城鼎益混合的净值涨了1606.93%，同类别的基金净值涨了1021.27%，沪深300的净值涨了312.15%。

尽管大部分投资者觉得基金走势比较慢，远不如自己买卖股票方便，但从长期的角度来计算，投资基金的整体收益还是非常可观的，这一点我们不得不承认。其实，在某个阶段里，投资者在一波牛市里面也很容易赚到钱，尤其是抓住了那些动辄涨停的牛股；但是，一旦遇到一些走势不规律甚至一些高位的“妖股”直接派发砸下去，或者市场大势不好，又或者选择的题材股没有资金介入等情况，很容易让投资者把辛苦赚来的利润一次性回吐出去。一些新股民经常会遇到这样的情况：在一个向好的股市里怎么做都对，也赚到了不少钱；可是等市场渐渐地转变风格，他们很容易就会把钱亏出去，最终结果就是新股民慢慢地变成老股民，甚至一直被套。而很多股票可能一辈子也涨不起来，在下一轮牛市里那些即将再次解套的人再次热闹起来，重复着老路。

既然买基金获利的概率相对股票更可靠，为什么有人还是没有赚到钱呢？原因有很多，下面列举一些大部分投资者在基金投资上常犯的错误及认识误区。

5.2.1　买不熟悉的基金

我建议大家在买基金前先多花一些时间仔细研究，再选择投资。比如，这只基金是由哪家基金公司发行的？成立了多长时间？基金经理是谁？该基金经理管理了多少只基金？其投资风格是什么？在什么样的市场环境下该基金能够具备一些优势？因为基金公司发行基金都是通过各种金融媒介操作的，所以发行券商给券商从业人员的佣金会高一些，无论是银行还是券商都会有一些工作人员给高净值用户介绍新发行的基金，很多投资者由于对基金不太懂，只看到了基金经理往期的业绩有多好，或者行业景气度有多高，而忽略了市场的风险。比如，我的一位朋友在券商人员的推荐下定投过一只机器人概念基金，宣传基金营业部的经理也在定投这只基金，业绩未来有望翻倍等。不幸的是，当时行情刚好处于该题材过热的阶段，她在买入后不久该基金就开始下跌，最高回撤超过35%。由于买入资金较大，加之自己没有实际调研这只基金，导致自己稀里糊涂被套了几年，直到

2020年的一波牛市行情才回本。虽然她发誓不再买基金，但她再次听信某某券商分析师推荐京东方A，买进去后又被套在了高位。很难想象一些老股民也会犯这样的低级错误。也许他们之所以犯错，更多的是因为他们距离市场太近了，太害怕错过机会了。

其实基金也会分很多类型。比如，有的基金经理主要操作周期股、科技半导体和军工等板块的股票，这些股票会表现出大起大落的特点。还有一些基金可能仅仅靠蹭热点发行，比如数字经济基金，其股票与数字货币根本不沾边。还有一些基金经理主打医药板块，假如整个医药股都在下调中，那么他的业绩也不会太好。当一个板块表现不好时，这些基金可能连指数都跑不赢。所以，在选择风格类明显的基金时需要投资者具备一些投资常识。

很多人由于不熟悉基金的特点，再加上买入的位置也不太合适，一直买下去可能只是在原地坐过山车。一些公募基金经理都会有一只招牌基金，成立时间长，成绩比较好。于是基金经理就会在该基金表现好时进行路演，宣传自己的新基金产品。一旦管理的基金过多，基金经理就会忙不过来。

很多人会问：既然一位基金经理管理这么多产品忙不过来，为什么不少发行一些基金呢？当然，这里面也有基金公司出于自己的利益考虑，发行新基金就相当于拆股。一些股票由于股价很高，往往会选择拆股，比如100元1股可以拆分为50元2股，进而拆分为25元4股。虽然这些行为对公司的基本面没有任何影响，却能吸引大批小散户，因为当股价太高时人们就会展开联想：万一股价下跌要跌多久呢？可是股价变成4元/股，似乎没什么下跌风险了。其实这是股民的心理误区。一些顶流基金的净值价格都比较高，新发行的基金净值都是1元/份，一旦下跌太多，比如跌到0.8元/份，很多人都会觉得便宜。

同时，新发行基金更容易激起投资者的购买兴趣，有利于提升投资者的购买欲望。而有的基金虽然成立时间较长，但中间换了好几位基金经理，业绩时好时坏。比如，兴证全球基金副总经理董承非因个人原因离任，他名下的一些基金就由其他基金经理接手打理。每位基金经理都会有一个属于自己的研究方向及操作特点，发行再多的基金也不会比老基金的表现好到哪里去；反而发行的基金越多，基金经理越显得力不从心，虽然很多基金是由一个人打理的，但是用心的投资者总能看到基金经理名下一些基金的表现十分平庸。所以，等研究清楚某只基金后再决定是否购买，不要盲目投资。

5.2.2　从众心理

在一般情况下，无论是投资股票还是投资基金，大家都会呈现出从众的心理，一个东西往往会在最高点区域才会被大众熟悉，同时，一个东西的价值被大部分兑现时往往也在最高点区域。人群的扩散效应不仅在股市里通用，在基金市场上也是一样的。

在基金表现不好时往往很少有人提及，这时也就不会被圈外人所熟知；随着赚钱效应提高，就会有越来越多的人开始“明白”投资基金的好处，直到最后大部分投资者争先恐后地购买。这种心理效应在证券市场上体现得淋漓尽致，很多人都是看到别人在讨论基金如何好，从而萌生一种买基金可以天天赚钱的错觉。

2020年是一个基金牛年，基金无论是在规模上还是在购买力上都达到空前程度，就连基金业协会报名参加基金考试的人数也突然间爆满。这时在他们眼里基金似乎是万能的，是稳赚不赔的。等到这些基金开始出现较大回撤时，很容易发生“踩踏事件”，基金被赎回后就被迫卖出股票，股票被卖出后由于二级市场供需失衡导致基金回撤越来越大。其实，在投资市场上无论买什么，最重要的是盈利，至于怎么盈利，每个人都有自己的看法。但是我发现，从概率上来说，大部分人宁愿相信一些股评家的建议而很少能独立思考，不坚持自己通过思考得出的结论。

有一位朋友给我的印象很深，他刚入市不久，一开始时跟着买基金，在2020年的牛市行情中赚了一些钱，随后又亏出去了。那时网络上有很多讲解基金的视频，他只要看到某某人说某某基金好，长期净值涨得不错，就会忍不住买一点，不到一个月的时间买了30多只基金，投资越来越多，也越来越分散。随后，基金开始大面积回撤，对于现在的他而言，最大的愿望就是自己的基金能够解套。我想，等他熬过这个阶段，内心就会对这些涨涨跌跌不起波澜了吧。

5.2.3 没有稳定的现金流，没有长期规划

基金投资是一个长期行为，而不是短期博弈，从整体上来说，基金会随着大盘一起涨跌，谁也不可能精确地预测到大盘每一次的高点和低点。同时，股市还会有牛市和熊市的区别，熊市时间都比较长，牛市过后一般都是漫长的沉寂期。所以，在买基金之前我还是给大家说明一下，假如投资者没有稳定的现金流，买基金其实对于大部分人而言意义不大。可能在投资者购买基金的时候大盘正处于一个下跌趋势之中，投资者想趁着这一波行情赚到钱，结果大盘没按照投资者的预期走。基金在历年的牛熊转换里都可能维持在底部盘整一年左右，假如这时一次性把太多的资金投进去，等到急需用钱时就会被迫卖掉自己的基金。随着时间的流逝，被卖出的基金开始随着大盘缓慢拉升，此时我们也只有眼睁睁欣赏的份儿了，这当然是谁都不想看到的。

为了防止出现这种情况，我们必须对基金设定必要的资产分配，同时提倡大家把基金当成一种投资，作为一辈子的事情来对待。既然大家都知道基金长期是看多的，为什么还在乎短期的涨跌呢？因为每个人的技能都在不断地提升，随着工作能力的提高，自己的工资收入也会提高，闲置资金也会增加，投资者就会有更多的闲置资产进行投资。相比于10年、30年的长期持续投资体量而言，现在的投入和基金净值上几个点的变化都显得微乎其微。

所以，每个人在买基金时都需要知道：买基金是为了什么？你投入的钱在短期内需要用吗？你打算投资多长时间？你对市场的容忍度高不高？我们在买基金时都要有一个清晰的认识，而不是头脑发热看别人买就跟着买了，更不能幻想着一年两载就能够发财。

5.2.4 太在意短期的涨跌而忽略长期的发展

太在意短期的涨跌而忽略长期的发展，是投资者难以坚持的一个主要原因。冰冻三尺非一日之寒，有些投资者在买入基金后会非常在乎未来几天的涨跌，恨不得揠苗助长，看到行情涨了就高兴，看到行情跌了就难过。假如投资者在买基金时怀着这样的心态，那么真的很难持有超过一年，因为在基金中途波动时随时

都会把它卖掉。可笑的是，一些人甚至还会把基金当成股票一样来进行投机，进行所谓的高抛低吸，完全不在意基金的交易成本要比股票的交易成本高得多，并且基金的成交时间都会有延迟。

既然大家那么喜欢赚快钱，那么喜欢做短线，为什么不去投资期货呢？虽然期货风险非常大，但是我们天天做短线，频繁地止盈止损，与期货交易有什么明显的区别呢？归根到底是投资者那种渴求短期赚快钱的心理在作祟。现实是基金在很多时候的走势就像蜗牛一样，喜欢“快进快出”的投资者会受到很多煎熬。

每个资产都有自己的特点，对于大部分投资者而言，买基金更适合理财，能够抵御通货膨胀。看好长期的趋势而不是短期的波动，这一点希望每位投资者在买基金时都要想清楚——投资买的是未来。

大家知道了基金的特点及投资规则以后，不妨不定期地暗示自己未来会得到什么，拿20年或30年的时间维度去思考。比如，从现在开始为自己的孩子储蓄，每年留一些资金用来买基金，使用一定的规则进行投资，等到孩子上大学后，根据目前基金的收益率，我相信是完全可以支撑他上大学甚至读研究生的费用的。现在保险公司也会推出很多理财项目，兼顾保险功能。假如大家会理财，那么你自己买基金的收益会远远高于保险公司给你的分红。只不过，保险公司会强制你缴纳保费，而我们个人在平日里很少能坚持投资10年、20年。

第6章

掌握基金投资规则，实现复利人生

我们可以把基金当成会下蛋的鸡，投资者要做的事是决定买什么品种的鸡，以及如何饲养。只要大家能做到我在本章内容中讲的这几点，就可以成为一名合格的饲养员，而剩下的工作就是让鸡给我们源源不断地下蛋，然后我们继续投入更多的资金，让利润持续稳健地增长。

投资者只需要掌握本章讲解的这些基础规则，再去做一些基础的研究，我相信每个人都会找到属于自己的投资组合。

6.1 需要了解的基金和基金投资规则

1. 货币市场基金

对于普通大众而言，常用的基金一般包括货币市场基金、债券基金、混合基金、股票基金和开放式指数ETF等。货币市场基金一般是面向普通大众的，主要投资于短期货币工具，比如国债、央行票据、商业票据、银行定期存单、政府短期债券等短期有价证券。最常见的货币市场基金是支付宝的天弘余额宝货币市场基金。

货币市场基金的收益率一般不高，当投资者暂时不需要用钱，但是又不想让钱闲置时，就可以购买货币市场基金。货币市场基金不仅安全、流通性高，而且免收手续费、认购费、申购费和赎回费。它一般的年化收益率在3%左右，相比0.35%的活期存款利率，货币市场基金的整体“收益率”几乎是其10倍。即使相比一年期3%的银行定期存款利率，货币市场基金的整体“收益率”也明显更高。多数货币市场基金的面值永远保持1元/份，收益天天计算，每日都有利息收入，投资者享受的是复利，而银行定期存款是单利计息的。每月分红结转为基金份额，分红免收所得税。除货币市场基金外，各大券商也会有一些活期理财产品，每日收盘时资金会转入券商推荐的活期理财产品（一般都是货币市场基金），第二天开盘时再选择性卖出，完全不耽误股票的买卖。

在现实中各大券商也有一部分收入来自利息差，这意味着投资者当天卖出的股票是无法取出的，或者投资者的股票账户里有大量的资金却没有进行股票的买卖，而是闲置的，这些资金一旦数目变多，对于券商而言都可以为其赚取利润，也就是利息差。

最典型的例子是银华交易型货币市场基金，其走势如图6-1所示。

从图6-1中可以看出，基金净值不断攀升且十分稳健，长期保持一个较慢的、不断增长的收益率。

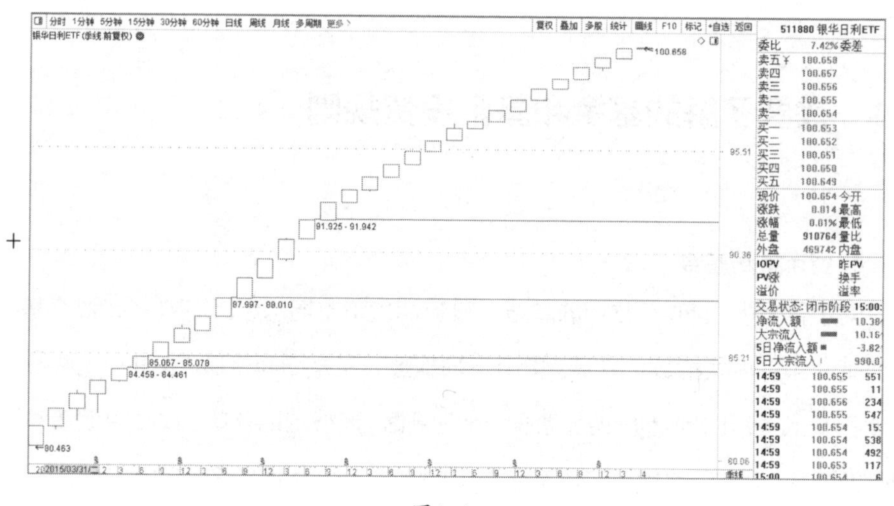

图6—1

2. 债券基金

债券基金主要用于购买各种债券，投资对象主要是国债、金融债和企业债。目前债券基金的数量也不少，占所有公募基金的比例约为19%，大于股票基金的占比，仅次于混合基金的占比，这说明债券基金在公募基金里有很大的市场空间。通常债券会为投资者提供固定的回报率和到期还本，风险低于股票的风险。

所以，相较于股票基金，债券基金具有收益稳定、风险较低的特点。目前债券基金的长期收益高于货币市场基金的长期收益，需要承担一定的波动风险，但就整体收益而言还是平稳增长的。在一般情况下，债券基金受到利率风险和信用风险两个重要因素的影响较大，债券价格的涨跌与利率的升降呈反向关系。

比如，2018年A股全面下挫，很多股票出现了较大回撤，但是债券市场的收益整体都是盈利的，有些银行发行的一些债券基金的年化收益率达到6%。图6—2为招商双债LOF的年线走势图。

我们可以看到，招商双债LOF的走势十分稳健，在2015年大熊市和2018年的行情下依旧保持了不错的收益率，年化收益率在6%左右。为了更加直观地反映债券和股票的关系，我们把招商双债LOF和沪深300进行叠加，观察一下它们的特点。图6-3为招商双债LOF和沪深300的叠加图。

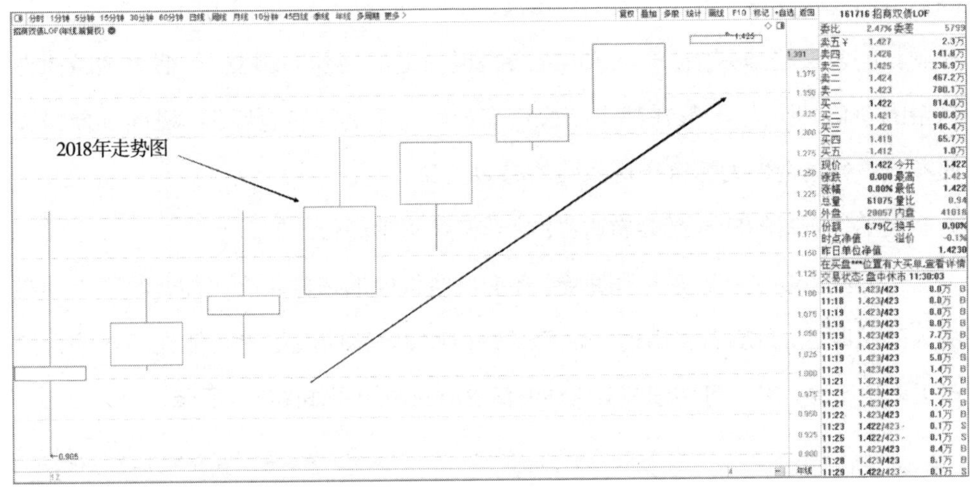

图6-2

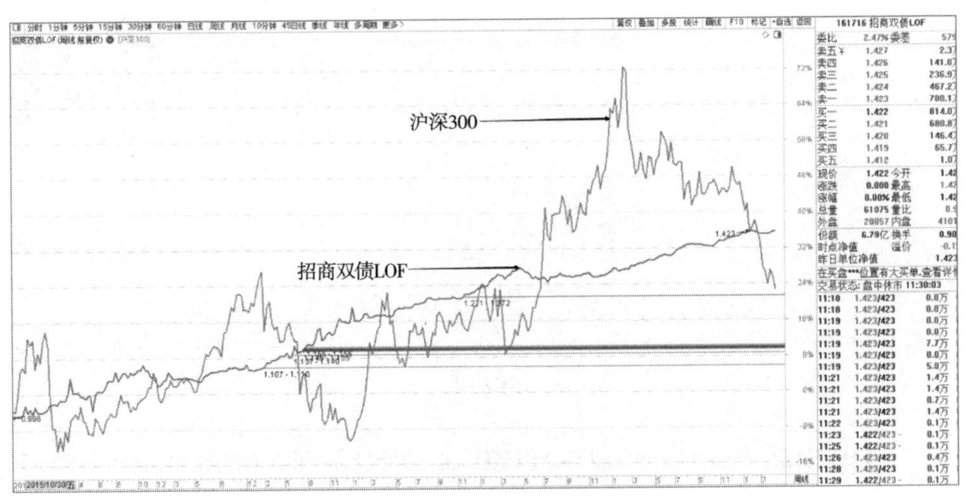

图6-3

图6-3的开始时间是2015年9月，截止时间是2022年4月，我们可以看到一个明显的特点：债券的收益率更加平滑且稳定，虽然中间也会有一些起起落落，但是整体没出现过太大的波动，起码投资者在心理上是可以承受的；沪深300虽然

在整体上爆发力更强，但是它的特点是大涨大跌，容易出现巨大的回撤。我们可以回顾股市的一些重大事件——2015年、2018年、2020年年初以及目前普遍被高估的白马股泡沫，在这些大的股市波动背景下债券受到的影响并不大；而一旦等到新的多头趋势开始，沪深300就会表现出更加强劲的爆发力，很快超越债券基金的净值。所以，一般在熊市下投资者更倾向于选择减仓股票，进而选择投资债券或债券基金作为抵御市场风险的有效工具。

是不是所有的债券都会有这样的特点呢？答案是否定的。

上面我主要谈及的是纯债基金，还有一些特殊的债券基金可能会与股市存在很大的关联性，会随着股市的下跌而下跌，比如可转债就很有可能在历年的大熊市里跟着下跌。华宝可转债债券A与沪深300的叠加图如图6-4所示。

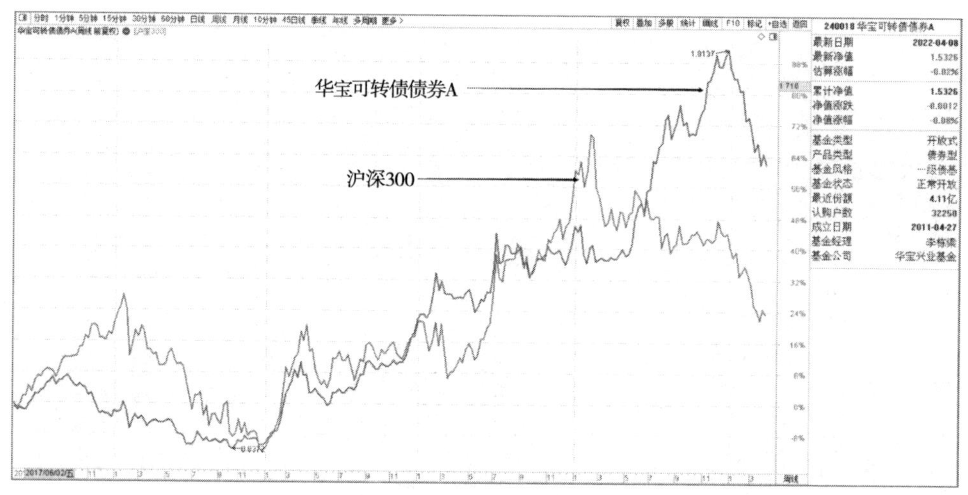

图6-4

从总体来看，华宝可转债债券A的整体走势要比沪深300的整体走势稳健，下跌幅度小，但是在遇到股市大的回撤时也会随着指数一起下跌，只不过跌幅不一样、下跌节奏不一样而已。

可转债经常被混合基金及债券基金拿来配置，并且作为防御类产品使用。可转债是债券持有人可按照发行时约定的价格将债券转换成公司普通股票的债券。如果债券持有人不想转换，则可以继续持有债券，直到偿还期满时收取本金和利息，或者在流通市场上出售变现。因为可转债既具有股票属性又有债券属性，所以它也是大众喜欢的投资品种之一。股票毕竟只是一种股权，一旦股票退市，按照偿还关系，公司清算应该先偿还债券，再清算最后的资产，所以债券的偿还关系是先于股权的。并且债券的面值都是100元/张，就算可转债价格随着股票价格下跌跌破了100元/张，但在到期之后只要公司还存在，就会以100元/张的价格赎回。所以，很多投资者就会在一只股票业绩优良但是频繁杀跌时买入该公司的可转债，因为可转债下方是有“底”的，正股却可以随着市场频繁杀跌，下跌30%都有可能，但是很多股票的可转债价格一般跌到100元/张附近就不会再下跌了。图6-5为青农商行的可转债和正股之间的叠加周线图。

图6-5

从图6-5中可以看到，2021年2月青农商行的正股和可转债一同下跌，可转债价格最终跌到99.1元/张，此后正股和可转债一起反弹；过了大约6周，青农商行的股价继续创出新低，此时青农转债却不再下跌，反而进入更长期的反弹行情。青农转债的价格在2022年1月涨到116元/张，就在青农转债价格攀升过程中，青农商行的正股股价却屡创新低，截至2022年4月，青农商行的股价下跌了25%，可转债的价格却涨了6%。所以，在一般情况下，可转债可以有效地控制回撤，锁定利润。公募基金，尤其是混合基金一般会在熊市时进行一定的可转债仓位配置。

但是，可转债发行公司现在只有412家，可选的品种并不多，你只能在有限的企业里面进行选择。并且可转债相对于正股而言流通性比较低，每天的成交量不是很大，这对公募基金如何介入、如何卖出也发起了挑战，反而对个人投资者而言是一件好事，因为个人投资者资金不多，买卖额度不会受到什么限制，更不会影响二级市场。

假如投资者想去寻找一些既优质又廉价的可转债，则可以从银行和证券板块中找到，规则如下：打开通达信软件，输入“HKZZ”，选择“含可转债”板块，如图6-6所示，跳转到一个板块栏里。

下面展示的都是含有可转债的股票，如图6-7所示。

通达信键盘精灵

HKZZ

含可转债[概念]		板块
HKZZ	含可转债(880524)	板块指数
HKZZ	好客转债(113542)	上海债券
930957	HKC中国100	中证指数

图6-6

行情报价 | 资金驱动力 | 资金博弈 | DDE排名 | 多空阵线 | 分类过滤 | 组合分析 | 自选管理 | 多股同列 | 综合排名 | 定制版面

	代码	名称		涨幅%	现价	涨跌	买价	卖价	总量	现量	60日涨幅%	连涨天	细分行业	涨速%	换手%	今开	最高	最低	昨收
271	600908	无锡银行		-1.84	5.87	-0.11	5.86	5.87	142541	1917	-1.01	-1	银行	-0.16	0.81	5.96	5.99	5.84	5.98
272	600909	华安证券	R	-1.67	4.72	-0.08	4.72	4.73	257234	3391	-9.75	-3	证券	-0.20	0.55	4.80	4.82	4.71	4.80
273	600919	江苏银行	R	-1.22	7.30	-0.09	7.29	7.30	793366	9350	12.14	-1	银行	0.27	0.54	7.43	7.52	7.27	7.39
274	600926	杭州银行	R	-2.47	15.01	-0.38	15.00	15.01	202277	1202	11.68	-2	银行	-0.12	0.40	15.45	15.55	14.93	15.39
275	600929	雪天盐业	R	1.99	7.68	0.15	7.67	7.68	320619	7019	3.23	1	食品	-0.25	3.49	7.55	7.72	7.46	7.53
276	600939	重庆建工		-6.79	4.53	-0.33	4.53	4.54	345273	2567	7.60	-1	建筑工程	-0.21	1.82	4.89	4.90	4.51	4.86
277	600996	贵广网络	R	-5.21	8.91	-0.49	8.90	8.91	610217	9340	41.88	-1	影视音像	-0.55	5.73	9.40	9.56	8.83	9.40
278	601006	大秦铁路	R	-0.86	6.93	-0.06	6.92	6.93	474193	6356	7.61	-1	铁路	0.00	0.32	7.02	7.06	6.91	6.99
279	601009	南京银行	R	-0.51	11.71	-0.06	11.71	11.72	504758	4442	23.00	-1	银行	-0.08	0.59	11.83	11.94	11.65	11.77
280	601012	隆基股份 T	R	-3.33	66.80	-2.30	66.80	66.81	492728	8256	-17.54	-2	电气设备	-0.05	0.91	67.20	68.45	66.66	69.10
281	601016	节能风电	R	-2.52	4.25	-0.11	4.25	4.26	456362	5515	-20.71	-1	新型电力	0.00	1.02	4.39	4.39	4.24	4.36
282	601020	ST华钰		-4.40	17.80	-0.82	17.79	17.80	174237	2221	52.79	-1	铅锌	0.56	3.11	18.20	18.53	17.69	18.62
283	601108	财通证券	R	-1.27	7.75	-0.10	7.74	7.75	262607	2780	-18.85	-4	证券	0.00	0.57	7.83	7.88	7.73	7.85
284	601127	小康股份	R	-0.16	43.19	-0.07	43.18	43.19	127934	1540	-0.52	-2	汽车整车	-0.01	1.24	43.26	44.30	42.52	43.26
285	601166	兴业银行	R	-0.89	21.26	-0.19	21.25	21.26	730518	7581	3.65	-3	银行	-0.18	0.35	21.49	21.62	21.21	21.45
286	601211	国泰君安	R	-0.91	15.30	-0.14	15.30	15.31	172617	3332	-11.51	-4	证券	-0.06	0.23	15.47	15.51	15.25	15.44
287	601229	上海银行	R	-0.60	6.66	-0.04	6.66	6.67	208252	4070	-7.62	-1	银行	-0.14	0.15	6.70	6.72	6.65	6.70
288	601231	环旭电子	R	0.27	11.26	0.03	11.26	11.27	42072	560	-26.40	1	元器件	-0.08	0.19	11.27	11.47	11.22	11.23
289	601330	绿色动力	*	-0.62	8.02	-0.05	8.02	8.03	44668	742	-20.44	-1	环境保护	0.00	0.50	8.10	8.14	7.97	8.07
290	601366	利群股份	*	0.15	6.71	0.01	6.70	6.71	69536	1544	6.68	5	百货	0.00	0.83	6.70	6.77	6.66	6.70
291	601515	东风股份	R	-1.42	6.92	-0.10	6.92	6.93	110611	580	-17.13	-1	广告包装	0.29	0.83	7.06	7.08	6.90	7.02
292	601609	金田铜业	*	-2.66	7.67	-0.21	7.67	7.68	95453	574	-11.33	-1	铜	0.13	1.60	7.90	7.91	7.65	7.88
293	601611	中国核建	R	0.67	8.95	0.06	8.94	8.95	464285	9910	0.22	3	建筑工程	-0.21	1.77	8.87	9.00	8.73	8.89
294	601619	嘉泽新能		-0.25	3.97	-0.01	3.97	3.98	132662	1509	-14.44	-1	新型电力	0.00	0.56	3.98	4.04	3.95	3.98
295	601633	长城汽车 T	R	0.20	25.46	0.05	25.46	25.47	314175	2851	-44.06	1	汽车整车	0.00	0.52	25.41	26.25	25.21	25.41
296	601636	旗滨集团	R	-2.41	11.33	-0.28	11.32	11.33	280584	2632	-30.02	-2	玻璃	-0.34	1.04	11.62	11.65	11.31	11.61
297	601677	明泰铝业	*	-5.68	33.24	-2.00	33.23	33.24	136733	2709	-22.10	-9	铝	0.57	1.99	35.08	35.41	32.74	35.24
298	601686	友发集团		-3.86	7.96	-0.32	7.96	7.97	86849	282	-19.92	-1	钢加工	0.00	1.54	8.32	8.32	7.88	8.28
299	601778	晶科科技		-2.25	5.22	-0.12	5.22	5.23	222210	3170	-27.70	-1	新型电力	-0.37	1.09	5.36	5.37	5.22	5.34
300	601818	光大银行	R	-0.30	3.28	-0.01	3.28	3.29	890142	15140	-2.96	-1	银行	0.00	0.22	3.29	3.31	3.27	3.29

图6-7

在“基本栏目”→“细分行业”页面中就可以查找相应板块的股票及可转债了，如图6-8所示。

行情报价 | 资金驱动力 | 资金博弈 | DDE排名 | 多空阵线　　分类过滤 | 组合分析 | 自选管理 | 多股同列 | 综合排名 | 定制版面

	代码	名称		涨幅%	现价	涨跌	买价	卖价	总量	现量	60日涨幅%	细分行业	涨速%	换手%	今开	最高	最低	昨收	市盈(动)
271	002446	盛路通信	R	-0.78	6.35	-0.05	6.35	6.36	276731	3791	2.92	通信设备	-0.15	3.31	6.35	6.46	6.33	6.40	295.98
272	000070	特发信息	R	-0.58	5.14	-0.03	5.14	5.15	36163	257	-23.85	通信设备	0.00	0.43	5.19	5.29	5.12	5.17	–
273	300743	天地数码		-2.90	11.06	-0.33	11.05	11.06	49493	577	-9.94	IT设备	0.09	5.04	11.39	11.53	10.90	11.39	79.10
274	002376	新北洋	R	-1.36	7.28	-0.10	7.28	7.29	42793	474	-23.20	IT设备	0.00	0.67	7.40	7.50	7.27	7.38	–
275	600901	江苏租赁	R	-0.78	5.11	-0.04	5.11	5.12	95350	1733	-0.70	多元金融	-0.19	0.32	5.16	5.17	5.10	5.15	7.26
276	002961	瑞达期货		0.28	17.68	0.05	17.67	17.68	15761	116	-23.53	多元金融	-0.16	1.45	17.62	18.00	17.62	17.63	15.61
277	601881	中国银河	R	-1.47	10.05	-0.15	10.04	10.05	130199	2169	-6.34	证券	0.10	0.20	10.26	10.26	10.00	10.20	9.77
278	601211	国泰君安	R	-0.91	15.30	-0.14	15.30	15.31	172617	3332	-11.51	证券	-0.06	0.23	15.47	15.51	15.25	15.44	9.08
279	601108	财通证券	R	-1.27	7.75	-0.10	7.74	7.75	262607	2788	-18.85	证券	0.00	0.57	7.83	7.88	7.73	7.85	16.93
280	600909	华安证券	R	-1.67	4.72	-0.08	4.72	4.73	257234	3391	-9.75	证券	-0.20	0.55	4.80	4.82	4.71	4.80	15.57
281	600061	国投资本	R	-0.29	6.91	-0.02	6.90	6.91	154996	2376	-13.63	证券	-0.13	0.24	6.96	6.96	6.85	6.93	9.26
282	000783	长江证券	R	-1.47	6.03	-0.09	6.02	6.03	155308	2788	-17.06	证券	0.00	0.28	6.12	6.14	6.01	6.12	11.37
283	603323	苏农银行	R	-3.69	5.48	-0.21	5.48	5.49	226589	3800	3.99	银行	-0.17	1.49	5.66	5.73	5.45	5.69	7.14
284	601998	中信银行	R	-1.96	5.01	-0.10	5.01	5.02	291863	2567	7.51	银行	0.00	0.09	5.10	5.11	4.99	5.11	4.41
285	601963	重庆银行	•	-1.38	8.56	-0.12	8.55	8.56	150283	2106	-5.21	银行	-0.11	2.29	8.69	8.70	8.51	8.68	6.38
286	601860	紫金银行	R	-1.29	3.05	-0.04	3.05	3.06	283263	2083	-8.13	银行	0.00	0.82	3.10	3.12	3.04	3.09	7.04
287	601838	成都银行	R	-4.50	15.50	-0.73	15.50	15.51	307038	2267	11.91	银行	-0.31	0.05	16.12	16.28	15.40	16.23	8.10
288	601818	光大银行	R	-0.30	3.28	-0.01	3.28	3.29	890142	15140	-2.96	银行	0.00	0.22	3.29	3.31	3.27	3.29	4.08
289	601229	上海银行	R	-0.60	6.66	-0.04	6.66	6.67	208252	4078	-7.62	银行	-0.14	0.15	6.70	6.72	6.65	6.70	4.26
290	601166	兴业银行	R	-0.89	21.26	-0.19	21.25	21.26	730518	7581	3.65	银行	-0.18	0.35	21.49	21.62	21.21	21.45	5.34
291	601009	南京银行	R	-0.51	11.71	-0.06	11.71	11.72	504758	4442	23.00	银行	-0.08	0.59	11.83	11.94	11.65	11.77	5.85
292	600926	杭州银行	R	-2.47	15.01	-0.38	15.00	15.01	202277	1202	11.68	银行	-0.12	0.40	15.45	15.55	14.93	15.39	9.61
293	600919	江苏银行	R	-1.22	7.30	-0.09	7.29	7.30	793366	9350	12.14	银行	0.27	0.54	7.43	7.52	7.27	7.39	5.47
294	600908	无锡银行		-1.84	5.87	-0.11	5.86	5.87	142541	1917	-1.01	银行	-0.16	0.81	5.96	5.99	5.84	5.98	6.86
295	600000	浦发银行	R	-0.37	8.11	-0.03	8.10	8.11	191439	11973	-5.37	银行	0.12	0.07	8.13	8.15	8.08	8.14	4.30
296	002966	苏州银行		-1.71	7.48	-0.13	7.48	7.49	138241	2440	8.41	银行	-0.26	0.85	7.61	7.63	7.45	7.61	8.03
297	002958	青农商行	R	-2.77	3.51	-0.10	3.50	3.51	254214	3844	-10.00	银行	0.29	0.53	3.60	3.62	3.49	3.61	5.35
298	002839	张家港行	R	-2.06	6.65	-0.14	6.64	6.66	221441	3217	7.96	银行	-0.14	1.29	6.70	6.82	6.61	6.79	9.22
299	002807	江阴银行		-1.64	4.21	-0.07	4.20	4.21	282036	3612	7.95	银行	0.24	1.30	4.28	4.32	4.17	4.28	7.18
300	603871	嘉友国际		1.32	17.64	0.23	17.63	17.64	23245	158	-19.42	仓储物流	0.06	0.01	17.42	18.28	17.33	17.41	16.89

图6-8

既然我们知道债券基金买入的都是债券，并且以金融债、企业债和国债为主，那么我们在进行筛选时，对基金经理的投资年限、基金公司的规模和口碑及往期的业绩等都要做一番研究，才能更好地辅助我们进行对比。比如，在【F10】里可以看到基金公司每季度发布的基金报告、基金业绩评级等重要指标，可以较为粗略地了解一只债券基金的基本情况。假如大家想更加详细地了解，就需要花费更多的时间去搜集相应的资料。

下面以招商双债LOF（代码为161716）为例给大家进行简单的演示。

打开软件里面的图文【F10】，可以看到基金的规模份额、净值回报和投资组合等基本信息，方便投资者进行研究对比。其中，在“最新提示”页面中基本上是关于基金的基本介绍，比如基金概况、基金经理的基本信息等，如图6-9和图6-10所示。

招商双债LOF
161716

最新提示
规模份额
净值回报
投资组合
持股情况
财务状况
销售信息

基金概况 | 基金经理 | 基金公司 | 交易席位和佣金 | 基金评级

基金概况

基金简称	招商双债LOF	基金代码	161716
基金全称	招商双债增强债券型证券投资基金(LOF)C类	英文名称	China Merchants Double Bonds Enhanced Bond Fund (LOF) C
最新净值	1.4230 (2022-04-08)	基金类别	LOF
最新份额	90.19亿份 (2021-12-31)	最新净资产	127.38亿元 (2021-12-31)
投资类型	债券型	投资风格	一级债基
基金管理人	招商基金管理有限公司	基金托管人	中国农业银行股份有限公司
托管费率	0.20%	管理费率	0.60%
申赎状态	暂停大额申购，开放赎回		
是否改制基金	是	发行批准文号	--
基金成立日	2013-03-01	存续期限	--
存续期起始日	--	存续期终止日	--
费率提取标准	按前一日基金资产净值的年费率计提		
业绩比较基准	60%×中债综合指数收益率+40%×天相可转债指数收益率		
投资目标	本基金在追求基金资产稳定增值的基础上，力求获得高于业绩比较基准的投资收益。		
投资范围	本基金的投资范围为具有良好流动性的金融工具，包括国内依法发行上市的债券、货币市场工具、权证、资产支持证券以及法律法规或中国证监会允许基金投资的其他金融工具(但须符合中国证监会相关规定)。本基金固定收益类资产（含可转债）的投资比例不低于基金资产的80%，其中，本基金对可转债及信用债的投资比例不低于基金资产的70%，现金或者到期日在一年以内的政府债券投资比例不低于基金资产净值的5%。本基金所指信用债券是指企业债券、公司债券、短期融资券、金融债券（不包括政策性金融债）、次级债、资产支持证券、可转换债券等非国家信用的固定收益类金融工具。本基金不从二级市场买入股票，因通过发行、行权、可转债转股等原因形成的股票等权益类资产的比例不超过基金资产的20%。如法律法规或监管机构以后允许基金投资其他品种，基金管理人在履行适当程序后，可以将其纳入投资范围。		
风险收益特征	中低		

图6-9

招商双债LOF
161716

最新提示
规模份额
净值回报
投资组合
持股情况
财务状况
销售信息

基金概况 | 基金经理 | 基金公司 | 交易席位和佣金 | 基金评级

基金经理

现任基金经理　历任基金经理

选择基金经理：

姓名	刘万锋	任职日期	20150609	现任基金数	20	管理规模	263.64亿

先生：经济学硕士。中国国籍，2005年7月加入北京吉普汽车有限公司任财务岗，从事财务管理工作，2009年7月加入国家开发银行股份有限公司资金局，任交易员，从事资金管理、流动性组合管理工作，2014年6月加入招商基金管理有限公司，曾任助理基金经理，现任招商现金增值开放式证券投资基金基金经理(管理时间：2015年1月14日至今)、招商双债增强债券型证券投资基金(LOF)基金经理(管理时间：2015年6月9日至今)、招商招瑞纯债债券型发起式证券投资基金基金经理(管理时间：2016年3月9日至今)、招...展开

任职基金	基金简称	任职时间	任职年限	任职回报	平均年化收益	同期沪深300涨幅	超越沪深300回报
161716	招商双债LOF	20150609-至今	6.84	35.52	4.54	-20.44	55.96
002341	招商招瑞纯债A	20160309-至今	6.09	29.16	4.29	37.72	-8.56
002520	招商招瑞纯债C	20160316-至今	6.07	27.63	4.10	36.92	-9.29
003809	招商招鹏纯债A	20180227-至今	4.12	21.25	4.79	4.23	17.02
003810	招商招鹏纯债C	20180227-至今	4.12	3.21	0.77	4.23	-1.02
005606	招商招坤6个月定开债发起式	20180315-至今	4.07	17.72	4.08	3.29	14.43
006108	招商添利6个月定开债发起...	20180627-至今	3.79	--	--	--	--
006107	招商添利6个月定开债发起...	20180627-至今	3.79	16.26	4.06	22.31	-6.05
006428	招商添悦纯债C	20181026-至今	3.46	14.19	3.91	33.31	-19.12
006427	招商添悦纯债A	20181026-至今	3.46	15.02	4.13	33.31	-18.29
003297	招商双债E	20190306-至今	3.1	14.94	4.60	9.95	4.99
009580	招商双债D	20200525-至今	1.88	7.32	3.83	10.49	-3.17
217203	招商债券B	20210218-至今	1.14	7.30	6.38	-26.66	33.96
217003	招商债券A	20210218-至今	1.14	7.66	6.69	-26.66	34.32
011953	招商招瑞纯债D	20210409-至今	1	2.87	2.86	-15.98	18.85
012489	招商招鹏纯债D	20210527-至今	0.87	--	--	--	--
013391	招商债券D	20210817-至今	0.65	2.23	--	-12.54	14.77
012819	招商享诚增强债券C	20211026-至今	0.45	-1.02	--	-14.75	13.73
012818	招商享诚增强债券A	20211026-至今	0.45	-0.84	--	-14.75	13.91

图6-10

在“净值回报”页面中，投资者可以找到关于基金长期的投资业绩情况、与沪深300等指数的对比情况，以及在同类型基金里面的表现等。

图6-11为基金历史净值表现，可以看出这只基金往年业绩比较平稳。

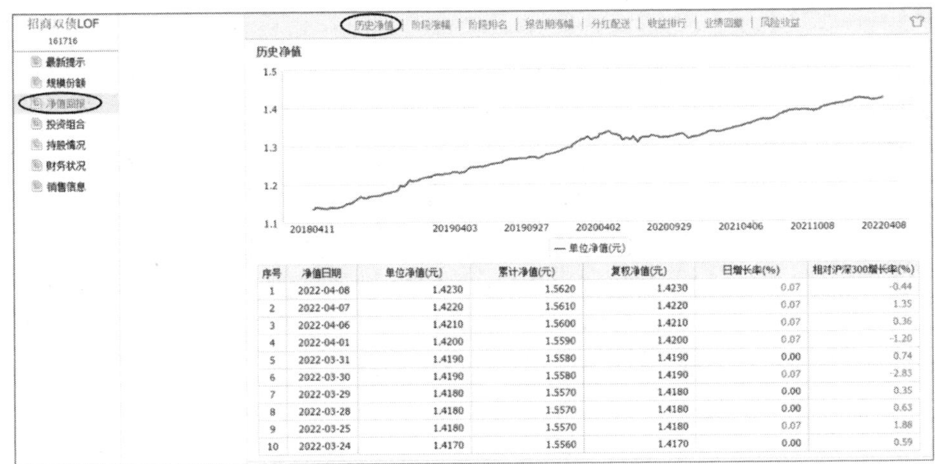
招商双债LOF
161716
最新提示
规模份额
净值回报
投资组合
持股情况
财务状况
销售信息

历史净值 | 阶段涨幅 | 阶段排名 | 报告期涨幅 | 分红配送 | 收益排行 | 业绩回撤 | 风险收益

历史净值

序号	净值日期	单位净值(元)	累计净值(元)	复权净值(元)	日增长率(%)	相对沪深300增长率(%)
1	2022-04-08	1.4230	1.5620	1.4230	0.07	-0.44
2	2022-04-07	1.4220	1.5610	1.4220	0.07	1.35
3	2022-04-06	1.4210	1.5600	1.4210	0.07	0.36
4	2022-04-01	1.4200	1.5590	1.4200	0.07	-1.20
5	2022-03-31	1.4190	1.5580	1.4190	0.00	0.74
6	2022-03-30	1.4190	1.5580	1.4190	0.07	-2.83
7	2022-03-29	1.4180	1.5570	1.4180	0.00	0.35
8	2022-03-28	1.4180	1.5570	1.4180	0.00	0.63
9	2022-03-25	1.4180	1.5570	1.4180	0.07	1.88
10	2022-03-24	1.4170	1.5560	1.4170	0.00	0.59

图6-11

图6-12为基金阶段涨幅，相比大起大落的股票指数表现非常平稳，很少出现太大的回撤，整体风险可控，并且近五年阶段涨幅达到30%以上，比同期的上证指数和沪深300要稳健得多。

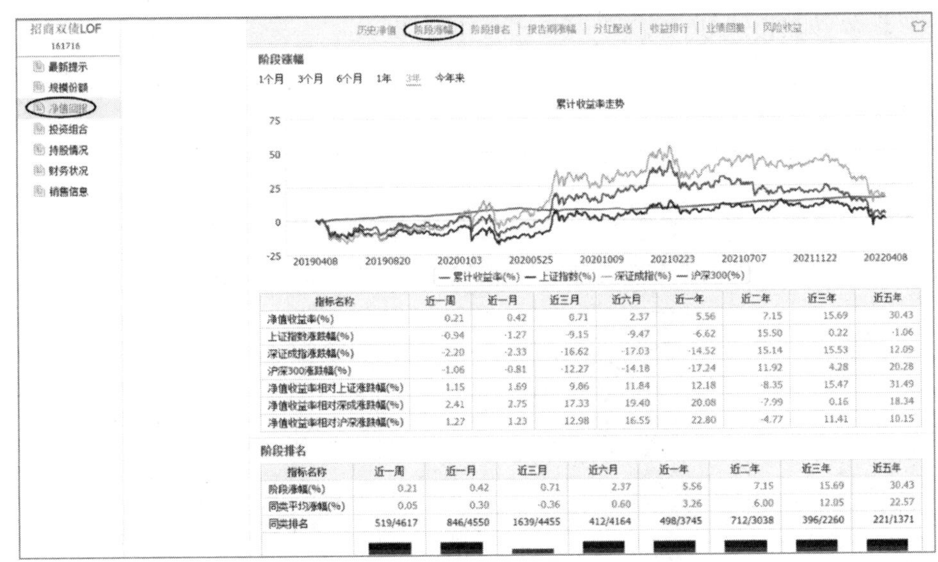
招商双债LOF
161716
最新提示
规模份额
净值回报
投资组合
持股情况
财务状况
销售信息

历史净值 | 阶段涨幅 | 阶段排名 | 报告期涨幅 | 分红配送 | 收益排行 | 业绩回撤 | 风险收益

阶段涨幅

1个月　3个月　6个月　1年　3年　今年来

指标名称	近一周	近一月	近三月	近六月	近一年	近二年	近三年	近五年
净值收益率(%)	0.21	0.42	0.71	2.37	5.56	7.15	15.69	30.43
上证指数涨跌幅(%)	-0.94	-1.27	-9.15	-9.47	-6.62	15.50	0.22	-1.06
深证成指涨跌幅(%)	-2.20	-2.33	-16.62	-17.03	-14.52	15.14	15.53	12.09
沪深300涨跌幅(%)	-1.06	-0.81	-12.27	-14.18	-17.24	11.92	4.28	20.28
净值收益率相对上证涨跌幅(%)	1.15	1.69	9.86	11.84	12.18	-8.35	15.47	31.49
净值收益率相对深成涨跌幅(%)	2.41	2.75	17.33	19.40	20.08	-7.99	0.16	18.34
净值收益率相对沪深涨跌幅(%)	1.27	1.23	12.98	16.55	22.80	-4.77	11.41	10.15

阶段排名

指标名称	近一周	近一月	近三月	近六月	近一年	近二年	近三年	近五年
阶段涨幅(%)	0.21	0.42	0.71	2.37	5.56	7.15	15.69	30.43
同类平均涨幅(%)	0.05	0.30	-0.36	0.60	3.26	6.00	12.05	22.57
同类排名	519/4617	846/4550	1639/4455	412/4164	498/3745	712/3038	396/2260	221/1371

图6-12

我们还可以对基金的投资组合进行查看，比如“在投资组合”页面中可以看到资产配置信息，如图6-13所示。

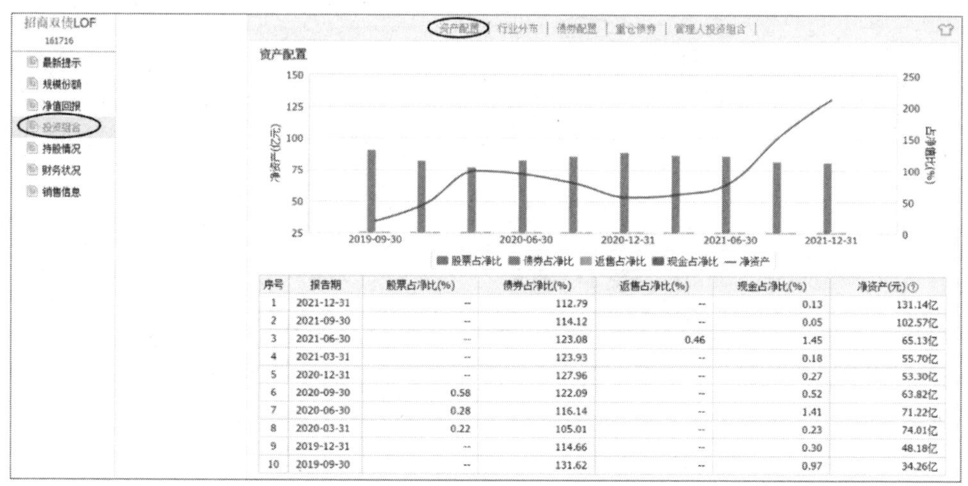

序号	报告期	股票占净比(%)	债券占净比(%)	返售占净比(%)	现金占净比(%)	净资产(元)
1	2021-12-31	--	112.79	--	0.13	131.14亿
2	2021-09-30	--	114.12	--	0.05	102.57亿
3	2021-06-30	--	123.08	0.46	1.45	65.13亿
4	2021-03-31	--	123.93	--	0.18	55.70亿
5	2020-12-31	--	127.96	--	0.27	53.30亿
6	2020-09-30	0.58	122.09	--	0.52	63.82亿
7	2020-06-30	0.28	116.14	--	1.41	71.22亿
8	2020-03-31	0.22	105.01	--	0.23	74.01亿
9	2019-12-31	--	114.66	--	0.30	48.18亿
10	2019-09-30	--	131.62	--	0.97	34.26亿

图6-13

在“债券配置”页面中能看到该基金经理在2021年投资的各类债券仓位配置情况，其中，中期票据所占比例最大，达到49.90%，金融债券占比达到35.25%，企业债占比达到13.64%，政策性金融债、企业短期融资券和可转债占比微乎其微，如图6-14所示。

债券配置

报告期	2021-12-31	2021-09-30	2021-06-30	2021-03-31	2020-12-31	2020-09-30»
国债金额(元)	--	--	--	--	--	--
国债占净值比例(%)	--	--	--	--	--	--
金融债券金额(元)	46.22亿	29.01亿	15.49亿	7.53亿	10.12亿	15.77亿
金融债占净值比例(%)	35.25	28.28	23.78	13.51	19.00	24.71
企业债金额(元)	17.88亿	13.09亿	7.94亿	7.33亿	8.24亿	8.26亿
企业债占净值比例(%)	13.64	12.77	12.20	13.16	15.45	12.95
可转债金额(元)	811.68万	299.47万	250.55万	146.30万	--	1.18亿
可转债占净值比例(%)	0.06	0.03	0.04	0.03	--	1.84
其他债券金额(元)	3.88亿	3.50亿	8303.20万	2.58亿	--	--
其他债券占净值比例(%)	2.96	3.41	1.27	4.63	--	--
央行票据(元)	--	--	--	--	--	--
央行票据占净值比例(%)	--	--	--	--	--	--
其中：政策性金融债(元)	16.40亿	9.84亿	5.13亿	4.01亿	9.14亿	12.22亿
政策性金融债占净值比例(%)	12.51	9.60	7.88	7.20	17.16	19.15
企业短期融资券(元)	5.93亿	4.13亿	4.08亿	2.81亿	5007.20万	8014.80万
企业短期融资券占净值比例(%)	4.52	4.02	6.27	5.04	0.94	1.26
剩余存续期超过397天的浮动利率债券(元)	--	--	--	--	--	--
剩余存续期超过397天的浮动利率债券占净值比例(%)	--	--	--	--	--	--
中期票据(元)	65.44亿	58.05亿	49.85亿	48.77亿	49.34亿	51.90亿
中期票据占净值比例(%)	49.90	56.59	76.54	87.56	92.57	81.33
公告日期	2022-01-21	2021-10-26	2021-07-20	2021-04-21	2021-01-21	2020-10-27

图6-14

图6-15为五大债券持仓情况，主要持仓为21浦发银行CD234（意思是上海

浦东发展银行2021年第234期同业存单）。

序号	债券代码	债券名称	市值(元)	占净值比(%)	占债券投资比(%)	持仓量(张)	持仓量变动(张)
1	112109234	21浦发银行CD234	2.92亿	2.23	1.98	300.00万	300.00万
2	112106309	21交通银行CD309	2.92亿	2.23	1.98	300.00万	300.00万
3	112109227	21浦发银行CD227	2.63亿	2.01	1.78	270.00万	270.00万
4	190202	19国开02	2.60亿	1.98	1.76	260.00万	70.00万
5	210405	21农发05	2.57亿	1.96	1.74	250.00万	60.00万

图6-15

国债是各大债券基金重点配置的对象之一。在大家的证券账户里也可以进行国债逆回购。国债逆回购可以理解为债券持有者由于缺钱，用国债作为抵押获得借款，到期后支付给投资者一定的利息。国债逆回购一般分为上海和深圳两类，上海的国债逆回购起步资金是10万元，深圳的国债逆回购起步资金是1000元。深圳的国债逆回购以R开头，后面的数字是指借出天数；上海的国债逆回购以GC开头，后面的数字也是指借出天数，比如GC001，代表借出天数为一天，如图6-16所示。

	代码	名称	现价	涨幅%	涨跌	买价	卖价	总量	现量	60日涨幅%	涨速%	换手%	今开	最高	最低	昨收	市
1	131800	R-003	1.350	-15.63	-0.250	1.350	1.351	910483	825	–	-25.45	–	1.800	1.930	1.110	1.600	
2	131801	R-007	1.853	-3.29	-0.063	1.853	1.858	962.3万	6041	–	-7.34	–	2.000	2.090	1.800	1.916	
3	131802	R-014	0.020	-99.02	-2.020	0.020	–	770562	58	–	-99.02	–	1.800	2.112	0.010	2.040	
4	131803	R-028	2.030	-8.43	-0.187	2.030	2.031	583482	368	–	-7.13	–	2.100	2.300	2.002	2.217	
5	131805	R-091	2.131	-3.57	-0.079	2.131	2.200	41064	10	–	-3.26	–	2.101	2.250	2.101	2.210	
6	131806	R-182	2.140	1.42	0.030	2.140	2.151	10907	50	–	-0.50	–	2.100	2.220	2.100	2.110	
7	131809	R-004	1.900	11.44	0.195	1.830	1.900	851522	5762	–	2.43	–	1.700	2.000	1.702	1.705	
8	131810	R-001	1.502	-4.03	-0.063	1.380	1.502	1.53亿	711000	–	-16.68	–	2.000	2.027	1.150	1.565	
9	131811	R-002	1.100	-33.33	-0.550	1.100	1.500	128.7万	23396	–	-39.22	–	1.666	2.475	1.100	1.650	
10	204001	GC001	1.800	-3.49	-0.065	1.300	1.315	11.38亿	115100	–	-3.48	–	2.045	2.090	1.300	1.865	
11	204002	GC002	1.800	-1.37	-0.025	1.500	1.750	1616万	1100	–	-6.00	–	1.800	2.485	1.210	1.825	
12	204003	GC003	1.880	3.01	0.055	1.500	1.760	819.9万	2000	–	-4.07	–	1.850	2.180	1.260	1.825	
13	204004	GC004	1.950	-0.51	-0.010	0.010	1.800	527.5万	600	–	-2.25	–	2.000	2.150	1.560	1.960	
14	204007	GC007	1.985	-3.41	-0.070	–	1.800	1.31亿	39700	–	-0.74	–	2.060	2.075	1.800	2.055	
15	204014	GC014	2.075	-1.19	-0.025	1.900	1.995	2244万	100	–	0.24	–	2.000	2.150	1.900	2.100	
16	204028	GC028	2.230	-1.76	-0.040	2.120	2.250	1084万	200	–	0.22	–	2.210	2.300	2.105	2.270	
17	204091	GC091	2.280	0.22	0.005	2.200	2.270	278800	500	–	0.22	–	2.260	2.300	2.200	2.275	
18	204182	GC182	2.240	-1.32	-0.030	2.230	2.235	16900	600	–	0.22	–	2.205	2.245	2.205	2.270	

图6-16

大家需要注意的是，国债逆回购的价格代表的是国债回购的利率，所以价格越高代表投资者的利率越高、收益越大。在一般情况下，在假期期间或者市场急缺钱时国债逆回购的价格会很高，有时在6个点以上。

3. 股票基金

股票基金是指基金会把资产用于投资股票，要求所持有股票的仓位不能低于80%，一般以进取型投资居多，其风险比货币市场基金和债券基金的风险大得多。因为这里面主要的投资对象是股票，是否盈利更多地取决于基金经理的投资水平，所以对基金经理的选股能力发起了重大挑战。由于股票基金有最低的持仓限制，所以一旦遇到熊市大级别回调，若选股水平不佳，当基金经理购买的股票出现大面积或大幅回撤时，基金净值同样会跟着遭殃，从而发生大跌的情况。这对于持有基金的投资者而言也是一种煎熬，但是股票基金在牛市里面的表现依旧是很强势的。不少股票基金的净值可能会随着大盘波动而表现出大起大落，波动大小主要受到基金经理个人实力的影响。鉴于此，对于股票基金的筛选，投资者需要格外谨慎，起码需要知道基金经理的管理风格，然后制订一个适合自己的投资计划。

下面对比两只股票基金以方便大家理解。

景顺优质成长，代码为000411，其历史净值曲线如图6–17所示。

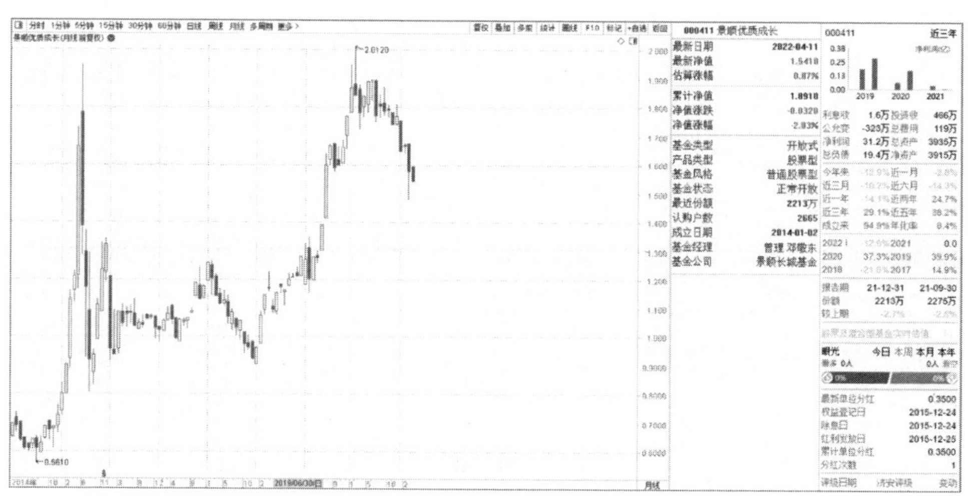

图6–17

从图6–17中可以看出，景顺优质成长基金的明显特点就是振幅大、不稳定，遇到牛市就会产生巨大的利润，可是一旦遇到2015年大熊市、2018年和2022年年初的行情，它的回撤往往很大。这类基金投资对投资者发起了巨大挑战，因为如果你长期持有，那么可能到最后年化收益率只有8.4%。

另外，这只基金持有的股票比较分散，2021年年报披露其共持仓132只股票（具体持仓可以打开东方财富官网查找），主打分散投资，但是整体行情要比沪深300强势一些。

工银前沿医疗股A，代码为001717，其历史净值曲线如图6–18所示。

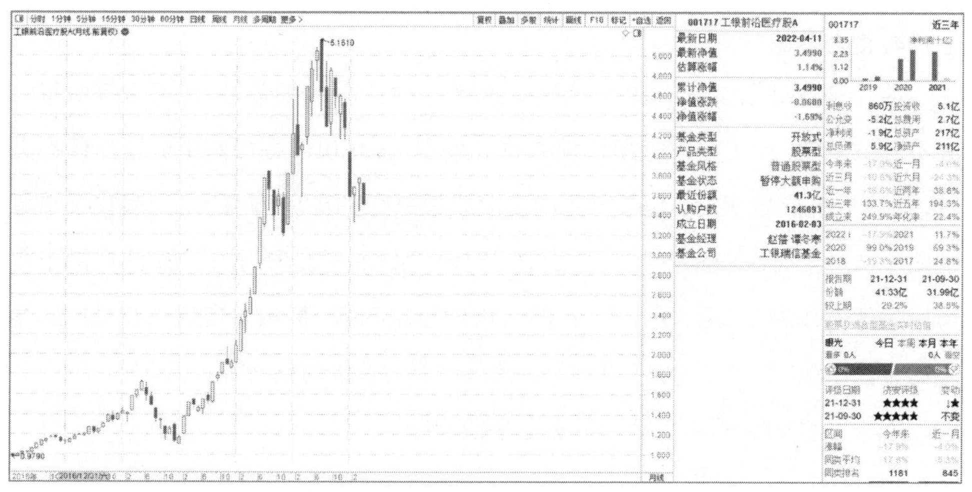

图6–18

该基金主打风格化投资，对医疗保健类股票投资占比较大，它的走势明显要比景顺优质成长的走势稳健，并且持续性更好，整体年化收益率达22.4%。由于其整体投资类型属于长期多头赛道行业，因此更适合长期持有。

相对于过于分散的股票基金而言，这类基金的选股范围就没那么大，容易管理。图6–19为该基金2021年四季度的持仓情况。

从图6–19中可以看出，该基金的仓位几乎都是医药股，并且持仓比较集中。这类风格化管理模式在一个大的赛道里更容易跑出不错的成绩。

截止日期:2021-12-31

股票代码	股票名称	持股数量(万股)	持股市值(万元)	占净值比%
603259	药明康德	1700.01	201586.79	9.54
002821	凯莱英	430.01	187053.31	8.85
300363	博腾股份	1500.01	134175.55	6.35
300760	迈瑞医疗	350.00	133280.00	6.31
300347	泰格医药	900.00	115020.00	5.44
603456	九洲药业	2000.00	112520.00	5.33
688202	美迪西	177.01	85952.59	4.07
300015	爱尔眼科	2000.00	84560.00	4.00
000739	普洛药业	2000.00	70180.04	3.32
300151	昌红科技	1400.01	57260.35	2.71

图6-19

4. 混合基金

混合基金是指投资于股票、债券及货币市场工具的基金，所以混合基金可以有不同的取向，比如可以把投资重心放在股票上，也可以把投资重心放在债券上等，投资分配比较灵活，其市场体量要比股票基金的市场体量大。一般在牛市行情里混合基金可以把股票作为主要配置对象，从而获得超预期收益；而在熊市里可以把债券作为主要配置对象，从而有效地控制回撤。机构投资者一般会首选混合基金，比如较为有名的富国天惠成长混合、易方达优质精选等。

图6-20为易方达优质精选的历史净值曲线。

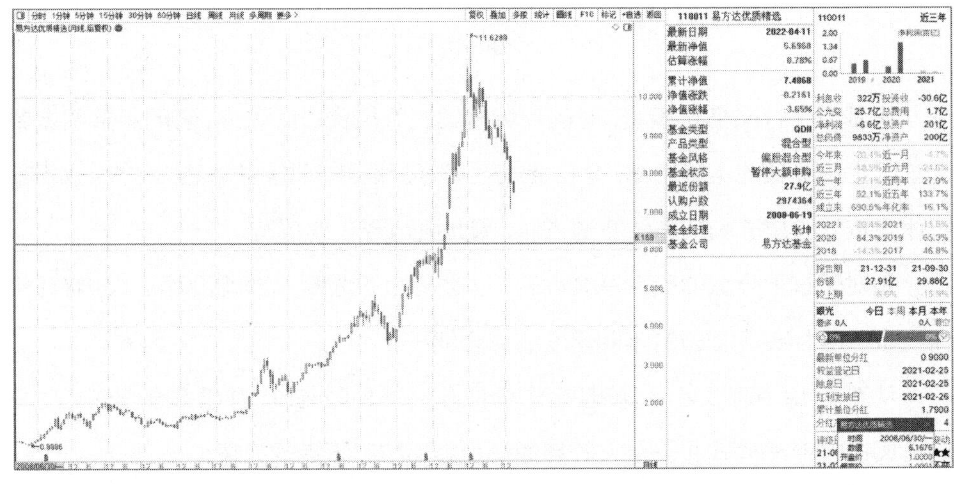

图6-20

该基金从2008年成立到2020年的价格最高点共涨了11倍之多，平均年化收益率为16.1%，对比往年的大盘和沪深300，明显跑赢指数很多倍，并且该基金持有的股票以消费、科技和医药板块为主。

图6-21为易方达优质精选2021年四季度的持仓情况。

截止日期:2021-12-31

股票代码	股票名称	持股数量(万股)	持股市值(万元)	占净值比%
00700	腾讯控股	527.00	196823.79	9.85
600519	贵州茅台	93.50	191675.00	9.59
600036	招商银行	3900.00	189969.00	9.51
000858	五粮液	842.00	187479.72	9.38
000568	泸州老窖	666.00	169077.42	8.46
002304	洋河股份	1000.01	164731.15	8.24
600887	伊利股份	3700.00	153402.00	7.68
002415	海康威视	2700.01	141264.52	7.07
09618	京东集团－SW	600.00	134413.44	6.73
00388	香港交易所	350.00	130317.26	6.52

图6-21

从图6-21中可以看出，前十大重仓股以腾讯控股、贵州茅台、招商银行、五粮液等白马股居多，多年来消费和医药板块一直保持高速增长，基金经理选对了一个大方向，从而取得了优异的成绩。可惜，该基金在本轮回撤中控制得不好，并且中途出现好几次选股失误，导致该基金净值回撤较大。

虽然国内基金市场的规模越来越大，投资也越来越多元化，可以在更大程度上满足更多投资者的投资需求，但是，我们也可以购买QDII基金，这些基金把投资范围放在全世界，因而行情受国内市场波动的影响较小。当然，这也需要基金经理对全球性的金融市场有较大的把握，比如易方达优质精选（代码为110011）就属于这类基金。图6-22和图6-23分别为嘉实美股的历史净值曲线和2021年四季度的持仓情况。

该基金的平均年化收益率是13.4%，投资的品种是美股大盘成长型股票，其长期走势和美股标普的长期走势类似。我们可以看到该基金的净值走势非常稳健，在历年的大熊市里能较好地控制回撤，比如在2015年、2018年等较大的事件下，该基金的复活能力比较强势。

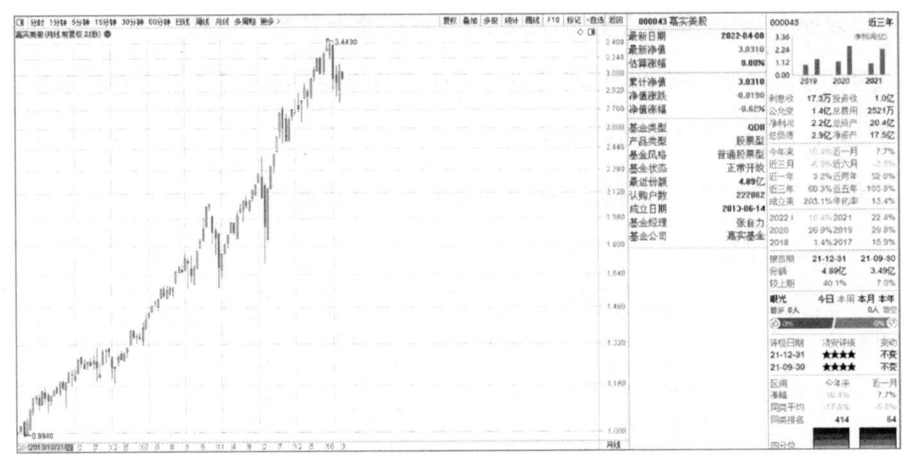

图6-22

截止日期:2021-12-31

股票代码	股票名称	持股数量(万股)	持股市值(万元)	占净值比%
AAPL	苹果	14.95	16924.14	9.65
MSFT	微软	7.13	15291.90	8.72
GOOGL	谷歌A	0.55	10103.45	5.76
NVDA	英伟达	4.09	7670.71	4.37
AMZN	亚马逊	0.35	7391.67	4.22
TSLA	特斯拉	0.82	5523.58	3.15
FB	Meta	2.45	5260.59	3.00
HD	家得宝	1.02	2708.95	1.54
AMD	美国超微公司	2.52	2307.70	1.32
AVGO	博通	0.52	2205.65	1.26

图6-23

还有一类比较亲民的基金需要大家了解——ETF。ETF被称为交易型开放式指数基金，通常又被称为交易所交易基金，是一种在交易所上市交易的、基金份额可变的开放式基金。我们所说的ETF一般是指数型ETF，即投资者买入一整个板块及行业的所有股票，这就规避了人为因素的干预，只需要被动管理。ETF相比于普通股票基金的优点有很多，所以通常被广大股民所喜欢。比如ETF的买卖可以像股票那样交易，费用和股票交易的费用类似，并且不征收印花税；而大部分股票基金都需要支付申购赎回费用、基金管理费用等，从而导致交易成本较高。由于ETF在交易所上市，因此投资者在一天中可以随时交易，具有交易的便利性。一般开放式基金每天只能开放一次，投资者每天只有一次交易机会(申购、赎回)。

我们常用的ETF以各大指数为主，比如沪深300ETF、上证50ETF、创业50ETF，这些ETF的走势和指数本身的走势差不多。当然，还会有一些板块类型ETF，比如消费、白酒、家电、医药、科技、基建等行业板块。因为买入的是一个行业，而每个行业都会有自己的特点，一些投资者可能对一些行业研究得比较透彻，比如钢铁、建筑、化工、家电等距离我们的生活并不遥远的行业，在自己的认知圈子内按照自己的风格投资ETF也是不错的选择。比如，有的人喜欢在熊市时关注证券股，却不知道如何选股，那么直接关注证券ETF、银行ETF等机构，交易起来要简单得多，并且整体的风险可控。又如，国家提出对新能源板块的扶持，假如你不懂得如何选股，那么选择新能源车ETF就可以了。

图6-24和图6-25分别为新能源车ETF的价格走势及2021年四季度的持仓情况。

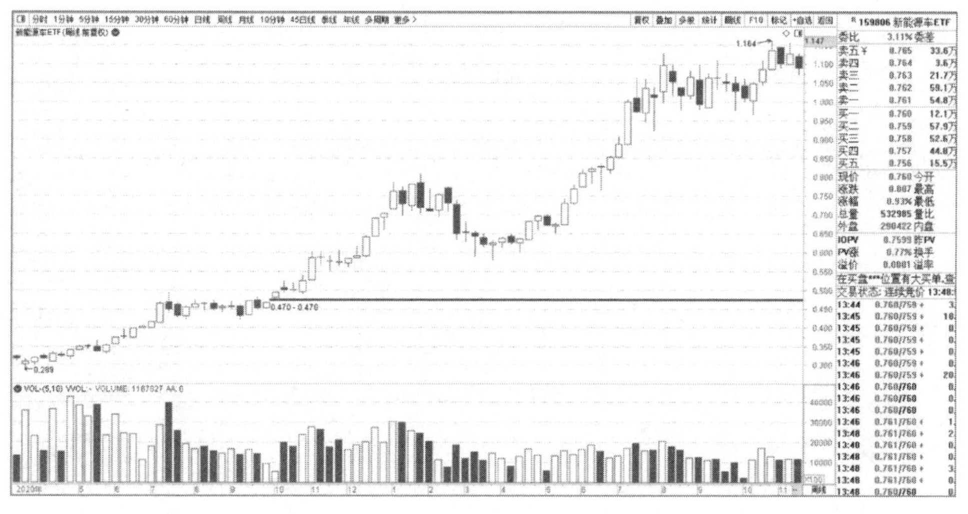

图6-24

2020年国家开始大力扶持新能源车，尤其是在2020年下半年，新能源车的销量大增，此时投资者购买的新能源车ETF的价格涨了1.6倍，完全跑赢了当时的各大主流指数。这样一来，投资者就不用担心因选不到好的股票而错过新能源车的行情机会。

当然，除此之外，还可以购买国外主流股票指数，比如标普500ETF（博时标普500交易型开放式指数证券投资基金，简称博时标普500ETF，代码为513500）等。图6-26为标普500ETF的月线图。

截止日期:2021-12-31

股票代码	股票名称	持股数量(万股)	持股市值(万元)	占净值比%
002594	比亚迪	80.17	21494.78	9.66
300750	宁德时代	36.43	21419.78	9.63
300014	亿纬锂能	109.25	12910.61	5.80
002812	恩捷股份	50.99	12768.62	5.74
300124	汇川技术	182.21	12499.30	5.62
002460	赣锋锂业	80.13	11446.58	5.14
002466	天齐锂业	102.34	10949.90	4.92
603799	华友钴业	75.02	8275.79	3.72
300450	先导智能	109.33	8130.95	3.65
002709	天赐材料	58.28	6681.34	3.00
688187	时代电气	3.39	259.58	0.12
688082	盛美上海	0.93	106.70	0.05
688779	长远锂科	4.31	98.49	0.04
688176	亚虹医药	3.80	87.30	0.04
688739	成大生物	0.74	52.11	0.02

图6-25

图6-26

该基金成立于2014年，2022年价格涨到2.898元/份，8年时间涨幅达到289.8%，平均年化收益率达到36%，基本上大幅领先国内的各大标准指数基金。

图6-27为该基金2021年四季度的持仓情况。

截止日期:2021-12-31

股票代码	股票名称	持股数量(万股)	持股市值(万元)	占净值比%
AAPL	苹果	39.82	45085.84	6.44
MSFT	微软	19.18	41134.71	5.87
AMZN	亚马逊	1.11	23688.63	3.38
GOOGL	谷歌A	0.77	14194.70	2.03
TSLA	特斯拉	2.08	14003.66	2.00
GOOG	谷歌C	0.71	13179.72	1.88
FB	Meta	6.05	12965.45	1.85
NVDA	英伟达	6.39	11977.94	1.71
BRK.B	伯克希尔·哈撒韦	4.68	8920.31	1.27
UNH	联合健康	2.41	7704.40	1.10
JPM	摩根大通	7.55	7623.33	1.09

图6-27

6.2　投资需知道的三类基金

虽然基金种类非常多样化，但是对于大众而言却并不需要精通所有种类。根据我多年的从业经历，大家只需要知道三类偏主动的基金就完全可以满足理财需求。我们可以把基金分为三类：防御类、增长类和风格化类。它们可以让投资者进可攻、退可守，还可以赚取稳定的长期收益。

1. 防御类

防御类基金的主要特点是能够获得长期稳定、平滑的收益，因而会把基金回撤及回撤时间放在第一位，然后谋求长期稳定的复利，力图避免大起大落，避免出现较多的净值回撤且无法收回的情况。所以，这类基金一般以债券基金为主，当然也可以是混合基金偏债券的风格。假如一只基金大起大落，投资者投资的时间有限且自己把握不住大趋势，就有可能导致亏损。从投资的角度来分析，谋求高的收益，也要允许出现相应的反向波动风险。假如你谋求稳健的投资，就没必要对投资回报保持太多的奢求，也就不需要购买那些大起大落的基金。所以，防御类基金投资更适合那些有大量的闲置资金且在短期内不打算使用的投资者，投资期限起码要在半年及半年以上，这种投资在熊市里的优势可能更明显。现在债券基金的年化收益率在6个点附近，并且在历年的大熊市里也会有不错的表现，所以债券基金在长期熊市里基本可以满足防御类投资的要求。当然，对于一些谋求更加稳健收益的投资者而言，可以选择购买货币市场基金。货币市场基金基本上是稳赚不赔的，只不过年化收益率很低，在3个点左右。

建议：这类基金的投资规则相对简单，一般使用长期定投的方式投资。

2. 增长类

增长类基金主要以谋求长期持续的复利为目的，所以它的收益率在三大风格类基金里面是最高的。当然，既然谋求较高的投资回报率，就需要投资者花一些时间来研究了，同时，不同的基金经理呈现出来的水平也就会参差不齐。有些增长类基金会在确保主动增长的基础上注重均衡，比如混合偏股型基金，投资者既可以买股票也可以买债券，在牛市时重仓股票，在熊市时多配置债券。当然，由于风格和能力的不同，这些基金的净值波动方式及所呈现出来的趋势也会不一样，但是它们大的节奏是类似的。由于基金配置的都是股票，而股票都会受到大盘指数的影响，因此，基金发生的较大回撤几乎会随着大盘指数一起波动，只不过一些基金会围绕大盘指数加大振幅波动，一些基金则表现出很稳健的多头趋势。易方达优质精选、景顺长城鼎益混合、富国天惠成长混合、中欧时代先锋等都属于增长类基金。

建议：这类基金的投资规则就要略微侧重于选择和择时，一般在定投的基础上根据大盘指数的高低位来决定定投的资金数量。

3. 风格化类

风格化类基金主要以风格化明显的ETF及带有行业属性的基金为主，比如沪深300ETF，主要包括沪深300、煤炭ETF、证券ETF、消费ETF、碳中和ETF等题材板块指数ETF，还包括主打医药或者主打新能源及半导体领域的主动型股票基金。当然，大家也可以将其理解为增强型ETF。这类基金都会有非常明显的个性特点，比如能源、化工、资源类ETF自身就具备周期属性，它们的表现会具有很强的节奏性，一些行业可能还会在大盘调整期间有耀眼的表现。2021年股市整体处于大周期震荡，能源、化工、有色等板块的表现异常活跃，其中很多ETF都跑赢了同期的沪深300。但是，这类ETF由于风格特点明显，都会有较为明显的规律，所以投资它们需要投资者自己进行研究，因为操作得当很可能会获得超越市场的收益。消费和医药类的基金由于走的是长期增长的路线，所以投资者只需使用逢低关注的策略，不需要在上面浪费太多的时间。每个行业，甚至每个题材都会有自己的特点，在这类基金里周期类和题材类的操作难度要比防御类和增长类的操作难度大得多，因为需要投资者考虑到选品种和择时问题。

以上三类基金经常会被用到，并且在不同时期会有不同的用处。我们可以在熊市末期或者牛市复苏期多配置一些增长类基金，比如，在2018年以后股市开始慢慢复苏，到2020年正式突破重要压力位开始大幅拉升时，很多增长类基金的涨幅已经远远超过沪深300的涨幅。我们还可以在牛市末期缓慢地增加债券基金的配置；在震荡市或者没有特别明显的主线时选择风格化ETF进行配置，从而抓住周期的主升浪获得超额收益。

补充说明：无论从哪个角度来分析，只要你能够坚持在合理的价位买入指数基金并长期持有，那么你亏钱的概率几乎为零。而我们努力学习选择基金的知识肯定是为了谋求获得超越指数的收益。基金长期持有的风险很小，利润起码能够维持在8%~20%，所以购买基金的投资者不要只看短期收益率。但是，这并不代表你不需要进行学习研究。一些基金需要投资者进行适当的管理，比如周期类、半导体类基金，假如不进行一些管理，那么你的长期收益就会少得可怜。而有些基金不需要投资者过多地管理，只需要长期持有，比如债券基金及一些优秀的增长类基金。还有一些基金，假如投资者买的时机不对，虽然没有经历太多亏损，但是也会白白浪费掉你太多的时间，比如一些混合基金的大调整周期都比较长，而一旦开始启动也会非常迅速。

能否学习研究投资知识，能否制订合理的投资计划，能否按照规则坚持下去，这是区分投资者是否专业的重要标准。我们可以把基金当作增强型大盘指数来理解，在不同的时期配置不同的风格。

建议：投资者要清晰地认识到，只要大盘处在估值的低位，就要加大力度投资基金而不必在意短期的涨跌；只要大盘处在估值的高位，就要择机减持部分基金。投资者按照这样的规则进行长期跟踪投资，辅之以一定的定投策略，就可以获利。

6.3 各类基金的投资规则

通过前两节的内容我们基本上了解了主流基金的分类和特点，本节主要讲解不同类型的基金应该如何进行投资。

6.3.1 防御类债券基金投资规则

我在前面讲解过如何查找基金的基本面，查找这些资料只是为了让我们了解这些基金的特点、在往年大的金融风险行情里是如何防御的、潜在的预期回报是多少等信息，从而决定我们在后期打算投资多少、投资多长时间。很显然，每个人的工作、月收入、可支配的闲置资金及个人的性格都决定了其投资风格。

在一般情况下，债券基金作为防御类投资是最适合大众的，可以基本满足抵御通货膨胀的需求，还可以做到长期复利，它的长期年化收益率达到5%~8%，基本跑赢国内的通货膨胀率。投资者对选择标的的时间可以进行基础的预期，比如每个月投资多少、打算投资多长时间等。尽管债券基金的运行比较稳健，但是为了抵御意外的风险，我建议债券基金的持有时间起码为一年。在经济平稳增长的情况下，投资者从三年期的角度对比分析，盈利的概率非常大。假如你的债券投资正处于短期瓶颈期而你又急着用钱，就会被迫卖出，这也是每个人在买基金之前需要考虑到的，很多人会基于这个原因而没有坚持下去。

我们可以根据自己的可支配现金进行投资，比如你从现在开始投资10年，按照目前的增速，10年后的收益就能达到80%，期间你还可以继续投资，每月进行定投，这些资金累计起来，10年乃至20年后将是一笔丰厚的资产。在美股市场上大众都会选择指数进行投资，这基本上成了人们的标配，但是这一点在A股市场上还没有普及。金融理财一定会成为人们的必备常识，掌握这些知识就会让自己获得比别人提前实现“财富自由”的条件。这类意识肯定是先知先觉的人占优，越早投资就会比别人获得更多的投资收益。

股市也是在一线城市最先普及的，有一位上海的朋友曾经告诉我，她最早在银行买了一只基金，过了很多年差不多都忘记了，有一天她忽然想起这只基金，打开账户后资金居然翻了很多倍。假如她在买入以后天天看净值涨跌，是不可能持有到现在的。买基金除非是买了不适合自己的，并且太在意短期表现，否则在里面亏钱的人并不多。

虽然投资债券基金的风险很低，但是我们也需要进行一些选择，因为没选对、没选好或操作不当都会让自己白白浪费时间，耽误资金的使用率。

我们可以把债券基金分为三类，分别是稳健增长类、震荡类和介于两者之间的纯债券类。

1. 稳健增长类债券基金

大摩双利A，全称是摩根士丹利华鑫双利增强债券型证券投资基金A类，代码为000024，开放式债券基金，图6–28为该基金的月线图。

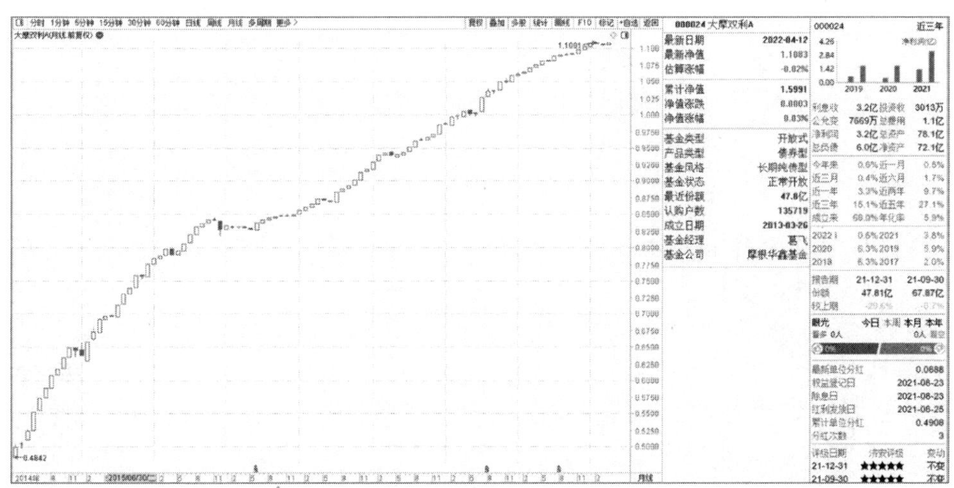

图6–28

这只基金的平均年化收益率为5.9%，时间起点为2014年2月，其长期走势非常稳健，投资的债券都是优质的，重仓的都是国家开发银行金融债券。

就投资本身而言，我们优选的基金不仅要求长期稳定增长，还要求有效地控制回撤，因为越是如此越不需要我们过多地管理，只需要一直持有就可以了，既满足我们的收益要求，又可以不用担心大盘的涨跌。这种稳健增长类债券基金只需要我们定期投入资金就可以了。尤其是在熊市期间大家照样可以获取收益，从而更加淡定地看待股市大跌所带来的优质资产的廉价机会。所以，这类基金是我首推的，因为入手简单，更加适合有稳定收入的工薪阶层及中产阶层进行配置。金融市场和实业不一样，实业投资需要运营、管理，还需要对一个行业特别熟悉；而债券基金投资则不一样，它的门槛很低，且十分稳健，你只需要了解国家大的经济政策（买大方向），然后跟着国家经济一起增长。

2. 震荡类债券基金

震荡类债券基金基本上都参与了可转债及部分股票，所以表现出振幅加大，在以往的熊市里会跟随指数一起回撤，在牛市时也会出现超额收益，只不过它的整体振幅比股票基金小，比纯债基金大。

图6-29为创金合信转债券A的月线图。

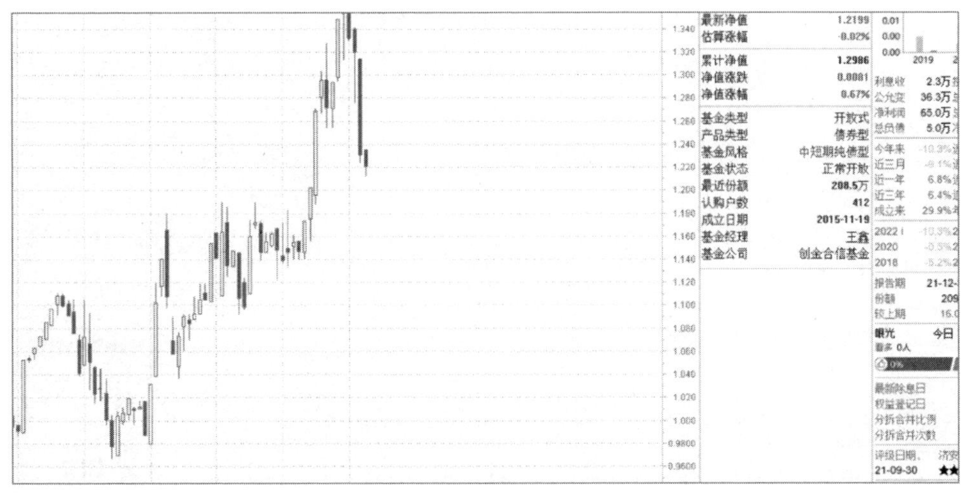

图6-29

从基金长期的净值变化中可以看出，这只基金虽然整体都是多头结构，但是相比大摩双利A而言振幅明显加大，它的平均年化收益率是4.2%，相对于普通的纯债基金收益率要小得多。2022年大盘开始走空，这只基金也随着大盘一起下跌，从最高点下跌了10%，而股票基金的下跌幅度接近35%~40%。

图6-30和图6-31为该基金的持仓配置。

债券配置

报告期	2021-12-31	2021-09-30	2021-06-30	2021-03-31	2020-12-31	2020-09-30»
国债金额(元)	--	--	--	--	16.00万	41.86万
国债占净值比例(%)	--	--	--	--	6.50	14.14
金融债券金额(元)	--	--	--	--	--	--
金融债占净值比例(%)	--	--	--	--	--	--
企业债金额(元)	--	--	--	--	--	--
企业债占净值比例(%)	--	--	--	--	--	--
可转债金额(元)	521.69万	441.41万	212.21万	192.04万	270.26万	286.23万
可转债占净值比例(%)	89.51	87.35	88.54	83.43	109.78	96.67
其他债券金额(元)	--	--	--	--	--	--
其他债券占净值比例(%)	--	--	--	--	--	--
央行票据(元)	--	--	--	--	--	--
央行票据占净值比例(%)	--	--	--	--	--	--
其中：政策性金融债(元)	--	--	--	--	--	--
政策性金融债占净值比例(%)	--	--	--	--	--	--
企业短期融资券(元)	--	--	--	--	--	--
企业短期融资券占净值比例(%)	--	--	--	--	--	--
剩余存续期超过397天的浮动利率债券(元)	--	--	--	--	--	--
剩余存续期超过397天的浮动利率债券占净值比例(%)	--	--	--	--	--	--
中期票据(元)	--	--	--	--	--	--
中期票据占净值比例(%)	--	--	--	--	--	--
公告日期	2022-01-21	2021-10-27	2021-07-20	2021-04-22	2021-01-22	2020-10-28

图6-30

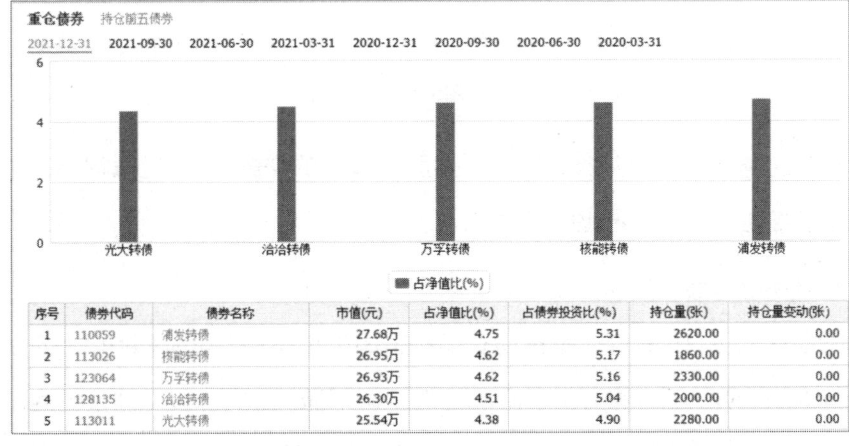

序号	债券代码	债券名称	市值(元)	占净值比(%)	占债券投资比(%)	持仓量(张)	持仓量变动(张)
1	110059	浦发转债	27.68万	4.75	5.31	2620.00	0.00
2	113026	核能转债	26.95万	4.62	5.17	1860.00	0.00
3	123064	万孚转债	26.93万	4.62	5.16	2330.00	0.00
4	128135	洽洽转债	26.30万	4.51	5.04	2000.00	0.00
5	113011	光大转债	25.54万	4.38	4.90	2280.00	0.00

图6-31

可以看出，该基金大部分持仓可转债，占比达89.51%，虽然可转债整体的走势会随着正股而动，但由于其本身是债券，所以风险可控。

面对这类基金，我们需要进行一些技术性处理。因为可转债的整体风险可控，加上其处于多头趋势，所以我们可以采取一些波段交易的策略进行投资。也就是说，每逢大盘回调进行逢低“逆势”布局定投，等到高点进行建仓，投资收益会更好。

具体方法如下：打开软件EXPMA指标，对指标参数进行调整，把参数调整为15和50，如图6-32所示。根据历史回调规则回调月线级别的15日线基本上是一个底部区域，我们可以使用被动投资策略，每次回调15日线时进行建仓投资，当大盘处于高位时择机减仓。

图6-32

一般这类基金的走势类似于成长类股票基金的走势，只不过振幅小，适合中等风险承受能力的投资者进行投资。

3. 纯债券类债券基金

债券基金还有一种介于稳健增长类和震荡类之间，整体的风险控制能力比偏股类债券基金强，但是也会出现阶段性的反向回撤。这类基金以纯债券为主，兼顾一些可转债及股票的配置。这类基金的仓位控制比较灵活，当大盘处于多头时期，由于可以买入大量的可转债，所以它的收益率与股票基金的收益率近似；当大盘处于熊市时，由于可以买入较多的国债及金融债进行防御投资，所以回撤控制得比较好。图6–33为富国收益A的月线图。

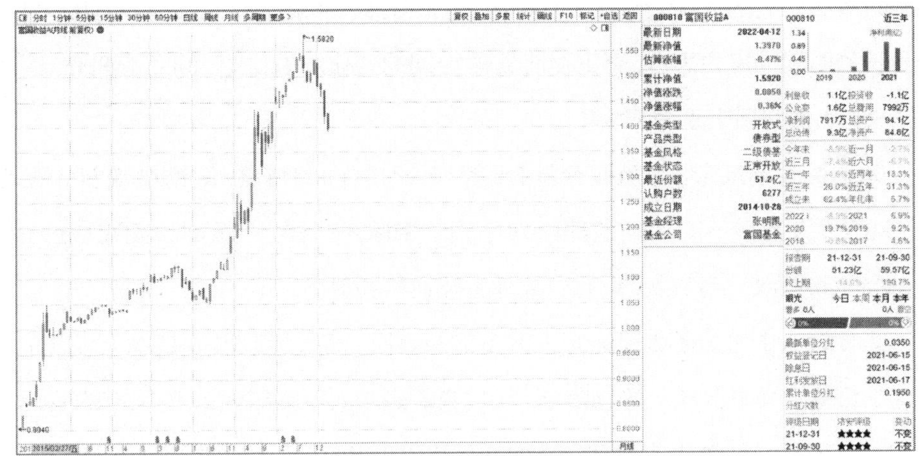

图6–33

从图6–33中可以看出，这只基金在2015年大熊市时回撤6%左右，随后价格一路上扬，在2016年创下历史新高；2018年，沪深300整体回撤30%以上，该基金回撤7%左右，在2019年又创下历史新高；现在沪深300回撤33%，该基金回撤和转债基金回撤类似。这类基金的操作规则和转债基金的操作规则类似，只不过它的整体收益率高一些，但是也需要我们进行一些择机处理，尤其是当债券基金净值上涨时间太长后需要采取保守的定投策略，而一旦回调到我们认为的低点区域就可以加大定投力度。

从整体而言，债券基金比较适合大众的中长期理财配置。由于这类基金整体收益稳定、入门简单、更容易赚钱，所以我建议资金数量大一些，并且有闲置资金的朋友可以进行适度的配置，因为即使发生了较大的回撤，也不会影响大家的投资心态，更不会影响大家的现金流支配。

6.3.2　进取型股票基金和混合基金投资规则

这两类基金无论是选择还是投资，都对投资者有一定的要求，因为股市本身就有周期性，有时类似于2008年的大熊市可能要横盘7年之久，如果选择入场的点不对、时机不对或资金配置不合适，都有可能亏损。在投资这两类基金前，我们不能只看到它们的优势，而更应该看到它们的劣势。因此，我们要高瞻远瞩，从一个更长的时间维度去思考，否则很容易被短期的变化左右，短时间还能坚守，时间长了一些人很容易中途放弃。

无论是股票基金，还是混合基金，都有一个共同的特点，即都会随着大盘涨跌，只不过大盘在不同时期的涨跌对它们的影响不一样。一旦熊市到来，这些基金都会随着指数一起下跌，只有少数基金能逆势拉升。

规模较大的基金不太可能买入太多的小盘股，而大盘股群体基本上可以左右大盘的涨跌，再加上基金持仓限制，所以它们是不太可能逃避大盘熊市的厄运。我们可以把基金理解为大盘震荡、拉升和下跌的放大器，只不过在处于熊市时它们表现的回撤力度不一样，在震荡时期震荡幅度不一样，牛市拉升（创新高）的能力不一样。既然如此，我们只需要找到基金经理的投资风格，然后根据这个风格制定相应的策略就可以了。所以，我推荐大家只关注两种风格的基金进行投资就可以了，一类是成长类，另一类是周期类。其他类型的基金业绩时好时坏，操作难度大，需要投资者猜测且消耗精力，往往得不偿失。

下面从以下几个维度教大家如何选择基金和操作基金。

1. 投资年限

一只基金成立的时间越长，资料也就越多，所以我们优选成立时间长的基金。当然，这一点也包含一位基金经理的从业年限和经验。比如，我们可以观察基金经理在2008年大的金融危机时的表现。基金经理只有经历了几轮牛熊转换且屹立不倒才能称之为老将，才有大概率穿越下一轮牛熊。假如一只基金长期成绩不理想，每隔一段时间就会更换一位基金经理，或者这位基金经理从业时间不长，那么我们是很难期望这只基金能有多好的成绩出现的。

2. 历史净值

我们判断一只基金好坏的关键是基金是否赚钱，以及赚钱能力如何，这些都会反映在基金净值上。我建议大家打开基金资料后先复权再观察，在同样的时间维度里我们肯定优选涨幅最大的那只基金。很多人可能会质疑这一点，难道不是像股票那样，涨幅越大，风险越大吗？希望大家能够明白，基金经理管理的基金净值完全是能力的结果，因为在不同的市场上，基金经理可能会选择不同的股票进行交易，而不会“死拿”一只股票。

这一点类似于选择赛马，我相信大家为了赢得比赛不会选一匹病恹恹、跑不远的马。基金投资也是一样的道理，我们肯定选择那些长期跑赢市场的优秀基金经理。

3. 不同时期净值表现能力

衡量一只基金的好坏其实衡量的是基金经理的管理水平，优质基金在市场有重大波动时往往具有这样的特点：熊市时表现为不错的稳定性，回撤控制合理；震荡市场提前走出颓废净值；大盘走牛时期提前创出新高。这样的结果往往是基金经理比较灵活地把握当下的主流才能实现的，因为净值都是一些优秀的股票贡献出来的。

4. 基金经理名下其他产品及所持有的股票持仓情况

在一位基金经理名下一般会有好几只基金，数量越多越不容易管理。但是，他都会有一个主打品牌，因为基金是基金经理的“门面”，基金经理的投资成绩越好，他的名气越大，其名下的基金产品也就越容易被投资者购买。不仅如此，我们还需要观察基金经理在不同时期选择的股票是不是符合当前的市场特点，这也能考量一位基金经理对市场不同时期的主流风格的灵活掌控能力。

5. 该基金所在公司其他产品的表现

优秀基金经理的成长不仅仅是他个人的功劳，更多的是整个团队共同努力的结果。一只规模实力雄厚的基金会有更加专业的人员进行研究、调研，并匹配更加专业的分析师。

同时，不同类型的基金公司的主打风格不一样。基金公司相当于一家企业，每家企业都会有自己的特点和专长，这一点需要投资者仔细研究。

综合以上维度，我建议大家精选基金，制订一个中长期投资计划，然后执行自己的长期投资模式。不要总是换来换去，更不要进行一些所谓的短期或者波段交易，这是毫无意义的。我建议大家优选一些老牌基金进行投资。

6.3.3　如何制订投资计划

1. 成长类基金

我们优选成长类基金，因为这种中长期大牛的基金年回报率非常高，并且具有长期的业绩作为能力支撑，我们选择几只基金进行混合搭配就可以了。由于股票基金基本上与大盘指数保持同步节奏，所以大家在买卖基金前一定要学会看大盘，看大盘估值、大盘所处的阶段、高低位等。同时，我们买基金有一个大的原则：跌了买，并且越跌越买。因此，历年熊市是买基金的最佳时机。

按照大盘目前的走势规律，基本上每一两年会有一次中度回撤，每三年会有一次较大的熊市出现，因为大盘整体的节奏都是牛短熊长，所以我们应该珍惜大盘每几年一次的大跌机会。我们可以选择在大盘估值合理时进行中度定投，在高估区域减少定投资金量，在估值进入低估区域后加大投资力度。

下面给大家列举几个案例参考。一是银华富裕主题混合，代码为180012，图6-34为该基金的季线图。

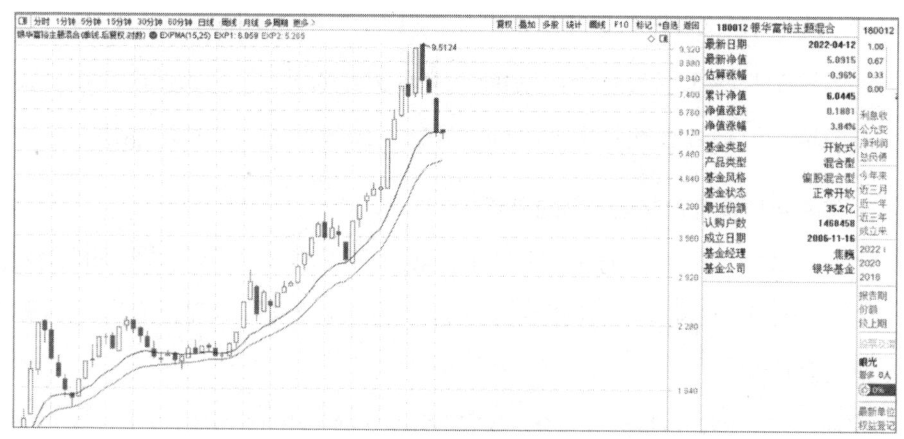

图6-34

该基金从2008年成立以来，净值共涨了9倍，在经历大风险时，基金经理控制回撤的能力还算不错。该基金在2008年金融危机、2015年股灾和2018年贸易战中的整体表现都具备很强的韧性。我们把季度线调整为15和25，当基金净值跌回15季度线时开始定投计划。

图6-35为该基金2021年四季度的持仓情况。

截止日期:2021-12-31

股票代码	股票名称	持股数量(万股)	持股市值(万元)	占净值比%
600809	山西汾酒	674.98	213144.43	9.37
600519	贵州茅台	100.30	205620.74	9.04
600132	重庆啤酒	1310.74	198340.45	8.72
600436	片仔癀	423.17	184989.86	8.13
000799	酒鬼酒	840.03	178505.33	7.85
603259	药明康德	1500.01	177870.98	7.82
300347	泰格医药	1359.92	173797.75	7.64
300896	爱美客	270.05	144775.38	6.36
300957	贝泰妮	610.42	117371.37	5.16
688185	康希诺	340.02	101852.00	4.48

图6-35

该基金2021年四季度持仓以消费类的白酒股居多，其次是医药股。

二是富国天惠LOF，全称是富国天惠精选成长混合型证券投资基金A类，代码为161005，图6-36为该基金的季线图。

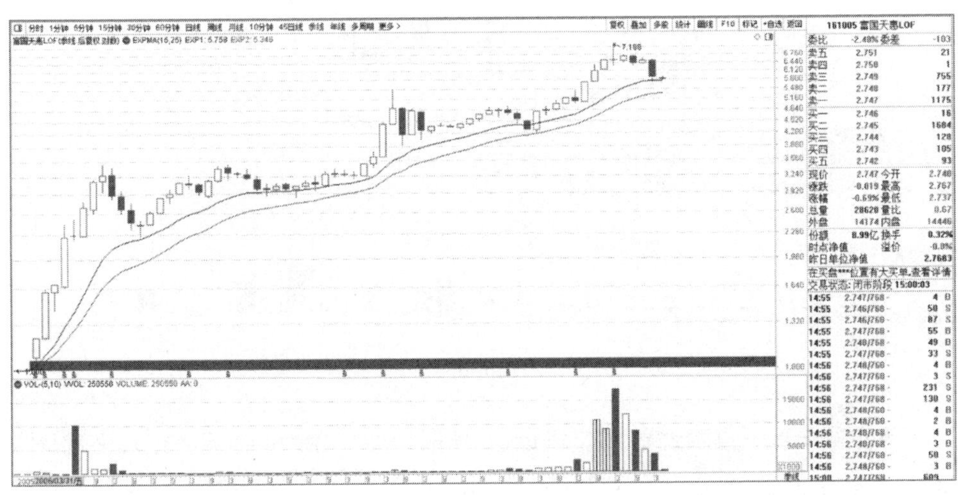

图6-36

该基金成立于2006年，基金经理始终是同一人，在整个行业内业绩投资回报达7倍多，在整个行业内算是老牌基金，在历年的下跌行情面前依旧保持了很强的韧性。它的净值回撤曲线的最高级别是回撤到15季度线附近，而在这之前我们尽量选择少量仓位定投，等到基金回撤到位再加大仓位定投，其收益比机械定投的收益要高得多。

2. 偏指数类基金

除成长类基金外，我们还可以选择一些自带周期性的基金进行配置（偏指数类基金）。这类基金虽然长期表现很平庸，但是当我们掌握了大盘的大节奏点后再进行配置，其收益就会明显变得不一样。这类基金的本身管理能力一般，所选择的行业及股票也不具备很强的成长性，所以表现出来的特点是略微比指数强势，但是整体定投的收益率很一般，需要我们进行一些适度管理才能创造较高的收益。根据大盘历年的特点可知，大盘长期围绕一根神奇的支撑线运行，这根支撑线其实是我国真实的股市增长速率，如图6-37所示。

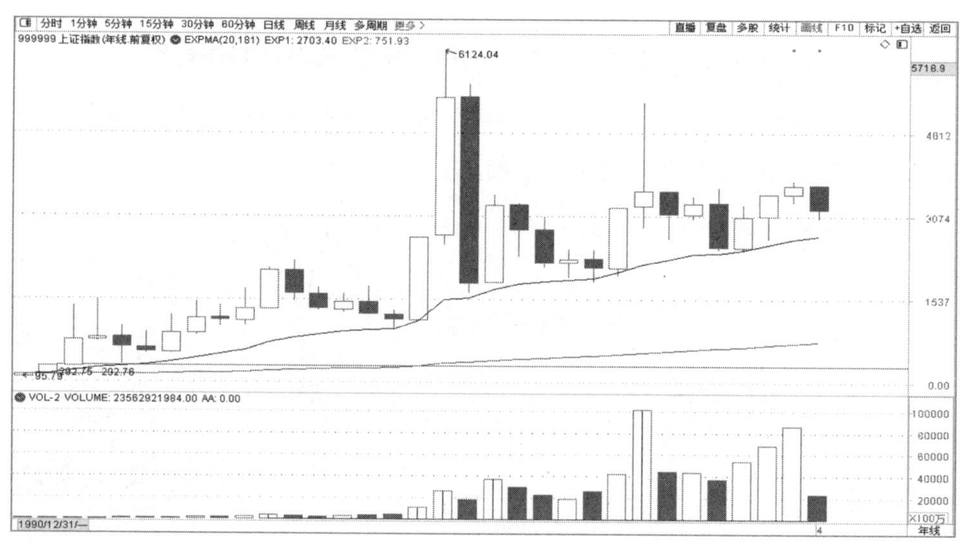

图6-37

大盘的年线一直围绕着20年线运行，所以只要大盘跌回20年线，几乎就是大熊市的底部区域，偏离太多往往会形成顶部区域，这一点我们可以结合大盘的估值和板块指数记录来综合分析。所以，我们只需要在历年出现的几次大波动里进行投资，在高点减持，即可实现预期目标。不仅如此，大盘每年都会有一波中度回撤行情，我们可以用大盘作为一个关键时间点去投资一些振幅更大的增强型股票基金。

比如沪深300、创业板50ETF及大部分周期类基金，在一些大的行情面前节奏都是类似的，都在被动地被大盘波及，只不过回调幅度不一样而已。那么，对于这些基金而言，我们必须使用高点减仓、低点买入的规则进行投资。

为什么要这么做呢？因为虽然这些基金的平均增速很慢，但是它们的波动幅度不容小觑，我们完全可以利用大众的恐慌情绪所带来的杀跌行情来创造新的购买机会。我们对所谓的高点和低点的要求比成长类基金的要求更高，因为稍有不慎就会发生较大回撤且面临长时间、较大亏损的局面。图6–38为沪深300ETF的月线图。

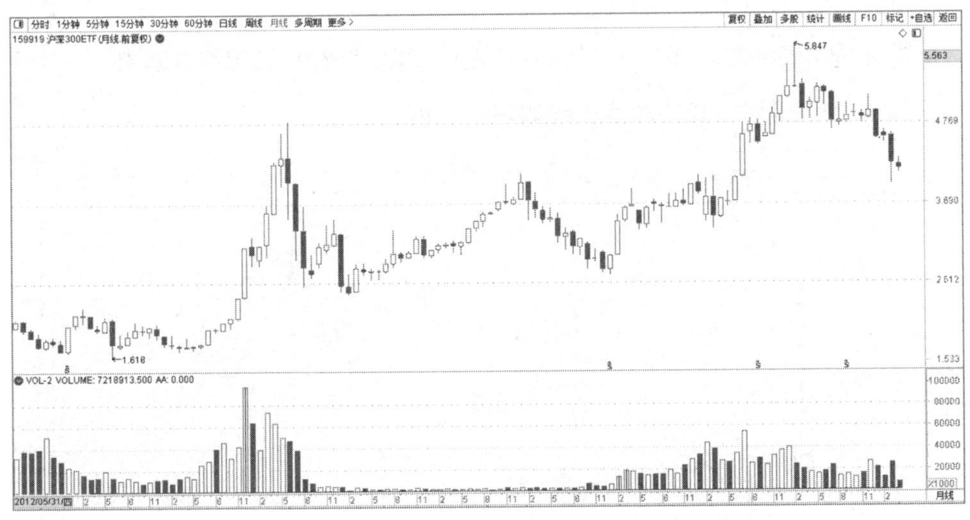

图6–38

虽然沪深300ETF的净值变化带有很强的规律性，但是它整体的波动还是与大盘保持同一节奏的。我们可以展开联想，只要还有一些基金跌得不够彻底，我们就有理由认为这只基金还会下跌，而且会影响其他基金。所以，我们始终使用逢低买入的规则对基金进行合理配置。图6–39为创业板ETF易方达的月线图。

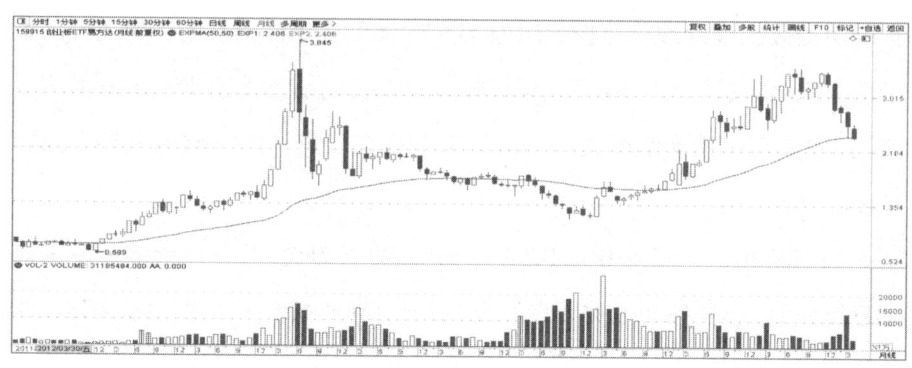

图6-39

从图6-39中可以看出，创业板走势非常规律——多头直接运行多头，空头直接运行空头。如果我们认为大盘到达顶部区域，那么创业板也必定会受到牵连跟随大盘一起下跌。如果我们遇到这类指数基金却不进行卖出处理，那么结果几乎是致命的，因为从2015年到2022年该类基金一直被套，尽管过去了7年，投资者依旧无法回本。当然，期间你还需要不断地选择定投。所以，我希望大家明白，面对不同的基金一定要采取不同的策略，因为一旦选错了基金、选错了位置，结果都是悲剧的。

又如景顺优质成长的净值表现如图6-40所示。

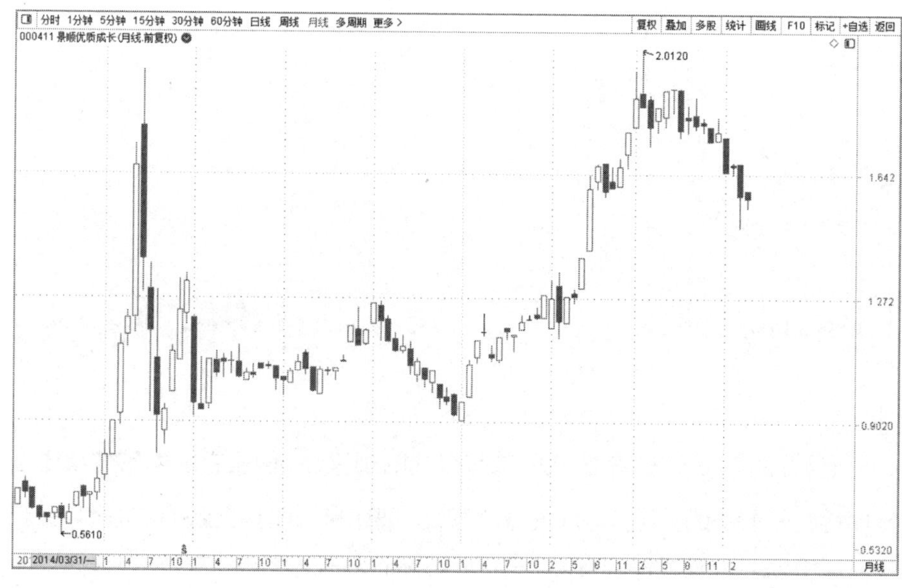

图6-40

该基金在2020年创造了新的净值高点，跑赢了大盘和创业板指数，但是仍然难逃历年大盘牛熊转换的厄运。因此，我们必须学会记录大盘，研究基金，制定相应的投资策略。只有如此才可以获得符合预期的收益，否则只能眼睁睁地看着自己买的基金坐过山车。

3. 风格化ETF

风格化ETF主要指投资于某个自身带有周期性或者成长性的行业，如果策略得当，那么大家在熊市里也能获得符合预期的收益，还可以在震荡市场里面获得高额收益。当然，我们不能守株待兔地投资，而应该选择主动出击，比如某只概念的ETF、某只独特行业的ETF，主要基于对整个题材及板块的把握。假如投资者的选股能力不是很强，却看到了有价值的低估板块，就可以投资相应的ETF，这样既不会错过龙头股，也不会因为选股不慎而错失机会。任何一个处于大的市场变化中的板块都会出现参差不齐的走势，总会被轮番炒作，所以不同的行业每隔一段时间都会有一些炒作的机会，只是我们不知道具体会炒作哪个行业或板块而已。比如，在2021年大盘整体震荡时，白酒、家电、医药等板块随着大盘的下跌一起步入熊市阶段，而资源板块中的钢铁、煤炭、化工等周期股却成为新的主流热点。

图6-41和图6-42分别为煤炭ETF和钢铁ETF的净值走势。

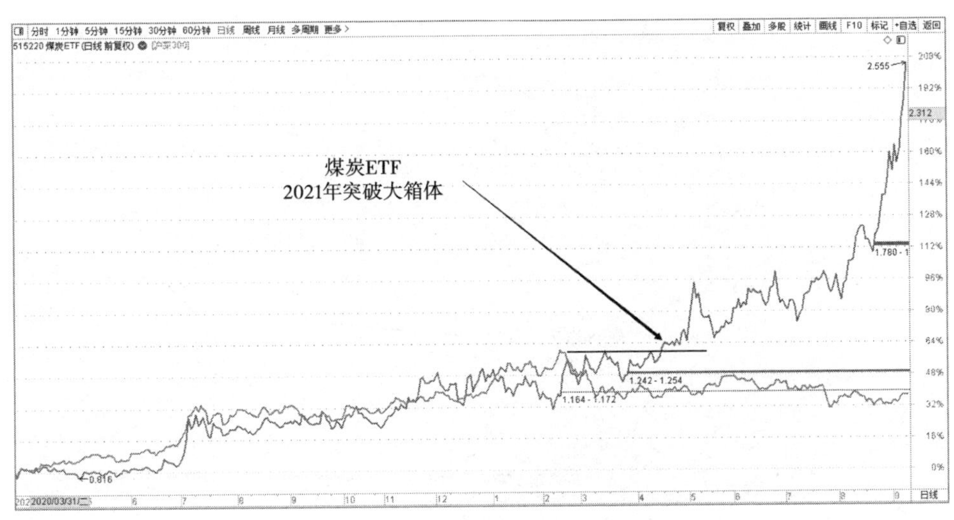

图6-41

图6-42

虽是两个不同的行业，但走势、节奏却是类似的，都走出了一波强势的多头行情，而此时沪深300却慢慢走空并不断地创出新低。

又如，在2020年下半年，新能源换车成了一个大的主题，此时大盘明显走势疲软，可是新能源车ETF、光伏ETF却成了亮点。2022年大盘再次发生重挫，可是相应的建筑板块指数却在不断地创出新高。

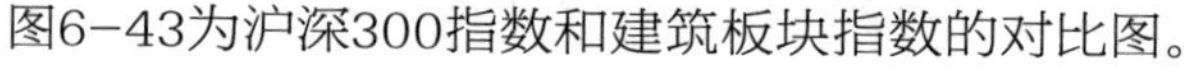

图6-43为沪深300指数和建筑板块指数的对比图。

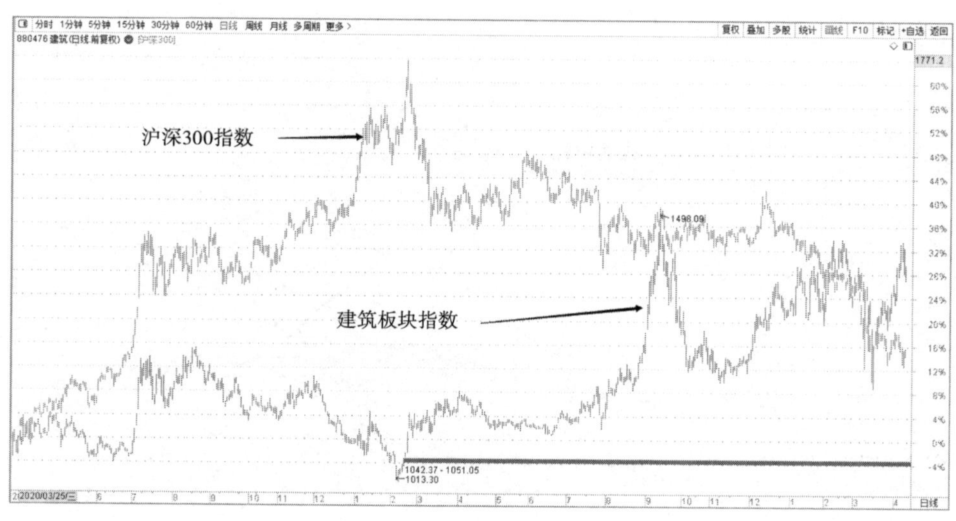

图6-43

可以看出，在2021年2月以后，沪深300不断下跌，而建筑板块却走出一波多头行情。

操作这种风格化的ETF或者股票基金，我们应该注意多搜集行业资料，这可能对我们的短期投资成绩没什么影响，但如果把时间周期拉长，就会发现这些资料是推动一些大行情的主要驱动力和前兆。比如，国家出台新的政策、近期某行业开始走出长期的周期行情并走向成长拉升阶段等，这些资料都会对投资起到很好的辅助作用，甚至让投资者提前知道一些机会。但是，仅有这些预期还不行，我们还必须使用一定的交易规则去投资才可以。

我们可以把这种风格化的基金当作一只流通性很好的股票来看待，在研究了基本资料和未来预期后，就需要使用技术强化我们的跟踪系统进行顺势交易。

方法如下：打开周线，把EXPMA参数调整为181，只要在181周线以上运行的箱体形成一个标准的突破结构，或者一个周期行业从底部一旦突破181周线形成的箱体顶部，就宣布整个板块新的牛市可能要来临。

下面是从2020年以来通过逻辑叠加技术的规则识别出来的一些主流ETF基金投资机遇。

一是2020年的新能源汽车ETF。新能源车在2020年销量猛增，彻底改变了一直颓废的传统汽车销售市场，很多新能源汽车股，以及与新能源汽车相关的个股也纷纷展开飙升行情，比如由储能、电池材料等企业形成的一条新能源车产业链。在多头的趋势行情里，由于不断提高的产业利润，迎来了为期一年多的大多头趋势，如图6-44所示。

二是2021年的光伏ETF。2021年国家开始提出碳中和的概念，而碳中和的主题是发展新能源，在这个大的主题下，光伏发电也是一个重要分支。因此，在2021年周线图量价结构突破前期高点和181周线以后，展开了一波新的主升浪行情，如图6-45所示。

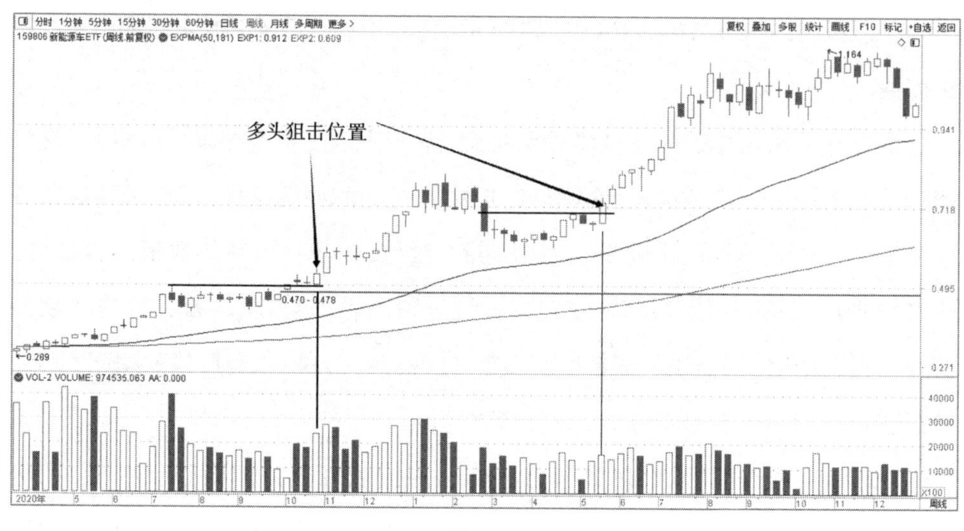

图6-44

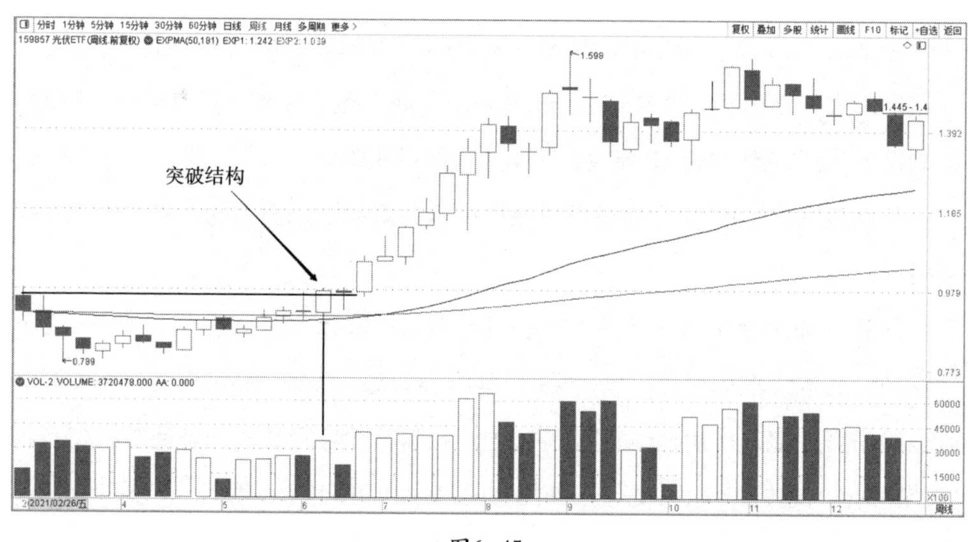

图6-45

三是2021年的煤炭ETF。根据记录规则，煤炭ETF在2020年展开了主升浪行情，产生了我们趋势记录规则的第一个买点；随后业绩不断攀升，价格不断地创出新高，到2021年8月突破新的箱体结构，展开了最疯狂的一段牛市行情，而此时大盘已经开始掉头朝下，如图6-46所示。

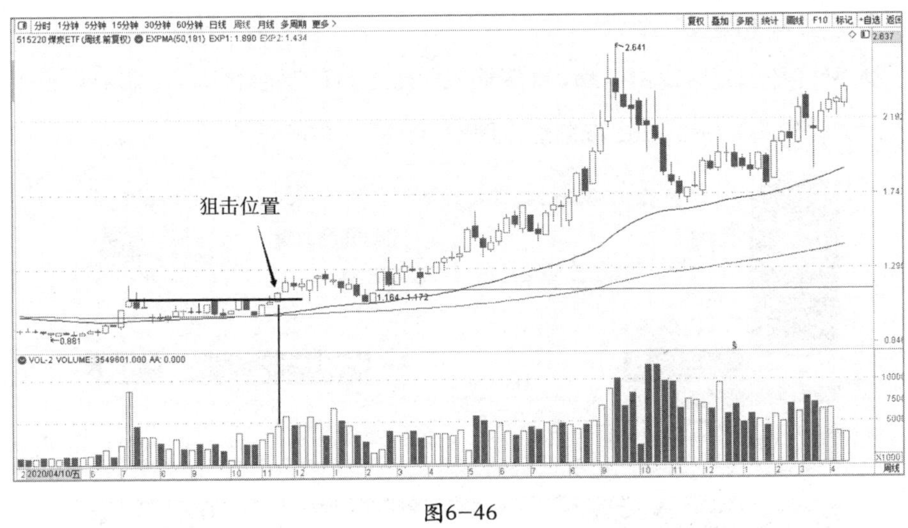

图6－46

6.4　从基金中可以学到的选股思维

我已经把关于投资基金的选择和操作方法分享给大家，只要你能够坚持，要实现个人的财富梦想并不是难事。因为优质的基金无论从哪个角度对比都要比散户专业，并且长期保持一种优势地位。

那么，这些优质的基金都是怎么一点点跑赢广大投资者的呢？可以通过研究优秀的基金经理如何选股，给我们的投资带来新的启发；还可以通过研究基金往年及近期的持仓变化，找到一些新的投资信息。

6.4.1　如何查询基金往年持仓

公募基金在每个季度都会公布自家股票的持仓及持仓比例，大家可以通过各大财经网站及炒股软件来获取相应的信息。

为了方便投资者比较完整地查阅基金公司往期的持仓记录，以及跟踪到他们的持仓变化，在这里我简单介绍两个常用的查询工具。

1. 东方财富网

大家打开东方财富网以后，直接输入你想查询的基金代码，比如中欧医疗健康混合A的代码为003095，直接进行搜索，如图6-47所示。

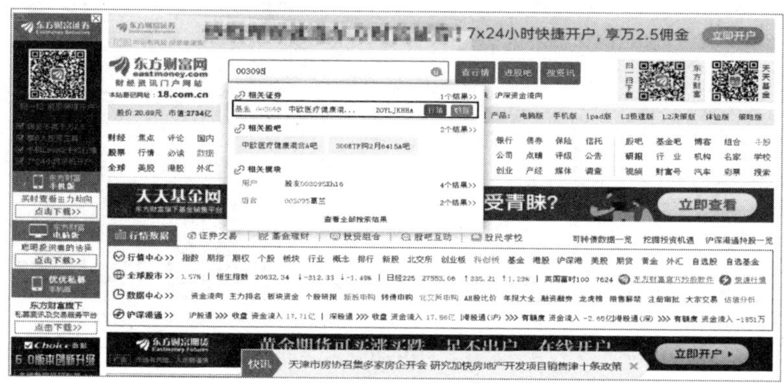

图6-47

跳转到详细信息页面后，我们可以看到该基金最新公布的持仓情况，比如2021年四季度持仓的第一大重仓股是药明康德。如果我们想要看到更多的历史持仓，则可以单击页面下方的“更多持仓信息”超链接，如图6-48所示。

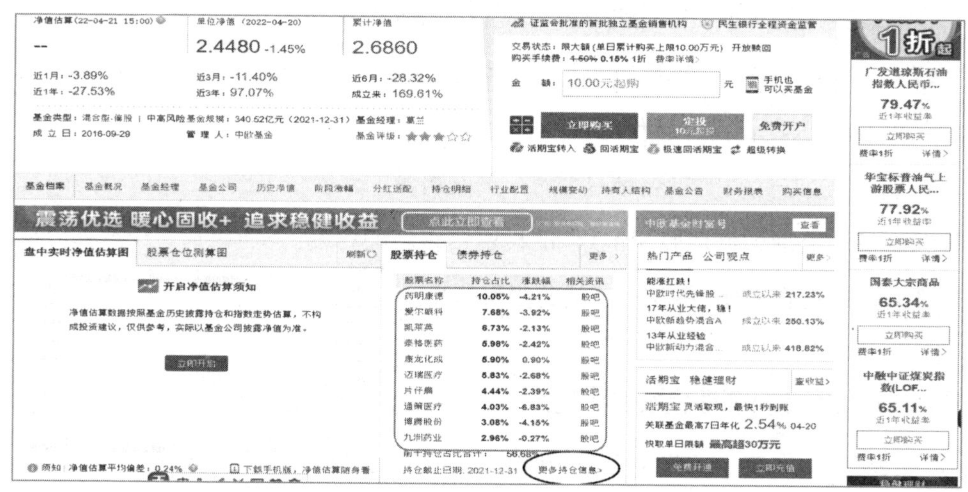

图6-48

跳转到基金持仓的详细页面后，我们可以查询指定年度的基金持仓情况，如图6-49所示。

图6-49

2. 同花顺爱基金App

通过同花顺爱基金App可以更快地帮助我们找到自己喜欢的基金经理在两年内的股票增减持情况，而不用自己计算具体的数值。比如华安逆向策略混合A（代码为040035），大家打开App后，在搜索框中输入“040035”，如图6-50所示。

图6-50

切换到“持仓”板块，我们可以清晰地看到该基金在2021年四季度的持仓情况，该基金刚换了一位基金经理，除原来的宁德时代没有更换外，其余的股票都是新增的，如图6−51所示。如果我们想看往期持仓数据，则可以单击“查看更多持仓”超链接。

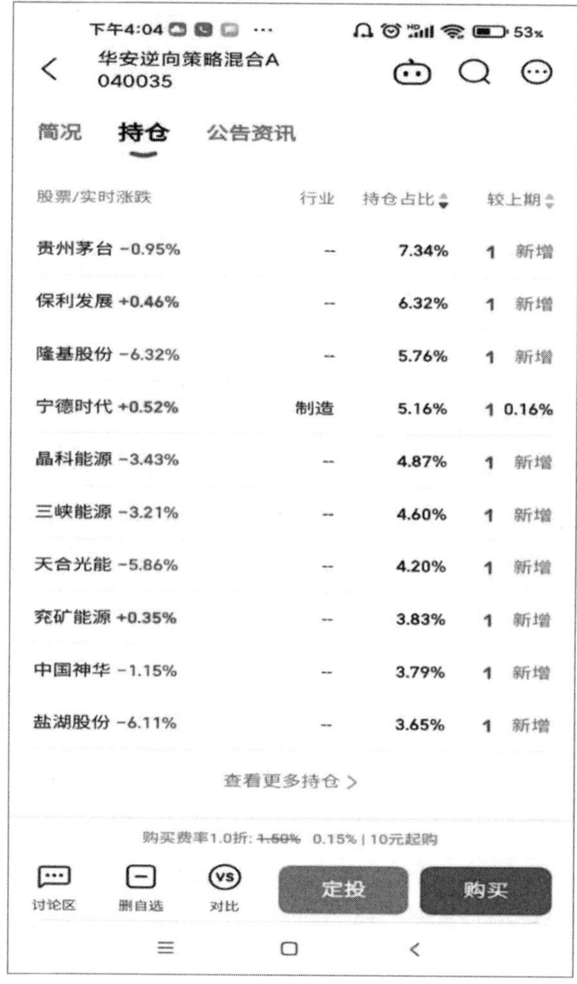

图6−51

跳转到往期持仓记录页面后，我们可以找到该基金的往期增减持情况，图6−52为该基金在2021年二季度的持仓情况。

图6-52

可以看到，该基金在2021年二季度新买了三环集团和歌尔股份等股票，并且加仓了宁德时代和中航光电等股票。

因为我们观察基金的侧重点是该基金在本季度增持了哪些，而不是持有哪些，所以这个数据更直观一些。

6.4.2　向优秀的基金经理学习炒股

公募基金由于资金量比较大，所以他们很少去做短线。很难想象一位基金经理通过短线操作来长期获得超越市场的成绩，一是资金不允许，二是市场交易时机不允许。

作为散户的我们既无法确定一只股票在什么时候走主升浪，也无法判定主升浪会持续多久，就像我们无法预测基本面走坏或处于下跌趋势的股票何时是底部一样，从而导致大部分短线投资者很难长期持有一些成长股。怎么快速、有效地解决这个问题？可以通过观察、学习那些优秀的基金经理的持仓变化和选股思维，为我们的投资提供更好的范本。特别注意他们当时所处的环境、他们的公开报告及他们如何应对企业乃至整个行业的变化，比如高瓴资本于2014年买入洋河股份（整个白酒回调的末期，并且当时处于底部反转阶段）、于2016年买入美的集团（业绩处于成长期）、于2017年买入爱尔眼科（基于成长股的规则）、于2020年买入宁德时代（在多头趋势里面购买业绩增长）等。这些资料都是公开的，大家可以在网络上查找到。

同时，我可以明确地告诉大家一条信息：长期投资于不断增长的企业能够带来价值。股市在2022年再次遭遇了巨大的回撤，白马股及一些业绩优良的股票又出现了较大的回撤，此时此刻投资者的信心受到了重创，尤其是在2020年刚刚兴起的“价值投资”理念再次受到了大众的怀疑，从而再次转向所谓的“短线投机”。

投资之路从来都不是平坦的，越是如此，那些正确的投资之道就越显得朴实无华。读史使人明智，希望投资者能够在闲暇时间多看看那些成功投资者在以往历史行情下的“杀伐决断”，也正是因为他们坚持了正确的事情才有很高的成绩。

纵观那些优秀的基金经理的投资历史，我们是不是也需要反思一下当前的投资呢？我们到底应该买什么样的企业？怎样衡量一家企业的好坏？到底是一家企业决定K线还是K线决定一家企业？我们究竟应该在哪里买？希望每位投资者对照一下自己的投资历史，每年定期复盘自己选择的那些企业和介入时机，或许会有一些改观。